우리아이
기질맞춤
양육 매뉴얼

밝힙니다.
이 책에 등장하는 사람의 이름은 모두 가명입니다.

부모와 아이의 자존감이 함께 올라가는

우리 아이 기질 맞춤

양육 매뉴얼

정가은 지음

프롤로그

육아의 바다에서 표류 중인 당신에게

"선생님. 어디서부터 잘못된 건지 모르겠어요."

책상을 마주하고 앉은 저와 부모님 사이에는 큰 바다가 놓여 있는 것 같습니다. 힘이 없고 조용한 목소리지만 제 귀에는 망망대해에서 표류한 배 안에서 외치는 절규같이 들립니다.

"살려주세요! 저와 저희 가정은 지금 길을 잃었어요. 살려주세요!"

대부분 아이의 문제 때문에 찾아오시지만 결국은 부모 자신의 문제 때문에 어려움을 겪고 있음을 상담자는 알고 있습니다. 그래서 상담사끼리는 입버릇처럼 이야기하지요.

"부모가 달라지지 않으면 아이는 달라지지 않는다."

무언가 엉켜버린 나의 삶을 "아이가 말을 안 듣기 때문에 힘들어요" "아이가 친구들이랑 잘 지내지 못해서 힘들어요" 하며 아이의 탓으로 돌려버리면 문제가 좀 더 쉽게 해결될 듯합니다. 그래서 이 문제가 해결되면 다시 평온한 상태로 돌아갈 것 같습니다.

하지만 결코 그렇지 않습니다. 아이는 아이다운 일을 하고 있을 뿐이고 해결되지 못한 부모 자신의 문제 혹은 부부의 문제, 상황의 문제 등이 아이를 통해 터진 것이니까요. 그렇기에 아이의 문제가 해결된다고 해서 우리 가정의 문제가 해결되는 것은 아닙니다. 그렇지만 이러한 말을 부모님에게 해드릴 수는 없습니다. 양육하다 길을 잃고 표류 중인 부모님에게 죄책감이라는 무게까지 더해 바다에 빠지게 할 수는 없으니까요.

치료받아야 하는 아이로 만들어 오는 부모들

저는 2003년부터 정신건강의학과와 상담센터 등에서 다양한 가정을 만나 상담했습니다. 임상 현장에서 부모님과 아이들을 만나면서 늘 풀고 싶은 숙제가 있었습니다. 태어날 때는 특별한 문제가 없었는데 여러 가지 이유로 치료받아야 하는 아이가 되어 부모님 손에 끌려오는 아이를 보며 '어떻게 하면 이 아이가 치료실에 오지 않을 수 있을까?'에 관한 답을 찾고 싶었습니다.

어떤 아이는 화가 잔뜩 나서 분노 조절이 되지 않고, 또 어떤 아이는 입을 꾹 다물고 말을 하지 않습니다. 그 외에도 이유와 사연은 다르지만 그분들이 상담센터에 오셔서 하는 공통적인 첫 마디는 이것입니다.

"나름대로 열심히 키운다고 했는데 왜 이렇게 된 건지 모르겠어요."

부모들은 아이들을 열심히 키웁니다. 아이를 잘 키우고 싶은 마음이 없는 부모는 없을 거예요. 하지만 우리는 알아야 합니다. 아이를 낳았다고 해서 아이에게 올바른 양육을 하는 부모가 저절로 되는 것도, 우리가 열심히 키운다고 해서 아이가 잘 자라는 것도 아님을요. 오히려 내 아이에게 맞지 않는 방법으로 열심히 키운 게 되려 아이에게 독이 되는 일도 자주 볼 수 있습니다.

저는 아동 심리 치료를 전공하고 부모님과 아이들을 상담하는 일을 오랫동안 해온 '치료사'입니다. 하지만 아이러니하게도 저의 관심은 언제나 '어떻게 하면 이 아이들을 치료받지 않는 아이로 키울 수 있을까?'였습니다. '치료사'이면서 '치료 방법'이 아니라 '치료받지 않는 방법'을 연구한다는 게 어울리지 않는 것 같이 보일 수도 있습니다.

하지만 상담 현장에 있어 보니 열심히 키웠지만 잘못된 방법으로 아이를 키워 상담을 받으러 오는 분이 많아 안타까웠습니다. 또한 잘못된 양육 방법으로 상처 입은 아이들과의 관계를 회복하려면 얼마나 힘든 과정을 겪어야 하는지를 잘 알기 때문에 결심했습니다. 내 아이가 어떤 아인지 모른 채 그저 열심히 키우다 어디서부터 잘못되었는지 몰라 치료받으러 오기 전에 부모님들에게 '내 아이에게 맞는 올바른 양육 방법'을 알려야겠다고, 양육의 바다에서 길을 잃고 표류하다 돌아올 수 없는 곳으로 떠내려가지 않도록 도와야겠다고요.

그래서 저는 각 가정과 아이에게 맞는 양육 모델을 연구하여 '맞춤 양육 코칭'을 시작했습니다. 현재 가정에서 이루어지고 있는 양육 환경을 점검해 우리 가정의 문제가 어디서부터 시작되었는지 분석하고, 엉켜 있는 가정의 문제를 풀어가는 여정을 함께 합니다. 그리고 우리 가정에 딱 맞는 새로운 양육 모델을 만들어 그러한 방향으로 갈 수 있도록 양육 로드맵을 함께 그려봅니다. 이는 마치 인생의 여정과 같습니다. 얽힌 문제들을 하나씩 풀어가는 동안 부모 역시 자신이 어린 시절 내 부모로부터 받은 상처들을 치유하며 성숙해집니다.

아이를 잘 키우기 위해 지금까지 많은 자녀 교육서를 읽거나, 다양한 자녀 교육 전문가에게 부모 교육과 관련한 강의를 듣거나, 온라인 육아 카페와 TV 방송 등을 통해 많은 정보를 얻으려고 노력하셨을 듯해요. 그래서 '최고의 훈육법' '자존감 향상법' '최상의 자녀 교육법' 등 많은 것을 알고 있기는 하지만, 정작 내 아이와 관련 없는 이렇게 과도한 정보 때문에 오히려 양육의 방향을 잃고 우리 가정을 바다 한가운데에 표류하게 만든 건 아닐까요?

아이를 키울 때 훈육 방법이나 교육 방법 등 양육 방법도 중요하지만, 가장 먼저 해야 하는 일은 어떻게 아이를 키울 것인지에 관한 전체적인 그림을 그려보는 것과 양육의 시작점과 종착점을 아는 것입니다. 세부적인 방법은 이 안에 포함되어야 합니다. 우리 아이가 어떤 아이인지, 나는 어떤 부모이고 배우자와 나는 어떤 부부인지 알아야 우리 가정만의 목적지를 정할 수 있고 그 목적지를 향해 흔들리지 않고 갈 수 있지 않을까요?

지금 저는 부모님과 아이 모두 행복한 양육 로드맵을 따라 걸을 수 있게 가이드처럼 안내 깃발을 들고 이 길을 같이 가실 분들을 기다리고 있습니다. 건물을 지을 때 가장 먼저 설계도를 그리지요? 하다못해 음식을 주문할 때도 무엇을 먹을 건지 미리 생각하고 주문하지요. 그런데 내 아이의 인생, 그리고 부모인 나의 인생이 함께 걸려 있는 양육이 어디로, 어떻게 가야 하는지에 관한 로드맵을 그려본 적이 없다면, 과연 괜찮을까요?

저는 상담할 때 여러 상담 기법 중 '상징을 통해 무의식을 의식화하여 분석하기' 기법을 자주 사용하는데, 이 책 『우리 아이 기질 맞춤 양육 매뉴얼』을 집필하

는 동안 저의 상황을 표현하는 상징을 찾아보았습니다. 당시 저의 모습은 '눈물로 만들어진 방주, 그리고 경험을 통해 바다를 잘 아는 사람'으로 상징되어 표현할 수 있을 듯해요.

  살면서 많은 어려움을 겪었고 결핍과 상처를 치유하기 위해 많은 시간을 보내며 눈물로 만든 방주가 저의 모습인 것 같습니다. 이 방주는 꽤 튼튼하고 안전해요. 잔잔한 파도는 훌륭한 뱃사공을 만들 수 없다지요. 저 역시 많은 상처가 있었기에 힘든 사람들의 마음을 이해할 수 있게 되었습니다. 그래서 안전하고 올바른 곳으로 안내하기 위해 많이 공부하고 상담사로서 수련도 받았어요. 게다가 이미 오랫동안 많은 사람을 육아의 바다에서 안전하게 안내했던 경력도 있기에 포기하지 않고 목적지까지 안내할 수 있으리라는 저 자신에 관한 신뢰도 있습니다.

  제 상징을 조금 더 설명해 드릴게요. 전 지금 해변에 배를 정박하고 계단을 내린 채 사람들을 기다리고 있습니다. 그리고 이 배를 탈 사람들에게 목적지까지

가는 길을 설명하고 있는 것 같습니다. 배에 탄 저는 아주 기분이 좋은 듯합니다. 기대도 하는 것 같아요. 배를 아주 많이 타 본 사람처럼 보이네요. 마치 바다에서 나고 자란 사람과 같은 모습이기도 한 것 같습니다. 바다를 사랑하는 만큼 바다에 관해 잘 알고 있고, 성난 파도처럼 위험한 상황에서도 바다를 어떻게 다스리고 대처해야 하는지 잘 아는 지혜가 있을 것 같아요. 원래 까만 사람은 아닌 듯해요. 밤낮없이 뱃머리에 서서 바람을 살피고 위험이 있나 살피느라 햇볕에 많이 그을린 것 같습니다.

양육은 아주 많은 무의식을 통과해야 하는 과정입니다. 아이를 키우는 일이 훈육 방법이나 교육 방법을 안다고 해도 해결되지 않는 이유는 부모 자신이 자라면서 느낀 슬픔, 두려움, 외로움, 분노, 죄책감 등 미처 해결하지 못한 감정의 무의식이 파도가 되어 덮쳐 오기 때문입니다. 때로는 깊은 심해로 빨려 들어가는 순간이 오기도 하는데 이는 무척 두려운 경험이 될 수도 있습니다.

저 역시 양육의 바다에서 표류한 적이 있었습니다. 내려놓기만 하면 우는 둘째 아이를 안고 제 다리를 잡고 늘어지는 첫째 아이에게 질질 끌려다니다가 그만 엉엉 운 적이 있었습니다. 내가 잠을 자고 싶을 때 잘 수도 없고, 내가 먹고 싶을 때 먹을 수도 없고, 점점 나 자신이 세상에서 사라지는 것 같은 마음이 들었습니다. 그때의 기분은 아무도 모르는 망망대해에 혼자 표류하다 언제라도 바다에 가라앉을 것 같았습니다.

어떤 날은 너무 우울하고 힘들어 차라리 가라앉았으면 좋겠다고 생각하다가, 또 어떤 날은 나 때문에 소중한 우리 아이들도 같이 가라앉아버리는 게 아닐까 싶어 있는 힘껏 물 밖으로 코를 내밀어 숨을 쉬었던, 그런 날도 있었어요. 지금은 세 아이를 척척 키워내는 내 모습을 보면 아이들과 함께 저도 참 많이 성숙했다는 생각이 듭니다.

사랑스러운 삼 남매와 함께한 이 양육의 여정은 저에게 또 다른 기회와 선물을 주었습니다. 제가 학교에서 배운 지식과 양육 코칭 전문가로 연구한 임상에서의 기술과 실전에서 세 아이를 양육하면서 얻게 된 노하우를 담아 양육의 방향성을 잡지 못하고 있는 부모님에게 올바른 목적지로 안내할 수 있는 '양육 로드맵'을 완성하게 되었으니까요.

양육은 분명 어려운 일입니다. 그렇지만 아이를 양육하면서 나의 내면에 있는 결핍과 상처의 파도를 피하지 않고 그 파도를 이겨내는 방법을 발견한다면 바다는 나에게 많은 보물을 돌려준답니다. 가족이 함께 어디로 가야 하는지 목적지를 알고 가는 육아를 꿈꾸신다면, 양육 로드맵을 안내할 수 있는 숙련된 가이드이자 세 아이의 엄마이자 양육 코칭 전문가인 저와 함께 떠나 보실까요?

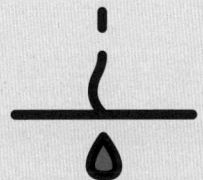

아이를 키운다는 건
장기 프로젝트를 진행하는 것과 같습니다.
양육의 목표는
아이가 살아가면서 더 나은 가치를
추구할 수 있게 하는 것이기에
오늘 아이의 행동에 일희일비하지 말아 주세요.
지금부터 우리는 내 아이가 품은 씨앗이
어떤 열매를 맺는 나무로 자랄 것인지 알아보겠습니다.
길고 긴 '내 아이 제대로 알기' 프로젝트를 위해,
오늘도 심호흡 크게 한 번 한 후 출발하겠습니다!

차례

프롤로그 육아의 바다에서 표류 중인 당신에게 —004
아이의 타고난 기질별 맞춤 육아 6단계 로드맵 미리보기 —020

PART 1 양육, 어디서부터 잘못된 것일까?

1코스 현재 양육 상태 점검하기

아이 키우는 게 왜 이렇게 어려운가요? —024
스테디셀러 자녀 교육서 속 아이와 내 아이는 다른 아이 —025
복합적인 문제가 얽혀 있는 양육 —026
결핍과 상처의 대물림 —028
부모 됨이 무엇인지 모른 채 부모 되기 —029
어릴 적 자신의 욕구가 눌린 채 자라 미숙한 부모 —030
내 아이를 잘 알고 있다는 착각 —031
아이를 키우며 견디기 어려워하는 감정 —032
오랜 시간이 지난 후에야 나오는 양육의 결과 —033

양육에 정답이 없는 것처럼 보이는 이유는 무엇일까요? —035
부모가 주고 싶은 사랑 ≠ 아이가 받고 싶은 사랑 —035
• 부모 주는 사랑이 아이가 받고 싶은 사랑이 아니라면? —035
부모가 주고 싶은 사랑 —042
• 좋은 부모란 어떤 사람일까? —042
• 부모의 양육관은 어디에서 올까? —044

아이가 받고 싶은 사랑	—046
• 아이들은 새하얀 도화지라고?	—046
부모가 주고 싶은 사랑 ≠ 실제 양육 태도	—047
• 현재 나의 양육 태도는 어떤 모습일까?	—047
• 내가 싫어했던 내 부모의 모습과 지금 나의 모습이 닮은 이유는 무엇일까?	—048
• 내가 받은 양육이 내 양육관에 영향을 미치는 이유는 무엇일까?	—049
• 성격과 양육의 대물림 과정은 무엇일까?	—050
양육에 정답이 없는 것처럼 보이는 이유	—051
• 교집합을 찾지 못하는 양육 환경	—051
• 비효율적인 양육이란 무엇일까?	—053

올바른 양육을 위한 3가지 체크 포인트 —055
체크 포인트 하나, 내 아이는 어떤 아이일까? —055
체크 포인트 둘, 나는 어떤 부모일까? —056
체크 포인트 셋, 우리는 어떤 부부일까? —056

PART 2 양육 로드맵 따라가기

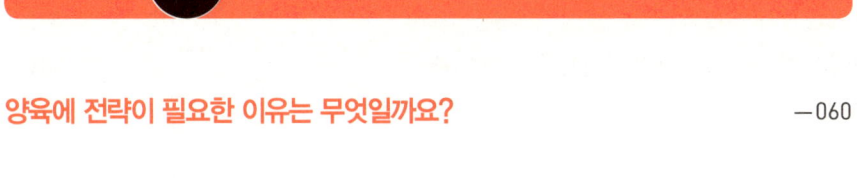

양육에 전략이 필요한 이유는 무엇일까요? —060

양육의 2가지 전략을 소개합니다! —062
첫 번째 전략_아이가 받고 싶은 사랑 주기 —062
• 부모가 아이에게 폭발하는 이유는 무엇일까? —062
• 쓸데없는 곳에 돈과 시간과 에너지를 쏟지 말라고? —063

두 번째 전략_우리 아이에게 맞는 문제 해결 방법	—063
• 양육의 목적은 아이가 스스로 문제를 해결할 수 있도록 돕는 것이다?	—064
• 타고난 기질의 한계성을 조절하도록 하는 것이 양육의 목적이다?	—065

내 아이를 키우는 방법은 따로 있다고요? —066
내 아이가 내 말을 안 듣는 이유 —066
내 아이 맞춤 사용 설명서 —067
내 아이를 망치는 남의 육아 방법 —068

양육의 새로운 로드맵을 제안합니다! —069
〈1코스〉~〈6코스〉로 이어지는 양육 로드맵 —069
양육의 목적지와 목적지까지의 여정 동안 받게 될 선물 —070

3코스 내 아이 제대로 알기

양육의 첫 단추는 내 아이 기질 파악하기! —074
내 아이의 기질은 선택이 아니라 당첨 —074
각자 고유한 씨앗을 가지고 태어나는 아이들 —075
아이가 나만의 열매를 주렁주렁 맺지 못하는 이유 —076
부모와 아이의 기 싸움 —077
아이가 잘 자라고 있는지 확인할 수 있는 열매 —080
내 아이가 품고 있는 열매를 볼 수 있는 특별한 시기 —080

아이의 기질에 따라 양육 방법도 달라야 한다고요? —083
자존감 높은 아이가 좋은 열매를 맺는 이유 —083

내 아이에게 맞는 2가지 양육 전략을 소개합니다! —085
첫 번째 전략_내 아이의 기질에 맞는 욕구 수용 —085
- 아이의 욕구를 다 받아주면 버릇없는 아이로 크지 않을까? —085
두 번째 전략_내 아이에게 맞는 문제 해결 방식 찾기 —086
- 타고난 기질에는 특정 문제를 해결하는데 한계성이 있다? —086

기질이란 무엇일까요? —089
3가지 기질 차원 —090
내 아이가 품고 있는 씨앗 —092
- 액셀 기능이란? —093
- 아이마다 액셀을 밟는 이유가 다르다고? —094
- 브레이크 기능이란? —095
- 아이마다 브레이크를 밟는 이유가 다르다고? —098
- 정서적 연료통 기능이란? —098
- 아이마다 채우고 싶어 하는 정서적 연료가 다르다고? —103

기질 유형에 따른 양육 방법 —104
액셀형 아이(액셀↑브레이크↓) : 무조건 Go! Go! 하는 아이 —104
- 멈추는 게 어려운 아이 —104
- "하지 마! 안돼!" 하는 순간 더욱더 흥분하는 아이 —105
- 화산처럼 한 번 폭발하면 절대 멈출 수 없는 아이 —105
액셀형 아이에게 필요한 2가지 양육 전략 —106
- 액셀형 + 정서적 연료통이 큰 아이의 관계성, 훈육, 교육 방법 —107
- 액셀형 + 정서적 연료통이 큰 아이의 목적지 —108
- 액셀형 + 정서적 연료통이 작은 아이의 관계성, 훈육, 교육 방법 —109
- 액셀형 + 정서적 연료통이 작은 아이의 목적지 —110
브레이크형 아이(액셀↓브레이크↑) : 일단 멈춤! 하는 아이 —111
- 턱을 넘기가 힘든 아이 —111

- "뭐가 무섭니"라는 말에 억울함이 쌓이는 아이 —111
- "무서우면 하지 마"라는 말에 더욱더 정체되는 아이 —112

브레이크형 아이에게 필요한 2가지 양육 전략 —113
- 브레이크형 + 정서적 연료통이 큰 아이의 관계성, 훈육, 교육 방법 —114
- 브레이크형 + 정서적 연료통이 큰 아이의 목적지 —116
- 브레이크형 + 정서적 연료통이 작은 아이의 관계성, 훈육, 교육 방법 —116
- 브레이크형 + 정서적 연료통이 작은 아이의 목적지 —117

복합형 아이(액셀↑브레이크↑): 뇌에서 사고가 나는 아이 —118
- 해도 불만족, 안 해도 불만족스러운 아이 —118

복합형 아이에게 필요한 2가지 양육 전략 —122
- 복합형 + 정서적 연료통이 큰 아이의 관계성, 훈육, 교육 방법 —124
- 복합형 + 정서적 연료통이 큰 아이의 목적지 —125
- 복합형 + 정서적 연료통이 작은 아이의 관계성, 훈육, 교육 방법 —126
- 복합형 + 정서적 연료통이 작은 아이의 목적지 —127

오리배형 아이(액셀↓브레이크↓): 가만히 두면 한없이 떠 있는 아이 —128
- 세상 편해 보이는 아이 —128

오리배형 아이에게 필요한 2가지 양육 전략 —129
- 오리배형 + 정서적 연료통이 큰 아이의 관계성, 훈육, 교육 방법 —129
- 오리배형 + 정서적 연료통이 큰 아이의 목적지 —130
- 오리배형 + 정서적 연료통이 작은 아이의 관계성, 훈육, 교육 방법 —131
- 오리배형 + 정서적 연료통이 작은 아이의 목적지 —133

어떤 유형의 아이이든, 그 자체만으로도 귀한 존재 —133

4코스 나는 어떤 부모인지 제대로 알기

당신은 아이에게 어떤 부모인가요? —140
내 양육의 모습은? —140

내 훈육의 모습은? —142
내 감정 수용의 모습은? —144
- 감정 축소형 —145
- 감정 억압형 —146
- 감정 허용형 —147
- 감정 코칭형 —148

나의 양육 태도의 모습은? —150
- 허용적 양육(애정↑ 통제↓) —150
- 권위주의적 양육(애정↓ 통제↑) —153
- 방임적 양육(애정↓ 통제↓) —155
- 민주적 양육(애정↑ 통제↑) —158

5코스 우리는 어떤 부부인지 제대로 알기

우리 부부, 어디서부터 잘못된 걸까요? —166
나의 결핍과 상처를 상대가 해결해주길 바라는 건 아닌가요? —167

애착은 생존이라고요? —173
유아 애착은 성인 애착으로 연결된다고요? —174
- 집착형 불안정 애착 : 자기 부정, 타인 긍정 —174
- 거부형 회피 애착 : 자기 긍정, 타인 부정 —175
- 혼란형 불안정 애착 : 자기 부정, 타인 부정 —176
- 질서형 안정 애착 : 자기 긍정, 타인 긍정 —177

re-parenting, 서로가 새로운 부모를 경험하게 한다고요? —179

저주 같은 결혼 생활을 축복으로 바꾸는 열쇠가 있다고요? —183

PART 3 우리 가정의 새로운 양육 모델 제안하기

6코스 우리 가족만의 새로운 양육 모델 알기

전문가가 맞춤 양육 솔루션을 제안합니다! —190
양육의 2가지 축 —190
- 벼룩 잡으려다 초가삼간 태우는 양육 방법 —191
- 통제의 2가지 측면이란? —192
- 균형 잡힌 양육이란? —194

좋은 양육이란? —195
- 아기 돼지 삼 형제가 독립해서 집 짓는 과정 —195

좋은 부모의 역할이란? —198
고칠 수 있는 것과 고칠 수 없는 것 —202
칭찬해야 할 것과 칭찬하지 말아야 할 것 —204
자존감 높은 아이로 키운다는 것은? —207
아이를 잘 키우려면 밟아야 하는 코스 —210
아이의 문제는 아이가 풀도록 하는 것 —213
일관적인 양육 —217
아이가 상황에 적응할 수 있게 돕기 —220
플러스(+)보다 마이너스(-)에 집중해야 하는 양육 —225
내 아이의 모습을 그대로 수용하고 조절하도록 하는 맞춤 양육 —227
기질의 한계성은 야단치기보다 조절하여 강점으로 만들 것 —228
스스로 사랑받을 만한 존재라고 생각하는 것 —232

전문가가 맞춤 훈육 솔루션을 제안합니다! —234
훈육이란? —234
잘못된 훈육 동기 vs 올바른 훈육 동기 —236

장기적 훈육 vs 즉시 훈육	—239
훈육의 공식	—241
내 아이가 부모 말을 잘 듣도록 하는 2가지 방법	—245
기질의 '약' 이용 vs 기질의 '선' 이용	—247
내 아이가 부모의 말에 잘 따르도록 하는 협력의 공식	—248
퇴화하게 하는 잘못된 훈육 vs 성장하게 하는 올바른 훈육	—252
문제 해결에 초점을 맞추는 훈육	—253
양육은 장기 프로젝트	—255

전문가가 맞춤 부모 솔루션을 제안합니다! —258

나 역시 받고 싶은 사랑이 있는 아이였다	—258
부모 자신의 문제를 해결하는 것	—260
잘못된 가족의 역동은 일단 멈추고, 재조정	—266
양육은 효율적으로, 남은 에너지는 부모 자신에게 쓸 것	—268
부모-자식의 관계가 출퇴근이 있는 비즈니스 관계라면?	—270
육아는 훌륭한 경력	—271
30배, 60배, 100배의 열매를 맺는다는 것	—274
Here & Now, 오늘을 사는 것에 대한 축복	—276

전문가가 맞춤 가정 솔루션을 제안합니다! —278

구부러진 마음을 펴서 연결되는 방법	—278
가족이 건강하게 연결되는 방법	—281
우리 가정의 목적지는 우리 가족의 교집합을 찾는 것	—286
우리 가족은 최고의 드림팀	—287
양육의 새로운 로드맵	—290

에필로그 세상 모든 부모님의 평안을 빌며 —294

20년 양육 코칭 전문가가 알려주는
아이의 타고난 기질별 맞춤 육아
6단계 로드맵 미리보기!

〈3코스〉 내 아이 제대로 알기
- 액셀형 + 큰 정서적 연료통
- 액셀형 + 작은 정서적 연료통
- 브레이크형 + 큰 정서적 연료통
- 브레이크형 + 작은 정서적 연료통
- 복합형 + 큰 정서적 연료통
- 복합형 + 작은 정서적 연료통
- 오리배형 + 큰 정서적 연료통
- 오리배형 + 작은 정서적 연료통

〈1코스〉 현재 양육 상태 점검하기
- 부모가 아이에게 주고 싶은 사랑
- 아이가 부모에게 받고 싶은 사랑
- 실제 양육 태도

〈2코스〉 양육 전략 짜기
- 아이가 받고 싶은 사랑 주기
- 내 아이에게 맞는 문제 해결 방법으로 돕기

⟨6코스⟩ 우리 가족만의 새로운 양육 모델 알기
- 맞춤 양육 솔루션
- 맞춤 훈육 솔루션
- 맞춤 부모 솔루션
- 맞춤 가정 솔루션

⟨5코스⟩ 우리는 어떤 부부인지 제대로 알기
- 나의 유아기 애착
- 나의 결핍과 상처 알기
- re-parenting

⟨4코스⟩ 나는 어떤 부모인지 제대로 알기
- 부모로서 나의 양육 모습
- 부모로서 나의 훈육 모습
- 부모로서 나의 감정 수용 모습
- 부모로서 내 양육 태도 모습

PART 1

양육, 어디서부터 잘못된 것일까?

1코스

현재 우리 가족의
양육 상태 점검하기

<6코스> 우리 가족만의 새로운 양육 모델 알기

<5코스> 우리는 어떤 부부인지 제대로 알기

<4코스> 나는 어떤 부모인지 제대로 알기

<3코스> 내 아이 제대로 알기

<2코스> 양육 전략 짜기

<1코스> 현재 양육 상태 점검하기

아이 키우는 게
왜 이렇게 어려운가요?

초음파 사진을 손에 들고 "귀여워~ 귀여워!"를 외치며 눈에서는 하트가 쏟아져 나왔었던 때가 있었죠. 첫째 아이를 임신하고 제가 병원에서 배 속 아이를 처음 보았을 때, 정말 작은 젤리 곰처럼 생겼다고 생각했었습니다. 그 모습이 얼마나 사랑스러웠는지요.

그 아이가 점점 커서 손과 발이 생기고, 꼬물꼬물 움직이고, 얼굴 형태가 보이는 변화들이 마냥 신기했습니다. 아이가 찡그리거나 웃을 때마다 제 표정 역시 저절로 아이를 따라 하면서 그저 움직이는 것만으로도 감탄이 나오고 심장 소리만 들어도 감사했었던 때가 있었죠. 여러분도 그때의 감격이 기억나시나요? 그때까지만 해도 우리의 양육이 이렇게 꼬여버릴 줄은 상상도 못 했을 거예요.

분명히 참고 또 참으며 열심히 아이를 키웠는데도 아이는 불만이 한가득합니다. 배우자와 다람쥐 쳇바퀴 같은 문제로 신경이 예민해져 있고요. 돌아서면 지저분해지는 집과 잔뜩 쌓여 있는 일들까지. 아이에게 좋은 부모가 되고 싶었지만 참다못해 폭발하고 악에 받쳐 소리를 지르는 등 집 밖에서 만난 사람들은 절대 모를 나의 모습을 발견하게 됩니다. 도대체 무엇이 잘못된 걸까요? 끝이 보이지 않는 터널을 지나는 것 같은 이 시기에 부모님의 한결같은 바람은 아이가 빨리 컸으면 좋겠다는 것입니다.

아이가 성인이 되어 독립하기까지는 적어도 20년이라는 시간이 필요합니다. 얼른 다 키워 자유롭고 싶다는 생각으로 그 시간을 꾹꾹 참으며 보낸다면 나의 20년은 어떤 의미가 있을까요? 또한 꾹꾹 참는 부모님을 보며 자란 아이의 어린 시절은 과연 행복할까요?

아이를 잘 키우기 위해 자녀 교육서도 열심히 읽어보고 자녀 교육 전문가의 부모 교육 강의도 들어보셨을 듯합니다. 온라인 육아 카페에서 조언도 들어보셨을 테고요. 그렇지만 달라지는 건 별로 없는 것 같습니다. 이것저것 시도해보다가 결국 우리는 "양육에는 정답이 없다!"라는 결론에 도달하게 됩니다.

하지만 정말 그럴까요? 과연 양육에는 정답이 없을까요? 그렇다면 우리는 왜 정답도 없는 양육을 이렇게나 열심히 해야 할까요? 저는 오랫동안 이에 관해 고민했습니다. 누구보다 열심히 아이를 키웠는데도 결국 상담실에 와야 하는 아이, 마음속에 쌓인 무언지 모를 깊은 슬픔과 분노 등을 해결하지 못한 채 나이만 어른이 되어 버린 미성숙한 부모님. 이 문제가 어디서부터 잘못되었고 어떻게 해야 풀 수 있을지 그 해결의 실마리에 관해서요.

스테디셀러 자녀 교육서 속 아이와 내 아이는 다른 아이

양육이 어렵고 힘든 이유는 무엇일까요? 아이를 잘 키우기 위해 열심히 공부하고 노력하지만 아이가 클수록 부모 마음대로 되지 않을 때가 점점 더 많아집니다. 스테디셀러 자녀 교육서나 텔레비전 방송에 나오는 성공 사례의 훈육도

적용해보지만 오히려 아이와 관계만 더 나빠집니다. 왜 그럴까요?

　내 아이는 그 아이가 아니기 때문입니다. 아이는 모두 다르기에 양육하는 방법 또한 달라야 합니다. 아이를 격려하는 방법, 문제를 해결하는 방법, 훈육 방법 등 아이마다 모두 다르므로 다른 아이를 잘 키운 방법을 내 아이에게 맞지 않게 적용하면 오히려 독이 될 수도 있습니다.

복합적인 문제가 얽혀 있는 양육

　양육이 어려운 이유는 복합적이면서도 상호 역동적이기 때문입니다. 아이를 잘 키우는 좋은 방법을 아무리 많이 알고 있어도 그렇게 하지 못하는 이유는 상

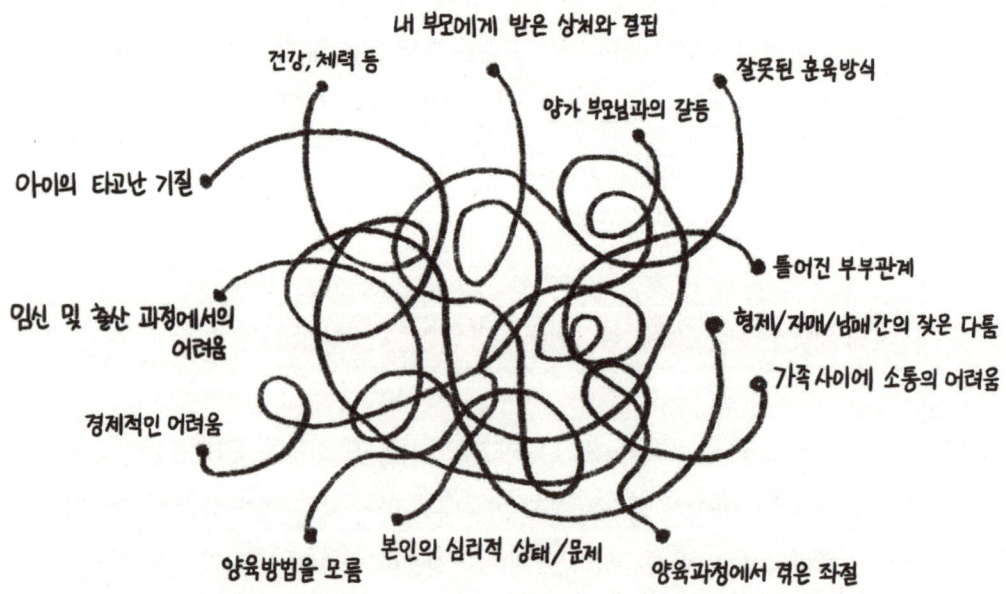

황적인 요인, 아동의 요인, 부모 자신의 요인이 뒤엉켜 있기 때문입니다. 경제적인 요인, 양가 어르신들과의 문제, 맞벌이, 사회생활의 어려움, 배우자와의 불화 등 상황적 요인, 아이의 기질이 까다로움, 형제 간의 다툼, 학습 등의 아동의 요인, 우울함이나 심리적인 요인, 건강상의 문제 등의 부모의 요인 등이 모두 양육에 부정적인 영향을 줍니다. 이렇듯 양육에는 여러 가지 복합적인 문제가 얽혀 있지요.

또한 양육은 부모와 아이 서로에게 영향을 미칩니다. 아이가 아무리 사랑스러워도 기질이 예민하고 까다로워 부모에게 계속 화를 내고 짜증을 내는 아이를 한없이 받아줄 수는 없습니다. 그러다 보면 부모도 점점 아이에게 화를 내게 되고, 그러면 아이는 더 불안해지고, 이 역기능이 계속 부정적인 방향으로 가게 됩니다.

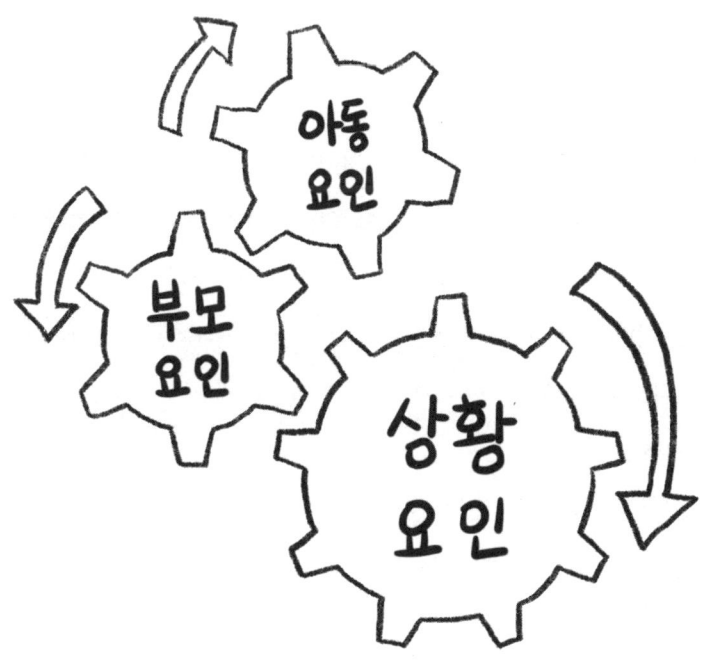

남편의 회사 일이 계속 바빠지는 데에 불만이 생긴 아내가 짜증이 많아지고, 아이는 그 모습을 보며 불안해서 더 엄마에게 매달립니다. 엄마는 가뜩이나 지치는데 계속 독박 육아로 나 자신이 없어지는 것 같아 더욱더 화가 늘어납니다. 이처럼 양육은 가족 간에 서로 영향을 주고받으며 자신도 모르게 부정적인 역동을 만들어냅니다. 이 패턴이 반복되다 보면 양육이 더욱더 힘들어집니다.

결핍과 상처의 대물림

　부모가 되면 자신이 나의 부모에게 받았던 결핍을 내 아이에게는 물려주고 싶지 않습니다. 그래서 무의식적으로 내가 받고 싶었지만 받지 못했던 것을 아이에게 해주고 싶어 합니다. 그런데 아이를 키우다 보면 어떤가요? 정작 아이는 관심이 없는 데에 돈과 시간과 에너지를 쓰고, 이를 따라오지 않는 아이를 보면 화가 납니다.

　또한 내가 받았던 상처를 물려주고 싶지 않은데도 나도 모르게 나의 부모님처럼 행동하는 모습을 발견할 때도 있습니다. 늘 바빠 나와 눈을 마주치며 이야기를 들어주지 못했던 내 부모처럼 나도 모르게 아이에게 "잠깐만" "이따가"라는 말을 하게 됩니다. 무섭게 다그치는 부모가 무서웠기에 나는 아이에게 다정한 부모가 되겠다고 다짐하지만 아이가 내 말에 반응하지 않으면 나도 모르게 화가 치밀어 오릅니다.

　내가 화를 낼 때마다 겁에 질려 있는 아이를 보며 이렇게까지 화낼 일이 아닌데 왜 이렇게 화가 났을까 생각하지만 이 분노가 멈추어지지 않습니다. 오히려 "네가 잘하면 내가 이렇게 화를 내겠니?" 하며 아이를 더욱더 몰아세우고 돌아서서 내내 마음이 불편합니다. 잠든 아이를 보며 죄책감에 눈물을 왈칵 쏟게 되죠. 아이에게 화가 났다가 미안했다 하는 이 쳇바퀴에서 빠져나오기가 어렵습니다.

풀이 죽은 아이의 모습이 어린 시절 나의 모습과 겹쳐 보여 이렇게 만든 내가 한심하기도 하지만 풀리지 않는 이 분노를 어디에다가 어떻게 풀어야 할지는 여전히 모르겠습니다. 어린 시절 내가 겪었던 결핍과 상처를 물려주지 않겠노라 다짐하며 열심히 키웠지만 어떻게 된 일인지 내 아이에게도 결핍과 상처의 흔적이 남게 됩니다.

부모 됨이 무엇인지 모른 채 부모 되기

부모란 무엇일까요? 예전에 어떤 다큐멘터리에서 정자와 난자가 만나 수정되는 과정을 본 적이 있습니다. 그 프로그램에서 본 한 문장을 아직도 잊을 수가 없습니다. "정자와 난자의 만남은 인간이 가진 가장 작은 세포와 가장 큰 세포와의 만남이다."

저는 아이들과 처음 만났던 순간의 감촉을 아직도 기억합니다. 아이를 낳자마자 의료진들이 세상에 막 나와 뜨겁고 작고 물컹거리는 아이를 제 배 위에 올려주셨을 때 아직 눈도 뜨지 못한 그 생명이 끙끙거리며 필사적으로 제 가슴 쪽으로 기어 올라와 젖꼭지를 물고 빨아보려 하는 모습을 보며 '갓 태어난 아기는 가장 큰 존재를 찾아 온전히 생명을 의지해야 하는 존재구나' 싶었습니다. 그때 무겁다는 말로는 부족한, 아이에게 무한한 책임감을 느꼈던 것 같습니다.

아이에게 부모는 우주이자 전부입니다. 부모가 밥을 주지 않으면 배를 채울 수 없습니다. 부모가 사랑해주지 않으면 외로움을 고스란히 느낄 수밖에 없죠. 무서울 때 부모가 지켜주지 않으면 자신을 지켜낼 수도 없습니다. 부모는 자신이 생각하는 것보다 더욱더 어마어마하게 아이에게 큰 책임이 있습니다. 세상에서 가장 작은 존재가 기댈 수밖에 없는 가장 큰 존재, 즉 자신의 생존을 맡길 수밖에 없는 존재가 부모이기 때문입니다.

하지만 우리는 이런 아이에게 어떤 부모가 되어야 하는지 미리 교육받거나 공부한 후 부모가 되지 않습니다. 어느 날 아이를 낳았으니 엄마가 되고 아빠가 된 것이죠. 단지 '친구 같은 아빠가 되고 싶다' '다정한 엄마가 되고 싶다'라는 다짐만으로는 한 아이의 인생을 책임지기에 부족합니다.

어릴 적 자신의 욕구가 눌린 채 자라 미숙한 부모

대한민국 정서 중에는 좋아도 좋지 않은 척, 싫어도 싫지 않은 척 내색하지 않는 걸 미덕이라고 하는 게 있습니다. 이를 성숙한 인성이라고 생각하는 사람도 많습니다. 실제로 자신이 인내력이 높다고 생각하시는 분 중 막상 기질 검사를 해보면 타고난 인내력이 그리 높지 않아 놀라는 사람이 꽤 많습니다. 사실은 그냥 꾹 참는 건데 말이지요.

사실 이는 '성격 발달 영역'에서 보면 미숙하다고 표현하는 게 더 옳습니다. 성숙하고 세련된 방법으로 자신의 욕구를 조절하는 것이 아니라 그저 욕구를 누르는 것이지요. 본인도 자신의 기질을 누르고 자라서 마음 깊은 곳에 불만이 가득 쌓여 있기에 하고 싶은 것을 마음껏 표현하는 내 아이를 볼 때마다 머리로는 이해되지만 왠지 마음이 불편합니다. 그래서 아이를 억누르고 야단쳐 자신의 어린 시절처럼 내 아이 역시 꾹 참게 만듭니다.

또한 한국 사회는 자신의 마음을 꾹 누를 수 있어야 진정한 어른이 되는 것이라며 숙명처럼 받아들이도록 강요하는 문화적인 분위기까지 있습니다. 그렇게 자신의 욕구를 꼭꼭 숨기도록 배우며 자랐는데 성인이 되면 또 '진정한 나'를 찾아야 한다며 그제야 나는 누구인지, 나는 무엇을 하고 싶은지 등 그동안 눌러 놓은 나의 욕구가 무엇인지 찾는 데에 오랜 시간을 보냅니다. 이것이 인생의 숙제인 마냥 비효율적인 삶을 사는 사람이 많습니다.

아이가 자신의 욕구를 누르는 것은 성숙해지는 게 아니라 아픈 것입니다. 어른이 되는 게 아니라 참고 눌리느라 미숙한 채로 자라는 것입니다. 오히려 울고 떼를 쓰더라도 표현하는 아이가 미숙해도 건강한 아이입니다. "내 안에 울고 있는 내면아이가 있다"라는 말을 많이 들어보셨지요? 나의 욕구를 누르고 살면 마음속에 쌓이는 결핍과 상처로 몸은 자라지만 미처 자라지 못한 마음의 영역이 생기게 됩니다.

그렇게 되면 우리 아이의 인생의 여정을 어른으로서 잘 안내하기 어렵겠지요. 왜냐하면 나도 어떤 영역에서는 아직 미성숙한 채로 울고 있는 아이 같은 부분이 있으니까요. 그렇게 되면 우리는 아이에게 올바른 길을 안내할 수 없고 함께 길을 잃고 방황할 수도 있습니다.

내 아이를 잘 알고 있다는 착각

사람들이 정말 많이 하는 착각이 있습니다. 아무리 나를 오래 만나도 타인은 나에 관해 전부 알지 못한다고 생각하면서 자신은 단 몇 분만 보아도 타인을 모두 파악했다고 생각하는 게 그것입니다. 이는 아이를 키우면서도 마찬가지예요. 사실 아이가 태어났을 때 우리는 서로 초면이었습니다. 나도 아이에 관해 알지 못하고, 아이도 부모가 어떤 사람인지 전혀 모르는 상태였지요.

그런데 우리는 아이를 3~4년 정도 키우다 보면 내 아이에 관해서라면 전부 아는 사람처럼 행동합니다. "우리 아이는 고집이 세서 누구 말도 듣지 않아요." "우리 아이는 이기적인 면이 있어요." "우리 아이는 소심한 편이예요." 등등 아주 거침없이 말하고 판단하지요. 하지만 제가 직접 아이를 만나보면 아이에 관해 잘못 알고 계시는 부모님이 의외로 많습니다. 어떤 아이는 평생을 함께 산 부모보다 오늘 처음 만난 저에게 자기 속마음을 더 잘 이야기합니다. 그리고 이렇게 말하지요.

"우리 부모님은 저에 관해 아무것도 몰라요."

아이를 키우며 견디기 어려워하는 감정

어느 날 부모가 되었다고 해서 그동안 미성숙한 채로 외면한 감정이 성숙해지지는 않습니다. 그러니 아이를 키울 때 양육자로서 자신의 욕구를 잘 파악해야 할 필요가 있습니다. 이는 아이와의 관계에서 '내가 왜 이때 아이에게 지나치게 화가 났을까?' '무엇 때문에 과하게 불안해졌을까?' 등 내가 어떤 부분에 자주 걸려 넘어지는지 생각해보면 알 수 있습니다.

부모마다 아이를 키우며 견디기 어려워하는 감정이 있습니다. 영수 아버님은 영수가 자기 뜻대로 되지 않을 때마다 분노가 치밀어 오릅니다. 순희 어머님은 순희가 친구에게 자신이 원하는 것을 말하지 못하고 그저 양보만 하는 모습을 보면 불안해집니다.

양육하다 보면 내가 잘 다루는 감정도 있고 잘 다루지 못하는 감정도 있습니다. 그래서 자신이 아이와의 관계에서 감정적으로 힘들어지는 지점이 어디인지 잘 알아둘 필요가 있습니다. 만약 스스로 조절하거나 멈추기 어려운 감정이 많다면 아이와 감정적인 싸움하기를 멈추고, 내 마음속에 아직 해결되지 못한 상처와 결핍이 있지는 않은지 먼저 살펴보아야 합니다.

오랜 시간이 지난 후에야 나오는 양육의 결과

한국인들은 민족적인 특성상 결과를 빨리 보고 싶어 합니다. 시험이 끝나자마자 바로 채점해 과연 몇 점이 나왔는지 확인하고 싶어 합니다. 장안의 화제인 오디션 프로그램의 최종 우승자에 관한 스포일러 영상이 뜨자마자 조회 수가 엄청난 것을 보면 그만큼 결과를 빨리 알고 싶은 사람이 많다는 것이겠지요.

이는 아이를 키우면서도 마찬가지입니다. 내 아이에게 어떤 문제가 발견되면 빨리 해결되기만을 바랍니다. 그래서 발달 과정이나 아이의 기질상 자연스럽게 일어날 수 있는 모습인데도 빨리 없어지길 바라서 아이와 기 싸움을 하고, 야단을 칩니다. 오랜 시간에 걸쳐 훈련해야 잘할 수 있는 것도 속성으로 잘하기를 종용하는 경우가 많습니다. 내가 원하는 결과를 빨리 보고 싶기 때문입니다.

그런데 아이를 키우는 일은 그렇지 않습니다. 발달도 인성도 하루하루가 쌓여 오랜 시간 동안 만들어져 가기 때문입니다. 양육이 어려운 이유 중 하나는 잘못된 방식으로 양육하더라도 문제가 무엇인지 당장은 알아차리기가 어렵다는 점입니다. 점점 좋지 않은 방향으로 서서히 흘러가다가 이를 발견했을 때는 이미 발달이 너무 지연되어 있거나 관계가 틀어져 있거나 아이의 분노가 조절되지 않는 수준이 되어 있는 경우가 많습니다.

물론 성장 과정에서 보이는 아이의 모습을 보면서 중간중간 가늠해볼 수 있지만 매일의 일상 안에 그 문제 역시 함께 있기에 내 아이가 지금 어떤 상태인지 부모가 객관적으로 보기 어렵습니다. 또한 진짜 어려움이 닥쳤을 때 이 문제를 해결할 만큼 아이가 성숙했는지는 문제가 일어나기 전에는 확인할 수 없다는 점도 양육을 어렵게 하는 요인입니다.

그래서 우리는 객관적으로 내 아이의 상태를 확인할 수 있는 다양한 방법을 찾아보아야 합니다. 아이의 인지, 정서, 신체, 성격 등의 발달이 잘 이루어지는지 주기적으로 점검하고 가족이 아닌 자녀 교육 전문가나 주변 사람들의 평가에도 귀를 기울이며 내 아이가 잘 자라고 있는지 자주 확인해보아야 합니다.

특히 아이가 자기 스스로 감정 조절이 되지 않을 정도로 화가 나 있거나 혹은 무기력하다면 부모인 나의 양육 태도 역시 자녀 교육 전문가에게 확인해보아야 합니다. 그렇지 않으면 아이가 다 자란 후에야 마음속에 결핍과 상처가 있었음을 발견할 것입니다. 무언가 풀이 죽어 있고 생기가 없는 열매를 통해서요.

양육에 정답이 없는 것처럼 보이는 이유는 무엇일까요?

앞에서 살펴본 것처럼 양육은 참 어렵습니다. 하나의 공식만으로는 절대 풀리지 않는 문제만 종합 세트처럼 모아놓은 게 양육이지요. 이렇게 복잡해 보이는 양육이지만, 양육이 잘못된 방향으로 가는 이유를 크게 2가지로 나누어보면 이렇게 정리할 수 있습니다.

① 부모가 아이에게 주고 싶은 사랑 ≠ 아이가 부모에게 받고 싶은 사랑
② 부모가 아이에게 주고 싶은 사랑 ≠ 실제 양육 태도

부모가 주고 싶은 사랑 ≠ 아이가 받고 싶은 사랑

부모가 주는 사랑이 아이가 받고 싶은 사랑이 아니라면?

부모는 아이에게 열심히 사랑을 주고 있습니다. 그런데 만약 그 사랑이 내 아이가 받고 싶은 사랑이 아니라면 어떨까요? 나아가 부모가 주는 그 사랑이 아이

에게 좋지 않은 영향을 끼친다면요?

 지금으로부터 약 15년 전쯤 제가 모 대학교 발달지원센터에서 연구원으로 근무했을 때의 일입니다. '내가 언제부터 각 가정의 상황에 맞는 맞춤 양육 코칭을 연구하기 시작했더라?' 생각하며 거슬러 올라가면 이때의 기억이 나오는 듯합니다. 차분하고 단아한 느낌의 어머님께서 가운데 이가 하나 빠진 귀여운 아이를 데리고 왔는데요. 어머님은 의자에 앉자마자 한숨을 쉬고는 제게 하소연을 시작했습니다.

 그때 제 뱃속에는 아이가 자라고 있었어요. 바로 첫째 영운이었습니다. 출산 예정일이 4개월 정도 남았을 때였는데 이미 배가 한참 불렀고 "아가야~" 하고 부르면 꿀럭 하고 태동으로 반응도 했었어요. 예비 엄마가 되어 보니 다른 엄마와 아이를 만나는 일이 더욱더 새롭기도 하고, 모두 내 아이처럼 느껴지기도 하는 등 소중한 마음이 더 많이 들었기에 출산 휴가를 가기 전에 이 가정의 어려움을 도와드리고 싶다는 마음이 가득했습니다.

 철수 어머님은 철수의 머리를 열어 안을 보고 싶다고 말했습니다. 아무리 이유를 물어보아도 대답도 하지 않고, 도대체 무엇이 불만인지 짜증만 내는 이 아이의 머릿속에 무엇이 들었는지 자기는 도무지 알 수가 없으니 저보고 알려달라고 했어요. 첫째 아이를 낳고 무려 20여 년 만에 낳은 아이라 온 가족이 아이가 원하는 건 다 해주고 싶어 했습니다.

 하지만 도대체 무엇이 부족한지 집에서는 할아버지, 할머니, 아빠, 엄마에게 짜증을 부리며 온갖 물건을 집어던지고 소리까지 지르는 아이가 밖에서는 엄마 옆에 찰싹 붙어서는 한마디도 안 한대요. 왜 그러냐고 물어도 이유조차 말하지 않아 더 답답하다나요. 그런데 철수의 종합 심리 검사 결과, 부모님이 철수에 관해 너무나 모른채 그저 열심히 키운 게 오히려 문제였음을 발견했습니다.

아래 사진은 철수가 모래 상자 위에 자신의 마음을 표현한 모습입니다. 성인도 마찬가지만, 아이가 자기 마음을 정확하게 표현하는 데 한계가 있기에 객관적인 검사와 함께 투사 검사도 함께 진행합니다. 이때 그림을 그리거나 이렇게 자신의 상황을 표현할 수 있는 도구를 사용하기도 합니다.

철수는 뒤에서 자신에게 고함을 치는 남자가 엄마라고 표현했어요. 철수 어머님이 평소에 철수에게 큰소리를 친 거 아니냐고요? 아니요, 철수 어머님의 양육 태도 검사 결과, 오히려 아이에게 애정성과 반응성도 정말 높고 단호함은 전혀 없는, 너무나도 허용적인 양육 모습을 보였습니다. 철수는 자신의 상황을 이렇게 표현했습니다.

"엄마가 고함을 치면 뒤에서 맹수가 쫓아와요. 저는 울타리 앞에 서서 빠져나갈 수도 없고 엉거주춤 서 있어요. 그 옆에 있는 꼭두각시가 저예요. 엄마가 시키면

힘든데 결국은 할 수밖에 없어요. 뭘 해야 할지 모르니까 그냥 엄마가 시키는 대로 하긴 하는데 너무나도 짜증이 나요."

철수 어머님과 철수의 기질 검사 결과를 비교해보았더니 둘의 성향이 매우 달랐습니다. 자동차로 비유하자면 엄마는 액셀이 큰 자동차이고, 아이는 브레이크가 큰 자동차였지요. 철수는 자신의 속도대로 천천히 달리다 문제 상황이 생기면 그 문제 앞에 멈추어 서서 '어떻게 하지?' 하고 고민하는 기질적 특성을 가졌기에 철수 어머님은 그런 아이를 충분히 기다려주면서 아이가 무엇을 해야 할지 아이의 수준에서 함께 고민하고 그 문제를 자신의 방법대로 해결할 수 있게 도와주는 양육을 해야 했습니다.

그런데 철수 어머님은 문제 상황에서 오히려 액셀을 밟는 충동적이고 무절제한 기질적 특성이 있었습니다. 철수에게 자주 하는 말이 "빨리빨리!"였대요. 아이는 일을 시작할 때 천천히 속도를 올리는 타입인데, 그 모습이 답답한 엄마는 참지 못하고 아이가 해야 할 일을 다 해주거나 아이를 재촉해 조급하게 만드니 아이가 짜증이 많아질 수밖에요. 그럼 이런 일은 왜 일어난 걸까요?

먼저 첫 번째 이유는, 엄마가 아이의 기질에 관해 잘 몰랐기 때문입니다. 철수는 '심사숙고' '예기불안' '불확실성에 관한 두려움'이라는 기질적 특성을 타고났기 때문에 어떤 일을 할 때는 천천히 생각할 시간을 주고, 그 일을 시작할 수 있도록 격려해야 해요. 또한 불확실한 일에 관해 불안을 느끼면 브레이크가 자동으로 작동하기에 그럴 때 부모의 역할은 아이가 어떻게 해야 하는지 알려주며 스스로 움직일 수 있도록 도와주는 것입니다.

철수는 앞은 울타리로 가로막혀 있고, 뒤에서는 맹수들이 쫓아올 때 어떻게 해야 할지 빠르게 판단하는 게 어려운 아이입니다. 그러니 부모가 양육 과정에서 이러한 문제들을 해결할 수 있는 연습을 도와주어야 하지요.

하지만 철수 어머님은 철수의 기질은 고려하지 않은 채 "얼른 울타리를 넘어가!"라고 재촉하거나 아이가 거부하면 "하기 싫으면 하지 않아도 돼"라고 하며 울타리를 치워주었습니다. 그러니 철수 앞에 어떤 문제가 생길 때마다 어떻게 해야 하는지 모른 채 여전히 울타리 앞에 서서 엄마가 울타리를 치워주기를 기다리거나, 엄마가 빨리 넘어가라고 재촉하면 무서워도 눈을 딱 감고 후다닥 울타리를 넘어 버렸던 거예요.

이러한 양육을 받으며 자라다 보니 철수는 엄마가 없으면 아무 것도 할 수가 없어서 엄마에게 의지하면서도 동시에 이러한 상황으로 몰아넣는 엄마에게 화가 나 있었습니다.

두 번째 이유는, 철수 어머님 자신이 철수에게 주고 있는 사랑에 관해 살펴볼 필요가 있었습니다. 철수 어머님의 기질은 액셀이 큰 자동차, 쌩쌩 달리고 싶은 욕구가 큰 유형이에요. 하고 싶은 것도 많고 내가 원하는 것들을 자유롭게 경험하고 싶은 기질이기에 어릴 적, 자기 부모에게 하고 싶은 것을 마음껏 경험할 수 있게 하는 사랑을 받고 싶었을 거예요.

하지만 철수 어머님의 어린 시절 이야기를 들어보니 그러지 못했음을 알 수 있었어요. 가정형편이 어려웠다고 해요. 부모님도 맞벌이하느라 바쁘셨기도 했지만 원체 아이에게 무관심하고 따뜻하지 않은 분들이라 어차피 말해도 들어주지 않으리라고 생각해 자신의 욕구를 꾹꾹 누르고 살았대요. 그래서 자기는 엄마가 되면 나는 못 입고 못 먹고 못 하더라도 아이에게 최대한 많은 경험을 하게 해주고 싶었던 거죠.

이런 사연들을 듣다 보면 참으로 안타까운 마음이 들어요. 부모님은 자신이 어릴 적 받고 싶었지만 받지 못했던 사랑을 내 아이에게 열심히 주는데, 정작 아이가 받고 싶은 사랑과 다른 경우가 아주 많거든요. 부모는 부모 대로 화가 납니다. 자신을 희생하며 아이에게 나는 받아보지 못한 사랑을 열심히 주는데 아이는 그 사랑을 받고 고마워하기는커녕 짜증을 내고 화를 내니까요.

아이는 아이대로 힘이 들어요. 자신이 받고 싶은 사랑은 따로 있는데 부모는 그 욕구를 채워주지 않습니다. 또한 정작 자신이 가진 기질의 한계성 때문에 풀지 못하는 문제에 관해서는 부모가 잘 모르고 도와주지도 않지요. 울타리 앞에서 철수는 이렇게 외치고 있었습니다.

> "엄마. 제가 엄마에게 받고 싶은 사랑은 안전한 환경 안에서 충분히 적응할 수 있도록 도와주는 것이에요. 내가 할 수 있을 때까지 좀 더 천천히 기다려주세요. 내가 할 수 있는데 엄마가 기다려주지 않고 뺏어가서 엄마가 해주면 엄마가 나를 무시하는 것 같아 무기력해져요. 불확실한 일에 가로막혀 어떻게 해야 할지 잘 모를 때 '이게 뭐가 무섭니?'라고 하지 말고 내가 두려워하고 있다는 점을 공감해주세요. 그리고 이럴 때 '하기 싫으면 그만해'라고 하지 말고, 무엇을 해야 하는지 같이 고민해서 점점 이 문제들을 잘 풀어나갈 수 있도록 격려도 해주며 극복할 수 있도록 도와주세요. 엄마가 무언가 하자고 하면 저는 너무 무서워요. 저에게 좋다고는 하는데 저는 새로운 경험을 하는 것 자체가 힘들어요. 제가 적응할 수 있도록 천천히, 조금씩 세상을 경험하게 해주세요."

철수 어머님은 외부 지향적이고 새로운 것에 관심이 많으며 두려움이 없는 기질이지만 철수는 새로운 것에 두려움이 많은 기질이었습니다. 그래서 철수 어머님은 조용히 혼자 있는 것을 좋아하고 친구들과 잘 어울리지 못하는 철수를 위해 많은 시간과 돈을 들여 좋다는 프로그램을 많이 접하게 했는데 철수에게는 그 모든 상황이 스트레스이자 무서운 일이었던 거예요.

바로 이러한 것들을 부모에게 알려주는 순간이 저에게는 아직도 참 어렵습니다. 부모는 잘해주고 싶어 한 일들이 정작 아이를 힘들게 했음을 알게 되면 너무나 속상해하시니까요.

상담 후 저는 철수에게 맞는 양육 방법을 철수 어머님에게 알려드렸고, 코칭을 통해 철수는 단기간에 좋아졌습니다. 부모가 아이를 있는 그대로 수용해주고, 아이 자신의 기질 한계성 때문에 풀지 못하는 문제를 도와주는 것만으로도 아이들은 부모에게 금방 마음을 열어요. 아이는 부모가 자식을 사랑하는 것 이상으로 부모를 사랑하니까요.

철수와 철수 어머님을 상담하는 일을 마지막으로 저는 첫째를 낳고 드디어 엄마가 되었습니다. 제가 아이를 낳아 키워보니 아이가 정말 사랑스러워 한 치의 실수 없이 잘 키우고 싶다는 그 마음을 알겠더군요. 그래서 더욱더 간절하게 한 명이라도 더 많은 분에게 '부모가 주고 싶은 사랑과 아이가 받고 싶은 사랑이 다르다'라는 점을 알려 올바른 양육 코칭을 하고 싶다고 생각했습니다.

그리고 무엇보다 타고난 기질이 서로 너무나도 다른 아이 셋을 양육하며 '모든 아이가 자기 부모에게 받고 싶은 사랑이 아주 다르다'라는 점을 확신했어요. 그래서 아이마다 다른 양육 방법을 부모에게 알릴 수 있도록 교육하고 코칭하게 되었습니다.

제가 부모님들을 상담하며 가장 많이 듣는 말은 "제가 우리 아이를 정말 몰랐네요. 아이에게 너무 미안해요"입니다. 늘 마음 한쪽에 아이에게 미안한 마음을 가지고 있는 부모들에게 본인이 내 아이를 잘 모르고 있었다는 사실을 알려드리는 건 참 안타깝습니다.

그렇지만 부모님에게 이 사실을 꼭 말씀드려야 합니다. 내 아이가 어떤 아이인지 모르고 키운다는 건 어쩌면 면허도 없이 자동차에 아이를 태우고 고속도로를 운전하는 것보다 훨씬 위험한 일이니까요. 아이에게는 단 한 번뿐인 자신의 인생이 걸렸기에 부모라면 내 아이가 어떤 아이인지 아는 '내 아이 알기 면허' 없이 양육의 고속도로를 절대로 달려서는 안됩니다.

'내 아이의 맞춤 부모'가 된다는 것은 나 자신과 내 아이를 잘 아는 일부터 시작됩니다. 이제부터는 '부모가 아이에게 주고 싶은 사랑'과 '아이가 부모에게 받고 싶은 사랑'에 관해 자세히 알아보겠습니다.

부모가 주고 싶은 사랑

좋은 부모란 어떤 사람일까?

질문을 하나 해보겠습니다. 아래에다가 본인의 생각을 써 보시길 바랍니다.

> Q. 좋은 부모란 어떤 사람일까요?
>
> A. _____
> _____
> _____
> _____
> _____
> _____
> _____

Q. 왜 그렇게 생각하셨나요?

A. _____

_____

_____

_____

_____

_____

"당신은 어떤 양육관을 가지고 계신가요?"라고 질문하면 대부분 부모님이 "양육관이요……" 하시면서 눈동자를 위로 올린 채 아주 오랫동안 침묵하십니다. 내가 어떤 양육을 하고 싶은지에 관해 구체적으로 생각하고 정리해본 경험이 없으신 것이죠.

하다못해 아르바이트할 사람을 뽑을 때도 어떤 마음으로 일할 것인지 간략하게나마 인터뷰하여 회사의 방침과 일치하는 사람을 뽑으려고 하는데, 아이의 일생을 걸고 부모 노릇을 해야 하는데 내가 어떤 양육관을 가지고 아이를 키울지 생각해본 적이 없다면 이는 반드시 짚고 넘어가야 할 문제입니다. 그렇다고 많은 부모가 지향하는 양육관 하나 없이 아이를 키우냐면 그건 또 아닙니다. 자신도 모르는 무의식적인 신념에 의해 아이를 키우고 있거든요.

자신이 어떤 양육관을 가지고 있는지 알 수 있는 아주 간단한 질문이 있습니다. 바로 "좋은 부모는 어떤 부모라고 생각하세요?"인데요. 여러분은 이 질문에 어떤 대답을 쓰셨나요? 부모님들에게 이 질문을 하면 "친구 같은 부모" "공감해주는 부모" "아이가 필요한 순간마다 곁에 있어주는 부모" "언제든지 기댈 수 있는 부모" 등과 같은 대답을 많이 하십니다. 그럼 나는 왜 이런 부모가 좋은 부모라고 생각했을까요? 수영이 어머님은 이 질문에 이렇게 대답하셨습니다.

"음… 아이의 이야기를 잘 들어주는 부모인 것 같아요."
"왜 그런 부모가 좋은 부모인 것 같나요? 혹시 당신의 부모님은 자식의 이야기를 잘 들어주는 부모님이셨나요?"

잠깐의 침묵 후 수영이 어머님의 눈에는 눈물이 차올랐습니다. 그리고 이렇게 대답하셨어요.

"아니요…… 저희 부모님은 제가 무슨 말만 하면 못마땅한 얼굴로 말을 끊어버리셨어요."

부모의 양육관은 어디에서 올까?

요즘은 부모님들이 여러 경로를 통해 육아 방법을 많이 배우셔서 양육 지식이 풍부하신 편입니다. 하지만 늘 그렇듯 이론과 실전은 다릅니다. 아는 대로 잘 되지 않습니다. 왜냐하면, 수많은 이론이 무색하리만큼 우리는 내 부모님이 우리를 양육하는 것을 현장 경험을 통해 보고 들으며 무의식 구석구석에 그 모습을 새기며 자랐기 때문이지요.

나의 양육관은 무의식적으로 내 부모님의 영향을 받습니다. "내 어머니는 너무 차가웠어. 내가 만약 엄마가 된다면 따뜻한 엄마가 될 거야" "우리 아버지는 너무 바쁘셔서 자식에게 관심이 없으셨어. 내가 아빠가 된다면 친구같이 잘 놀아주는 아빠가 될 거야"라는 등 내가 되고 싶은 부모의 상을 만들었다는 게 그 증거입니다.

반대의 경우도 있지요. "우리 어머니는 본인이 힘들 때도 언제나 따뜻한 밥을 차려주셨어. 나는 엄마가 되면 무슨 일이 있어도 아이들 밥은 끼니마다 새로 만들어 먹일 거야" "우리 아버지는 힘든 내색 한번 안 하시고 가족을 책임지셨어. 나도 아버지처럼 경제적인 면은 어떻게든지 책임질 거야"라고 말이에요. 이쯤에서 우리는 인정해야 합니다. 결국 우리의 양육관은 "우리 부모처럼 해야지!" "우리 부모처럼 하지 말아야지!"에 갇혀 있다는 것을요.

여기서 우리가 알아야 할 점은 이것입니다. "좋은 부모란 어떤 사람일까요?"라는 질문에 우리가 했던 대답은 지금 내 아이가 받고 싶은 사랑이 아니라, 내가 내 부모에게 받고 싶었던 사랑이라는 것을요. 내 부모님이 아무리 자식인 나를 사랑하셨다 하더라도 내가 받고 싶은 사랑(욕구)을 채워주지 못하셨다면 나에게 결핍이 있을 수밖에 없습니다. 그래서 성인이 되어서도 그 결핍을 채우기 위해 노력하지요.

처음에는 배우자에게 내가 부모에게 받고 싶었던 사랑을 구하다가, 아이를 낳은 후에는 아이와 나를 동일시해 아이에게 나의 결핍을 채워주려고 합니다. 하지만 잊지 마세요. 만약 나에게 부모로부터 받은 결핍이 있어 내 아이에게 어떤

특정한 에너지를 쏟고 있다면, 그건 지금 내 아이가 받고 싶은 사랑이 아닌, 내가 내 부모에게 받고 싶었던 사랑이었을지도 모른다는 것을요. 양육 과정에서 생기는 가장 큰 비극은, 내가 열심히 주었던 그 사랑이 내 아이에게는 또 다른 결핍과 상처를 만들어낼 수 있다는 것입니다.

아이가 받고 싶은 사랑

아이들은 새하얀 도화지라고?

인간의 마음과 인성은 태어날 때는 '빈 그릇' 상태이며, 환경에 따라 얼마든지 변화할 수 있다는 이론이 있습니다. 바로 '빈 서판 blank slate 이론'인데요. 우리가 흔히 말하고 듣는 "아이들은 흰 도화지다"라는 말이 이 이론에서 나온 것입니다. 이 말은 알게 모르게 우리의 교육관과 양육관에 많은 영향을 주고 있습니다.

아이는 마치 새하얀 도화지처럼 깨끗해서, 부모의 노력으로 더 좋은 그림을 그려 넣을 수 있다는 말은 교육열과 자식 사랑이 유달리 높은 대한민국 부모님에게는 무척 매력적인 유혹이 아닐 수 없습니다. 하지만 그렇게 아이를 키우다 보면 무언가 맞지 않음을 깨닫습니다. 아이가 백지라면 부모가 원하는 대로 그림을 그리려고 할 때 군말 없이 잘 따라와야 하는데, 아이의 저항이 부모가 생각했던 것보다 만만치 않거든요.

최근의 연구 결과에 따르면, 사람은 태어날 때부터 유전적인 기질을 타고나며 평생 잘 변하지 않는 안정적인 속성을 보인다고 합니다. 예를 들어, 부모가 일부러 다른 조건으로 대할 수도 없는 뱃속에서 똑같은 조건으로 자란 일란성 쌍둥이도 태어날 때부터 성향이 서로 다른 점을 쉽게 볼 수 있으니까요. 아이는 태어날 때부터 백지가 아니라 자기만의 독특한 씨앗을 품고 있다는 것이지요. 따라서 아이는 자기 기질의 욕구에 맞는 사랑을 받아야 합니다. 이에 관해서는 〈3코스, 내 아이 제대로 알기〉에서 자세히 다루겠습니다.

지금까지 양육에 정답이 없는 것처럼 보이는 첫 번째 이유를 살펴보았습니다. 그것은 바로 부모가 아이에게 주고 싶은 사랑과 아이가 부모에게 받고 싶은 사랑이 다르기 때문입니다. 부모인 내가 열심히 준 이 사랑이 내 아이가 받고 싶은 사랑이 아니라면 오히려 내 아이에게 결핍과 상처를 남길 수도 있습니다.

내가 열심히 사랑해주면 아이가 그저 좋아하리라고 생각하지만, 그 사랑의 초점이 부모인 나에게 있으면 내 아이가 어떤 사랑을 받고 싶은지 알아차리기가 쉽지 않습니다. 아이는 때로는 짜증을 내고 화를 내고 침묵하면서 열심히 자기가 부모에게 받고 싶은 사랑을 표현하고 있는데도 말이지요.

그런데 이 2가지만 다르면 해결 방법이 어렵지 않습니다. 내 아이가 받고 싶은 사랑을 얼른 찾아서 주면 되니까요. 하지만 양육에 정답이 없는 것처럼 보이는 하나의 변수가 더 있습니다. 바로, 실제적인 나의 양육 태도입니다.

부모가 주고 싶은 사랑 ≠ 실제 양육 태도

현재 나의 양육 태도는 어떤 모습일까?

상담 중 민희 어머님에게 현재 엄마로서의 자기 모습을 표현할 수 있는 피규어를 하나 골라 보시라고 말씀드렸습니다. 민희 어머님께서는 천천히 여러 상징을 둘러보시며 만지작만지작하더니 결국은 맨 처음에 골랐다가 놓았던 작은 옷장 하나를 선택하셨어요. "이 상징이 어머님의 현재 모습과 어떤 점이 닮았나요?"라고 묻자 민희 어머님께서는 이렇게 대답하셨습니다.

> "이 옷장은 이불장 같은데… 문을 열면 포근한 이불이 있지만, 겉보기에는 굳게 닫혀 있죠. 나도 모르게 아이를 딱딱하게 대하고, 감정이 없어져서 아이에게 마음을 잘 열어주지 않는 게 꼭 내 마음 같아요. 아이에게 따뜻하게 대해주고 싶은 마음은 안에 있지만, 왠지 모르게 자꾸 딱딱하게 대하게 되네요."

이번에는 민희 어머님에게 어린 시절 당신의 부모님을 표현할 수 있는 상징을 찾아보시라고 했습니다. 아버지의 상징으로 찾은 피규어는 손 한쪽을 앞으로 내밀고 있는 목각인형이었습니다. 딱딱하고 경직되어 있는 목각인형이 자신의 어린 시절 아버지와 닮은 듯하다고 하셨어요. 어렸을 적 아버지를 생각하면 표정이나 감정은 생각나지 않고 나에게 무섭게 명령만 하던 모습으로 기억된다고 하셨어요. 어머니의 상징은 교복 입은 소녀 인형인데, 늘 표정이 무뚝뚝하고 아이를 키우기에는 미숙한 고등학생 같은 모습처럼 느껴진다고 하셨어요.

내가 싫어했던 내 부모의 모습과 지금 나의 모습이 닮은 이유는 무엇일까?

저는 부모님들과 함께 현재 나의 양육 태도와 내가 어린 시절 부모님에게 받은 양육 태도를 탐색해보는 과정에서 부모님이 알게 모르게 자기 부모님의 양육 태도에서 많은 영향을 받았음을 발견하게 됩니다.

민희 어머님은 어린 시절 딱딱한 나무처럼 자신의 규칙만 무섭게 강요하는 아버지와 아이를 키우기에는 미숙하고 무뚝뚝한 어머니의 양육을 받고 자랐습니다. 그 아이가 자라 부모가 되어 목각인형과 무뚝뚝한 여고생을 합친, 나무처럼 딱딱하고 감정 없이 명령만 하는 옷장 같은 양육을 하고 있었으니까요.

　자신의 이런 모습을 어렴풋이 알고는 있었지만, 구체적이고 실질적으로 직면하게 되면 대부분 부모님이 많이 우십니다. 내가 그렇게 힘들었던 내 부모의 모습을 내 아이에게 자신이 그대로 하고 있다는 게 너무나도 슬프고, 어린 시절 그런 부모님 사이에서 결핍과 상처를 받은 자기 모습도 떠올라 마음이 아픈 것이죠.

　민희 어머님에게 어떤 엄마가 좋은 엄마라고 생각하느냐고 질문했더니 "아이의 필요를 미리 알고 채워주는 엄마" "다정한 엄마" "화내지 않는 엄마"라고 하셨습니다. 하지만 자신은 아무리 노력해도 그렇게 되지 않는다고 하셨어요. 이처럼 내가 아이에게 주고 싶은 사랑과 실제 양육 태도가 다르기 때문에 양육이 어렵게 느껴지는 것입니다.

내가 받은 양육이 내 양육관에 영향을 미치는 이유는 무엇일까?

　대상 관계 이론 object relation theory 에 의하면 생애 초기 양육자와 형성한 관계에서 비롯한 경험은 개인의 전 생애 동안 타인을 지각하고 이해하며 관계를 형성하는 기본 틀로 작용한다고 알려져 있습니다. 다시 말하면, 내가 어린 시절 부모님과 어떤 관계를 맺어 그것이 패턴이 되면 이후 나의 생애를 통해 되풀이되는 경향을 보인다는 것이지요. 예를 들어, 학대받는 관계를 내재화한 아이는 어른이 된 후 맺는 인간관계에서 자신도 모르게 가해자와 피해자의 관계를 형성할 수 있다는 임상의 보고가 아주 많습니다.

성격과 양육의 대물림 과정은 무엇일까?

부모의 DNA 속에 있는 성격적 특성이 100%의 확률로 아이에게 유전된다고 볼 수는 없습니다. 아버지와 어머니 양쪽에서 내려온 유전자들은 아이에게 새롭게 조합되고 그 과정에서 변수들이 나타나므로 부모의 성격 특성과 관련된 모든 유전 인자가 아이에게 전해지는 것은 아니라고 알려져 있습니다.

하지만 아이가 성장하며 부모의 감정, 생각, 행동 패턴 등을 끊임없이 관찰하고 따라 하는 모방 과정을 통해 어느새 부모를 닮아갑니다. 즉 아이의 기질은 유전적 기질의 바탕 위에서 성장하지만, 부모로부터 보고 배우는 행동 특성들이 성격 형성에 관여하고, 그렇게 형성된 성격이 내가 부모가 되었을 때 나의 양육 패턴에 영향을 미치게 됩니다. 이것을 '양육의 대물림 과정'이라고 말합니다.

상담하다 보면 "배우자가 결혼 전에는 정말 순했는데, 아이를 낳은 후에는 분노를 참지 못하고 아이에게 미친 듯이 소리를 질러요" 하는 분이 많으십니다. 그분들의 공통점을 살펴보면 본인도 어릴 적에 부모에게 그러한 경험이 있다는 것입니다. "나는 절대로 내 아이에게 저러지 말아야지!" 다짐하며 자랐는데, 왜 나는 그토록 싫어하는 내 부모님의 모습과 닮아버린 것일까요?

이를 '적대적 동일시 hostile identification'라고 합니다. 나를 힘들게 하는 상대방의 행동을 모방함으로써 상대방에 관한 불안감을 줄이고 극복하기 위한 나의 방어 기제라고 할 수 있지요. 즉 나를 지키는 방법으로 불안한 그 대상과 나를 동일시하고, 자신보다 약한 아이에게 내가 공격을 당하는 사람이 아니라 공격하는 사람의 위치에 올라서고 싶은 마음이 행동으로 표현되는 미성숙한 방어기제의 일환입니다.

어릴 적 내가 힘들었던 부모님과 부모가 된 나를 동일시하게 되면 '내가 그때 혼날 짓을 했을 거야'라고 생각해 부모님의 행동을 은연중에 정당화합니다. 왜냐하면 부모님이 나를 사랑하지 않아서 분노의 감정을 표출했다는 것보다 내가 잘못했기에 혼이 났다는 게 더 정서적인 안도감을 주기 때문입니다. 또한 피 공격자가 된 아이에게 되려 "너는 혼날 짓을 했어. 그러니 혼나야 해!"라고 하며 지금 자신의 행동 또한 정당화하려는 모습을 보이게 되죠.

피 공격자였던 이 아이가 자라서 부모가 되면 또 자신의 아이에게 공격자가 되는, 이러한 가족 안에서의 패턴들이 계속해서 대물림되며 피해자가 공격자가 되고, 또 피해자가 공격자가 되는 악순환을 반복하게 되지요.

양육에 정답이 없는 것처럼 보이는 이유

교집합을 찾지 못하는 양육 환경

지금까지 양육에 정답이 없는 것처럼 보이는 이유를 살펴보았습니다. 양육에서 정답을 찾기 어려운 이유는 '내가 주고 싶은 사랑'과 '아이가 받고 싶은 사랑' 그리고 '실제 양육 태도' 사이에 교집합이 없기 때문입니다. 열심히 아이를 키우기는 하지만 내가 주고 싶은 사랑과 아이가 받고 싶은 사랑, 그리고 실제 양육 태도가 달라 서로 엇갈리는 것이지요.

부모님도 속상하실 거예요. 나는 열심히 아이에게 사랑을 주는데, 아이는 무엇이 불만인지 짜증이 가득하니까요. 자신은 못 먹고, 못 누려도 아이에게 열심히 내가 못 받았던 것들을 해주고 있는데 아이는 그것을 다 받아들이지 못하고 뱉어내기만 합니다.

아이도 힘들어요. 내가 원하는 사랑은 부모가 주는 사랑과 다르거든요. 부모가 주는 사랑이 고맙기는 하지만 무언가 불만족스러운 것도 어쩔 수 없습니다. 이렇게 서로 간에 교집합이 없는 상태에서 양육하다 보니 양육이 힘든 것이지요. 이것은 매우 비효율적인 양육입니다. 나는 열심히 내가 가지고 있는 자원을 사용하는데 그만큼 결과가 나오지 않는다면 굉장히 소모적일 뿐이에요.

우리가 아이를 키우는 일은 그저 참고 희생하는 데 의의가 있지 않습니다. 내

비효율적인 양육

부모가 아이에게 주고 싶은 사랑 ≠ 아이가 부모에게 받고 싶은 사랑 ≠ 실제 양육 태도

효율적인 양육

부모가 아이에게 주고 싶은 사랑 = 아이가 부모에게 받고 싶은 사랑 = 실제 양육 태도

아이가 맺을 수 있는 가장 싱싱하고 아름다운 열매들을 기뻐하며 볼 수 있는 결과가 있어야 합니다.

비효율적인 양육이란 무엇일까?

양육이 끝없는 평행선을 걷는 듯이 힘들고 어려운 또 다른 이유는, 양육을 비효율적으로 하기 때문입니다. 아래쪽 그림을 한번 볼까요? 앞서 설명한 바와 같이 아이는 부모에게 받고 싶은 사랑이 있는데(곡선) 부모는 자기가 주고 싶은 사랑(직선)을 아이에게 준다면 어떻게 될까요?

아이가 받아야 하는데 받지 못한 사랑은 아이에게 '결핍'이 되고, 받고 싶지 않은데 부모가 일방적으로 준 사랑은 오히려 아이에게 '상처'가 됩니다. 어떠세요? 정말로 비효율적인 양육이지 않나요? 아이가 받고 싶지 않은 사랑에 부모의 시간과 돈, 에너지를 많이 쓸수록 비효율적인 양육을 하고 있다고 말할 수 있습니

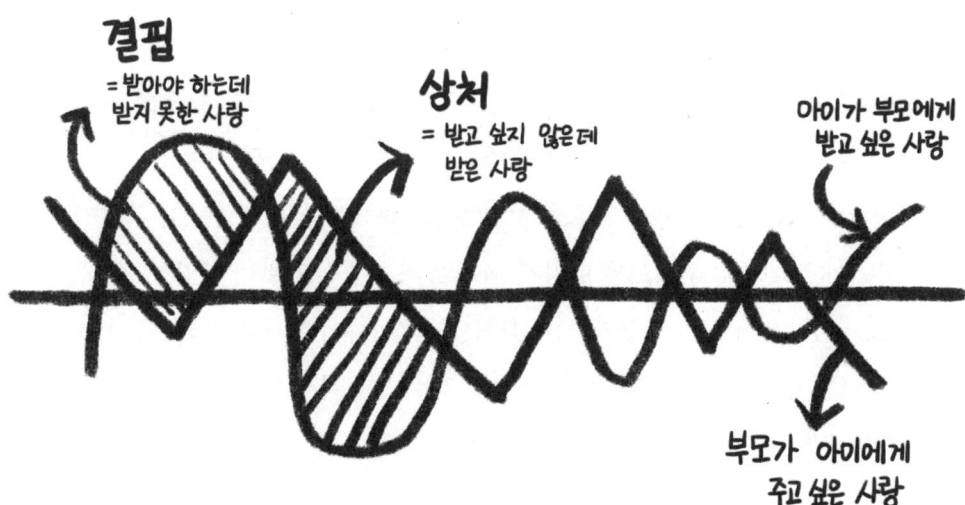

다. 혹시 이런 생각을 하시는 분이 있으실 듯해요.

> "아이가 받고 싶은 대로 사랑을 주면 버르장머리가 없어지지 않을까요? 세상에 제 뜻대로 안 되는 일도 있음을 알아야 사회에 적응도 할 텐데. 이렇게 아이가 원하는 사랑을 마구 주어도 되는 걸까요?"

제 대답은, "그 점은 염려하지 마세요!"입니다. 우리는 아이가 부모에게 받고 싶은 사랑을 아주 많이 주면서도 자신의 기질과 욕구를 잘 조절할 수 있는 아이로 키우는 방법을 지금부터 배울 거니까요.

특히 맞벌이 부모시거나 다둥이 가족이라면 훨씬 더 효율적으로 각각의 아이가 받고 싶은 사랑을 주어 어떤 아이도 결핍과 상처 없이 클 수 있도록 더욱더 전략을 잘 짜야겠지요. 그 후 남는 시간과 돈, 그리고 에너지는 부모인 자신에게 쓰셔야 합니다. 엄마, 아빠인 우리도 사람이니까요. 부모도 에너지를 채워야 다시 힘을 내어 아이에게 사랑을 줄 수 있습니다.

지금까지 우리가 아이를 키우는 일이 어렵다고 느끼는 여러 가지 이유에 관해 알아보았습니다. 아마 이 책『우리 아이 기질 맞춤 양육 매뉴얼』을 읽고 계신 분들이라면 누구보다 아이를 잘 키우고 싶다고 생각하는 분들일 거예요.

지금까지는 방법을 몰라 비효율적인 양육을 하셨다면, 이제는 다음 장부터 시작되는 [Part 2. 양육 로드맵 따라가기]를 통해 본격적으로 이 복잡한 조합들을 맞추어가며 양육 코칭 전문가가 제안하는 우리 가족이 행복한 교집합을 이룰 목적지를 향해 떠날 것입니다. 자, 각 코스를 밟아가며 이 복잡한 문제들을 저와 함께 풀어가 보실까요?

올바른 양육을 위한 3가지 체크 포인트

지금부터 우리는 엉킨 양육의 실타래를 풀어가며 우리 가족에게 딱 맞는 새로운 양육 로드맵을 그려갈 거예요. 이 양육 로드맵을 따라가다 보면 올바른 양육을 위해 정비해야 할 3가지 코스가 나오는데, 우선 이 3가지 코스가 어떤 곳인지 알아보겠습니다.

체크 포인트 하나, 내 아이는 어떤 아이일까?

아이마다 나만의 고유한 씨앗을 가지고 태어납니다. 따라서 그 씨앗에 맞는 방법으로 양육해야 행복하게 자라며 풍성한 열매를 맺을 수 있어요. 그러니 아이를 잘 키우고 싶은 부모가 여기서 알아야 하는 점은 '내 아이는 어떤 아이인지' 정확히 아는 것입니다. 그래야 아이에게 맞는 영양분을 주고, 취약한 점은 적절히 도와주면서 잘 키울 수 있으니까요.

체크 포인트 둘, 나는 어떤 부모일까?

부모인 우리는 나의 부모로부터 받은 양육관과 살면서 가지게 된 나만의 가치관, 그리고 내 아이를 잘 키우고 싶어 배우고 공부한 양육 기술들로 현재 내 아이를 키우고 있습니다. 이러한 나의 양육 태도가 내 아이에게 맞는 양육 방식인지 알아보고 더 나은 양육 방식은 없는지, 있다면 무엇인지 찾아볼 것입니다.

체크 포인트 셋, 우리는 어떤 부부일까?

마지막으로 우리가 점검해야 할 체크 포인트는 '우리는 어떤 부부일까?'입니다. 아이는 아빠에게 반쪽, 엄마에게 반쪽씩 유전자를 받아 태어납니다. 여러 가지 사정으로 부모와 아이가 함께 살지 않을 수도 있겠지만, 그러한 경우에도 부모라면 아이가 세상에 단단히 뿌리를 내리고 자랄 수 있도록 아이에게 "너는 우리가 사랑해서 낳은 아이란다"라고 이야기해주어야 합니다.

부모님이 서로를 꽉 붙들고 있는 사랑은 아이가 굳게 뿌리 내릴 수 있는 가장 좋은 땅인데, 부모가 서로 관계가 틀어져 있다고 해서 아이에게 뿌리를 내릴 토양조차 내주지 않는 건 부모의 역할을 다하지 못하는 것입니다. 특히 부부가 서로 사이가 좋지 않더라도 아이에게 배우자를 흉보거나 비난하는 일은 매우 좋지 않습니다. 이는 아이에게 "너의 반쪽은 형편없어!"라고 말해주는 것과 마찬가지니까요.

또한 우리가 어떤 부부인지 살펴보아야 하는 또 다른 이유는 부모의 문제 해결 방식을 아이가 그대로 보고 배우기 때문입니다. 철민이의 부모님은 서로 싸우면 아무 말도 하지 않고 방에 들어가 버립니다. 그럼 철민이는 관계에 문제가 생기면 어떻게 행동할까요? 역시 말없이 방에 들어가는 것 말고는 다른 해결 방식을 배우지 못했기에 그러한 행동을 할 수밖에 없습니다.

부부는 아이의 뿌리이자 울타리입니다. 부부 관계가 좋지 못해 가족 내에 정서적인 부재나 물리적인 부재가 생긴다면 아이가 땅에 제대로 뿌리 내린 건강한 나무로 성장하지 못하겠죠. 따라서 우리 가족이 좋은 한 팀이 되기 위해서는 우리는 어떤 부부인지 꼭 점검해 볼 필요가 있습니다.

PART 2

양육 로드맵 따라가기

2 코 스

양육의 최종 목적지에
잘 도착할 수 있게
양육 전략 짜기

〈6코스〉 우리 가족만의 새로운 양육 모델 알기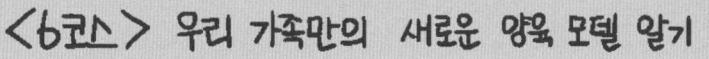

〈5코스〉 우리는 어떤 부부인지 제대로 알기

〈4코스〉 나는 어떤 부모인지 제대로 알기

〈3코스〉 내 아이 제대로 알기

〈2코스〉 양육 전략 짜기

〈1코스〉 현재 양육 상태 점검하기

양육에 전략이 필요한 이유는 무엇일까요?

남들이 보면 저는 아주 촘촘하고 바쁘게 사는 듯이 보입니다. 하지만 실상을 들여다보면 그렇게 바쁘지만은 않아요. 저는 요즘 금요일 저녁마다 2시간 정도 시간을 내어 아이들과 함께 드럼과 베이스기타를 배우고 있습니다. 가족 5명이 각자 악기를 배워 취미로 가족 밴드를 하고 싶어서요. 저의 생활을 좀 더 자세히 들여다볼까요?

저는 살림이나 육아를 도와주시는 분이 따로 계시지 않아 아이 셋을 직접 키우는 엄마이자 주부이기도 해요. 아직은 아이들이 부모의 돌봄을 필요로 하는 시기이기에 자신이 가장 좋은 열매를 맺도록 정서적인 영양분을 듬뿍 주고 있지요. 저희 부부가 많은 재산을 물려줄 수는 없지만 정서만은 언제든지 꺼낼 수 있도록 마음의 금고에다 가득 채워주려고 열심히 예치 중이에요.

그리고 양육 코칭 센터를 운영하고 있고 외부 강의와 상담 등도 아주 많이 하고 있습니다. 최근에는 저와 같은 양육 코칭 전문가를 양성하기 위해 프로그램을 연구하고 교육하는 일도 하고 있지요. 어느 것 하나 저에게는 소중하지 않은 게 없습니다. 모두 다 잘 해내고 싶죠.

저는 남들과 다르게 하루가 24시간이 아니라 30시간이 주어져서 이렇게 할 수 있는 것일까요? 그렇지 않습니다. 호랑이 기운이 퐁퐁 솟아나서 그럴 수 있는 것일까요? 그것도 아니에요. 저도 40대가 되어 보니 체력이 확실히 예전 같지 않습니다. 그래서 계획과 전략이 필요합니다.

'전략'의 어원을 살펴보면 '전쟁에서 이기기 위한 작전이나 계획을 세우고, 이를 실천하여 목적을 이루는 것'을 뜻합니다. 하지만 전략에서 중요한 건 작전보다 무엇을 위해 이 일을 해야 하는지에 관한 목적과 가치가 있어야 합니다. 그저 이겼다고 해서 그 전략이 가치 있다고 할 수는 없습니다. 우리가 열심히 공부하고 열심히 일하고 열심히 아이를 키운다고 해도 우리가 이 일을 하는 명확한 목적과 가치가 없다면 그 끝은 허무할 거예요.

마찬가지로 양육에도 전략이 필요합니다. 나의 한정된 자원으로 나의 인생과 아이의 인생 모두 잘살게 하기 위해서요. 효율적인 작전이나 계획이 있어야 목표를 향해 계속해서 나아갈 수 있고 결국은 목적지에 도착할 수 있습니다. 또한 이 양육이 부모인 나에게 주는 가치가 있어야 끝까지 포기하지 않고 갈 수 있겠지요.

이 과정에서 절대 빠지면 안 되는 가장 중요한 점은 무엇일까요? 바로 목적지가 어디인지 알아야 한다는 것입니다. 열심히 전략을 짜 애써 갔는데 목적지가 틀렸다면 이보다 더 허망한 일이 있을까요? 정말 열심히 아이를 키웠는데 그 결과가 잘못 키운 것이라면 참으로 안타까운 일이지요.

양육의 2가지 전략을 소개합니다!

아이가 품은 씨앗이 싹을 틔우고 무럭무럭 자라기 위해서는 다음 2가지가 필요해요. 첫 번째는 아이에게 맞는 조건(아이가 받고 싶은 사랑)을 주는 것, 그리고 두 번째는 아이가 특별히 취약한 문제를 도와주는 것입니다. 여기서는 내 아이가 무럭무럭 자라서 튼튼한 나무로 성장할 수 있게 하는 2가지 전략을 알려드리려고 합니다.

첫 번째 전략_아이가 받고 싶은 사랑 주기

부모가 아이에게 폭발하는 이유는 무엇일까?

육아하다 보면 아무리 아이들을 사랑한다고 해도 내가 에너지가 없으면 결국 참다가 폭발하는 때가 있을 수밖에 없습니다. 같은 문제 상황이라도 내 몸이 피곤하거나 배우자와 감정이 좋지 않거나 할 때는 아무래도 화가 더 날 수밖에 없습니다. 결국 화가 폭발해 아이에게 쏟아놓고 나면 그 감정들을 처리하는데 훨씬 더 많은 에너지를 쓰게 되고요. 양육에 전략이 없다면 아이들과 문제가 발생할 때마다 감정싸움을 하게 되고, 그럼 양육이 지치고 힘들 수밖에 없습니다.

쓸데없는 곳에 돈과 시간과 에너지를 쏟지 말라고?

'효율성效率性'이란 최소한의 노력으로 최대한의 결과를 얻는 것을 말합니다. 우리의 시간과 돈과 에너지는 한정적이기에 아이를 키우기 위해서는 이러한 자원을 효율적으로 잘 이용해야겠죠.

양육에서의 '효율성'은 '내 아이가 받고 싶은 사랑'을 주는 것입니다. 아이가 품은 씨앗이 무럭무럭 자라기 위해서는 내 아이의 씨앗에 맞는 성장 조건을 주어야 합니다. 바로 아이가 가진 기질(욕구)을 부모가 수용하는 것이지요. 아이마다 자신이 타고난 기질이 다르기에, 부모는 내 아이가 가장 잘 자랄 수 있는 영양분을 알고 정확하게 주시는 게 중요합니다.

따라서 양육을 전략적으로 잘하기 위해서는 첫 번째로 내 아이가 받아야 하는 사랑을 정확하게 알아 낭비되는 에너지 없이 효과적으로 아이에게 쏟아주고, 남는 에너지는 부모인 자신에게 사용해 다시 아이를 양육할 에너지를 비축해야 합니다.

두 번째 전략_우리 아이에게 맞는 문제 해결 방법

아이마다 기질(욕구)이 다르니, 문제 해결 방식 역시 모두 다릅니다. 그러니 아이에게 애정을 주는 방법과 훈육하는 방법도 각각 달라야겠지요. 아이가 영유아기일 때는 타고난 기질(생존 욕구)과 발달의 한계성에 따라 자신의 방식대로 문제를 해결하려고 합니다. 이때 부모의 역할은 아이의 그러한 기질을 수용하고, 더 나은 방향으로 문제를 해결할 수 있도록 애정과 통제를 함께 적절히 해주는 것입니다.

즉, 양육하는 시간은 내 아이가 진정한 어른으로 독립할 시기가 되었을 때 스스로 문제를 해결할 수 있도록 연습하는 시간입니다. 양육의 목적은 아이가 자신의 기질을 제힘으로 잘 조절하는 독립적인 인격체가 되어 자기 삶을 살 수 있도록 하는 것이니까요.

양육의 목적은 아이가 스스로 문제를 해결할 수 있도록 돕는 것이다?

우리는 매일 아이와 여러 가지 문제로 씨름합니다. 장난감 하나를 두고 싸우는 형제·자매·남매 사이에서, 어린이집에 가기 싫다고 울며 떼쓰는 아이의 얼굴을 보면서, 지금은 할 수 없는 상황인데도 당장 해달라고 재촉하는 아이 앞에서, 먹으라는 밥은 안 먹고 간식만 먹겠다는 아이를 앞에 두고 등등 이러한 문제들이 다람쥐 쳇바퀴 돌 듯 매일 반복되다 보면 아무리 슈퍼맨 부모라도 지쳐버리고 맙니다.

유명하다는 양육서도 읽어보고, 열심히 메모까지 하며 유명 유튜버의 양육법도 공부했지만, 결국 우리는 둘 다 갖고 놀지 말라고 장난감을 뺏어버리고, 아이의 갖은 비위를 겨우겨우 맞추고 달래 어린이집에 보내고, 자꾸 재촉하면 다시는 해주지 않겠다며 협박하고, 밥을 먹지 않으면 간식도 먹을 수 없다고 으름장을 놓다 하는 수 없이 간식을 꺼내주게 됩니다.

이는 훈육의 목표가 결국 아이와의 갈등을 멈추는 데에 있었기 때문입니다. 이 순간을 벗어나기 위해 아이를 협박하거나 설득하는 방법으로 이 시간을 보내셨다면 우리는 내일도, 모레도, 앞으로도 아이와 이러한 싸움을 똑같이 반복할 수밖에 없습니다. 왜냐하면, 아이는 이러한 갈등이 생길 때마다 더 나은 해결 방법을 배우지 못했기 때문이지요. 이 책『우리 아이 기질 맞춤 양육 매뉴얼』을 읽는 우리의 목표는 아이가 자라며 이와 같은 문제에 부딪혔을 때 어떻게 하면 더 잘 해결할 수 있을지에 있어야 합니다.

타고난 기질의 한계성을 조절하도록 하는 것이 양육의 목적이다?

아이가 품고 있는 씨앗에는 부모님이 도와주셔야 하는 기질의 한계성이 존재합니다(이는 〈3코스, 내 아이 제대로 알기〉에서 자세히 다루도록 하겠습니다). 이는 자신이 가지고 있는 기질을 아직 제힘으로 조절하지 못해 풀지 못하는 문제들인데요. 부모는 그 문제들을 아이가 억지로 하게 하거나 혹은 부모가 대신 해결해주는 것이 아니라, 아이 스스로 이 문제들을 해결할 수 있도록 지지하며 차근차근 그 문제들을 잘 풀어가도록 도와주어야 합니다.

예를 들어, 멈추는 게 어려운 '액셀형 아이(p.104 참조)'에게는 "그만! 하지 마! 멈춰!" 하며 일단 야단부터 치기보다 언제, 어떻게 멈추어야 하는지 가르쳐주고 그 기능이 습관으로 장착될 때까지 반복해 연습하도록 지도하셔야 합니다.

반대 유형인 '브레이크형 아이(p.111 참조)'에게도 "뭐가 무서워? 무서우면 하지 마"라고 말하기보다 자신의 힘으로 그 문제들을 극복할 수 있을 때까지 작고 사소한 성취를 자주 경험하게 하며 자신감을 채울 수 있도록 도와주는 편이 더 좋습니다.

내 아이를 키우는 방법은
따로 있다고요?

내 아이가 내 말을 안 듣는 이유

저는 가사에 도움을 받고자 걸레질을 해주는 로봇청소기를 구매한 적이 있었어요. 로봇청소기의 구성품은 간단했습니다. 본체, 걸레, 그리고 뭔지 모를 네모 반듯한 배터리 같은 게 담겨 있었습니다. 마침 청소기 본체에 그 네모반듯한 무언가가 딱 들어갈 수 있도록 홈이 파여 있었기에 거기가 얘의 자리인가 보다 하고 올려놓은 후 걸레를 바닥에 붙이고 전원 버튼을 눌렀지요.

기대하는 마음으로 로봇청소기를 지켜보는데 이 녀석이 제자리에서 왔다 갔다 하더니 멈추는 거예요. 여러 번 시도했는데도 잘되지 않자 로봇청소기를 노려보며 비난했습니다. 그때까지도 저는 제가 전원 버튼을 눌렀을 때 로봇청소기가 움직였기 때문에 제 잘못이라는 생각은 하지 못했어요. 나중에 사용설명서를 읽고서야 알았습니다. 제가 배터리라고 생각했던 그것이 사실은 방향을 지시하는 센서였고, 높은 곳에 올려두고 전원 버튼을 눌러야 로봇청소기가 멀리까지 갈 수 있더라고요.

이것은 누구의 잘못일까요? 저의 잘못이지요. 사용설명서를 읽어보지 않았기에 이 로봇청소기의 기능을 제대로 몰랐으니까요. 그렇다면 내 아이가 부모인 내 말을 듣지 않는 것은 누구의 잘못일까요? 부모님의 잘못일 확률이 훨씬 높습니다. 10번, 20번 말해도 아이가 당최 듣지를 않는다고요? 부모님이 아이에게 맞는 작동 방법을 몰라 계속 잘못 지시하고 있는지도 모릅니다. 왜냐하면 우리 아이도 사용설명서가 있거든요. 내 아이에게 맞는 방법으로 잘 지시하고 훈육한다면 아이는 부모의 지시에 잘 따르며 자신의 기능을 잘 발휘할 수 있답니다.

내 아이 맞춤 사용 설명서

아이가 어떻게 하면 잘 작동하는지 모른 채 부모님 마음대로 전원 버튼을 눌러놓고 "내가 이렇게 하라고 했는데 왜 안 하니?!"라고 아이를 비난한다면 부모님도, 아이도 얼마나 힘들겠어요. 그래서 다음 〈3코스, 내 아이 제대로 알기〉에서는 내 아이는 어떤 아이인지 알아보고 〈6코스, 우리 가족만의 새로운 양육 모델 알기〉에서는 내 아이를 가장 잘 작동하게 하는 '내 아이만의 사용설명서'에 관해 자세히 배워볼 거예요. 아이가 자신의 기능을 잘 발휘하며 자신만의 목적지를 향해 쌩쌩 달려갈 수 있도록 말이에요.

내 아이를 망치는 남의 육아 방법

요즘 부모님들은 웬만한 상담사만큼 육아 방법에 관해 잘 아시는 듯합니다. 자녀 교육서도 많이 읽으시고, 부모 교육도 들으시고, 유명 자녀 교육 강사의 훈육 방법도 많이 알고 계시지요. 그런데 그렇게 많은 정보 속에서 부모님들은 더 혼란스럽습니다. 책에서, 방송에서 본 대로 했는데도 아이가 따라오지 않거든요.

그럴 수 밖에요. 책에 나온 철수와 내 아이는 다른 아이거든요. 남의 아이를 잘 키운 방법을 열심히 배운 게 오히려 내 아이를 망칠 수 있다는 거, 아시나요? 이제는 내 아이에게 딱! 맞는 양육 방법을 제대로 배워보자고요.

양육의 새로운 로드맵을 제안합니다!

<1코스> ~ <6코스>로 이어지는 양육 로드맵

우리는 지금 우리 가족에게 딱 맞는 새로운 양육 모델을 찾기 위해 첫걸음을 떼었습니다. 우리가 처음 도착한 1코스는 현재 내 양육 상태를 점검하는 파트였지요. 부모가 아이에게 주고 싶은 사랑과 아이가 부모에게 받고 싶은 사랑, 그리고 실제 양육 태도를 보며 우리 가정의 양육이 어려운 이유를 살펴보았습니다. 2코스에서는 양육에도 전략이 필요함을 알게 되었지요.

이제 우리는 우리 가족에게 맞는 양육의 목적지를 찾아 떠날 것입니다. 3코스에서는 내 아이가 어떤 아이인지 알아보고, 4코스에서는 내가 아이에게 어떤 부모인지 알아보고, 5코스에서는 우리가 어떤 부부인지 알아볼 것입니다. 그리고 마지막 6코스에서는 우리 가족에게 맞는 양육의 모습을 찾아 우리 가족만의 양육 전략을 세워볼 것입니다.

양육의 목적지와 목적지까지의 여정 동안 받게 될 선물

우리가 가야 할 양육의 최종 목적지는 어디일까요? 바로 이것입니다.

내 아이가 어떤 아이인지 알고,
나는 어떤 부모인지 알아 가족이 드림팀이 되는 것

또한 우리는 이 여정에서 거친 파도를 이겨낸 다음 무의식의 바다로부터 다음의 3가지를 선물로 받게 될 것입니다.

1. 내 아이가 가장 좋은 자신만의 열매를 건강하게 맺도록 도와주는 방법
2. 내가 나의 부모에게서 받은 결핍과 상처를 치유하고 내 아이를 키우는 과정을 부모로서 성숙하는 시간으로 가져 부모 역시 가장 좋은 열매를 맺게 되는 것
3. 우리 가족이 최고의 드림팀이 되는 방법을 아는 것

우리는 지금까지 양육이 왜 이렇게 힘들었는지 살펴보고, 변화로 향하는 이 여정을 시작하겠노라고 마음을 먹고 이 책 『우리 아이 기질 맞춤 양육 매뉴얼』을 펼쳤습니다. 어디로 가야 하는지 알고 떠나는 여행은 두렵지 않습니다. 구르고 깨지고 넘어지더라도 우리가 가야 할 목적지와 그 과정에서 겪게 될 위험들을 잘 아는 가이드와 떠난다면 결국은 그곳에 도착하게 될 테니까요. 그 과정에서 얻게 될 소중한 경험들은 앞으로의 삶을 살아가는데 성숙이라는 선물로 돌아올 것입니다. 이 설레는 여정을 본격적으로 떠나보겠습니다. 출발!

내 아이에게 딱 맞는 양육 전략이 있으면
아이의 사소한 문제에 지나치게 집중하지 않을 수 있습니다.
그동안 아이에게 이런저런 문제가 있다고 생각했던 것도
상당 부분 사라질 거예요.
게다가 부모의 내적 성숙도 함께 이룰 수 있어요.
한 생명을 오롯이 길러내는,
이토록 농밀한 이타적 경험을 어디에서 해볼 수 있을까요?
끝이 있을까 싶게 반복되는 육아를
그저 참고 견디며 버티는 시간이라고 여기지 말아 주세요.
나의 심리적 커리어와 스펙을 쌓는 기간으로 삼아
아이와 나의 인생이 함께 성장하도록 해보세요.
추억이 쌓이며 만들어지는 경력이라니,
정말 멋지지 않나요?

PART

2

양육
로드맵
따라가기

3 코 스

내 아이의 타고난 기질은
어떤 성향인지
제대로 알기

<6코스> 우리 가족만의 새로운 양육 모델 알기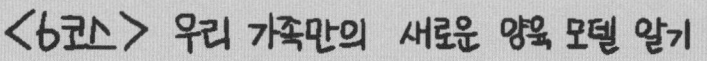

<5코스> 우리는 어떤 부부인지 제대로 알기

<4코스> 나는 어떤 부모인지 제대로 알기

<3코스> 내 아이 제대로 알기

 <2코스> 양육 전략 짜기

<1코스> 현재 양육 상태 점검하기

양육의 첫 단추는
내 아이 기질 파악하기!

내 아이의 기질은 선택이 아니라 당첨

"누군가 부모님에게 선물로 씨앗을 주었는데 딱 보니 사과 씨에요. 이 사과 씨를 심으면 무슨 열매가 열릴까요?"

기질을 설명하기 위해 부모님에게 위와 같이 질문하면 이건 무슨 넌센스 문제인가 고개를 갸우뚱하며 "사과 열매요?"라고 대답하십니다. 맞아요. 당연히 사과가 열리죠. 상담사가 느닷없이 이런 싱거운 질문을 왜 하는지 궁금해하실 즈음 제가 다시 질문합니다.

"그럼 내가 받은 씨앗이 사과 씨인지 몰랐어요. 느낌에 배 씨앗인가 싶어 배 씨앗으로 알고 키우면 어떻게 될까요? 배나무에 좋다는 영양분을 주느라 정작 사과나무에 필요한 조건을 주지 못한다면요?"

여전히 이런 질문을 왜 하는지 감을 잡지 못한 부모님들은 "시들시들하고 뿌리가 깊지 못한 나무가 되겠죠"라고 대답하시면서도 어리둥절합니다. 궁금증을 가득 가지고 있는 부모님에게 연이어 질문합니다.

"만약 내가 사과 씨인지는 알았어요. 그런데 나는 사과 열매가 영 마음에 안 들어요. 이왕이면 요즘 핫하다는 올리브 열매를 맺었으면 좋겠어요. 그래서 올리브나무에 좋은 영양분을 듬뿍 주었어요. 그리고 간절한 마음으로 잘 자라기를 기도했지요. 무럭무럭 자라 올리브 열매를 많이 맺으라고 정성껏 키웠어요. 그러면 이 나무는 나중에 올리브 열매를 맺을까요?"

그제야 제 질문을 이해하신 듯 "아……" 하는 작은 탄성이 나옵니다. 물론 아니겠지요. 이 나무는 결국 사과나무로 자랍니다. 사과 씨를 심었으니까요.

각자 고유한 씨앗을 가지고 태어나는 아이들

아이는 자신만의 고유한 기질인 씨앗을 가지고 태어납니다. 이 씨앗은 부모가 결정할 수 있는 게 아닙니다. 선물처럼 나에게 찾아오는 거지요. 어떤 연구자들은 기질이 유전적 요인에서 대부분 기인한다고 말하고, 어떤 연구자들은 유전적 요인을 기반으로 환경적 요소 간의 상호 작용을 통해 기질이 표현된다고 말하지만, 대부분 연구자가 동의하는 점은 기질은 '태어날 때부터 가지고 있는' 개인적인 특성이라는 것입니다.

따라서 아이가 만약 사과 씨라면 사과나무에 맞는 온도와 습도를 유지하고 알

맞은 영양분을 주며 사과나무가 취약한 병충해 등을 잘 막아주어야 땅속에 뿌리가 깊게 내리고 튼튼하게 성장해 더 많은 사과 열매를 맺을 수 있게 되겠죠.

만약 부모님이 내 아이가 어떤 아이인지 모른다면 어떻게 될까요? 아무리 정성을 다해 키운다고 해도 내 아이에게 맞는 조건이나 취약한 문제 등을 제대로 도와주지 못한다면 뿌리가 깊게 내리지 못해 비바람이 불 때마다 이리저리 흔들리며 견디기 어려워하는 불안한 상태로 자라겠지요.

혹은 내 아이가 가지고 있는 어떠한 성향이 내 마음에 들지 않아 그것을 고치려고 하면 어떻게 될까요? 자신은 사과 씨를 가지고 있기에 사과 열매가 열려야 하지만 부모의 사랑을 받기 위해 아이는 부모가 원하는 나무가 되려고 필사적으로 노력합니다. 하지만 결국은 한계에 부딪혀 마르거나 열매를 맺지 못할 수도 있습니다. 심지어 자기 씨앗은 외면하고 부모님이 원하는 열매, 예를 들면 사과나무이지만 올리브를 맺기 위해 올리브 나뭇가지를 자기 몸에 억지로 박아 넣어 올리브나무처럼 살려고 할 수도 있습니다. 그렇게 되면 너무 슬프지 않을까요?

아이가 나만의 열매를 주렁주렁 맺지 못하는 이유

부모가 된 이후 이유 모를 깊은 우울감이나 도무지 참아지지 않는 끝도 없는 분노를 느끼시는 분이 많으실 거예요. 우리 부모님이 손주인 내 아이를 예뻐하는 모습을 보면 기쁘고 뿌듯하기도 하지만 무언지 모를 불편한 감정이 느껴지기도 합니다.

내가 아이를 양육하는 모습을 보며 그렇게 하지 말라고 지적이나 훈수를 두실 때는 슬픔과 분노가 뒤섞인 마음이 솟구칩니다. 목구멍 속에는 "당신이 나에게 어떻게 하셨는지는 까맣게 잊으셨나요? 당신은 나보다 더하셨다고요!"라는 말이 계속 맴돌지만 차마 입 밖으로 뱉지는 못합니다. 나의 마음 깊은 곳에는 아직 해소되지 않아 차마 열어보지 못하는 상자가 남아 있기 때문입니다.

자신이 맺을 수 있는 열매를 풍성하게 맺으며 살고 계신가요? 나는 무슨 씨앗을 품고 있고 어떤 열매를 맺어야 가장 행복한지 알고 계시나요? 나의 부모님은 당시 자신이 할 수 있는 최선을 다해 나를 키우셨을 거예요. 하지만 내가 받았어야 하는 사랑을 다 채워주지 못하셨다면 나 역시 건강한 열매를 맺기가 어렵습니다.

아이마다 자신이 받고 싶은 사랑이 있습니다. 다른 아이와는 다른 내 아이에게 꼭 필요한 조건이 있고 이를 부모에게 받지 못하면 아무리 많이 사랑받고 컸다고 해도 결핍과 상처가 있을 수밖에 없습니다. 결국은 뿌리가 건강하지 못한 채 자라 자신이 맺어야 할 열매를 주렁주렁 맺지 못하게 됩니다. 어떤 아이는 자신의 소신대로 맺고 싶은 열매를 맺는 사람으로 자라기도 합니다. 하지만 부모님이 이를 축복하고 응원하지 않는다면 마음에 죄책감이 있겠죠.

부모와 아이의 기 싸움

상담하러 오시는 부모님들에게 "아이와의 기 싸움이 필요할까요?"라고 질문하면 많은 부모님이 "하고 싶지는 않지만 어느 정도 필요하다고 생각합니다"라는 대답을 가장 많이 하십니다.

기 싸움이란 마치 서로가 팽팽하게 줄 양쪽을 붙잡고 있는 줄다리기 같아요. 우리가 누군가와 기 싸움을 할 때는 서로가 반대편에서 줄을 맞잡고, 네 기가 센지 내 기가 센지 겨루는 일과 같다고 볼 수 있습니다. 부모의 기질이 더 세면 부모가, 아이의 기질이 더 세면 아이가 이기겠지요.

하지만 아이의 기질을 이기면 좋을까요? 부모님이 아이와 기 싸움을 하는 이유는 아이의 기질을 다듬을 필요가 있다고 생각하기 때문입니다. '아이의 이런 뾰족뾰족한 부분은 다른 사람들이 싫어하니까 이런 부분은 좀 다듬어야겠다'라고 생각하시는 것이지요. 하지만 기질은 야단친다고 해서 다듬어지는 것이 아닙니다. 외부의 압력으로 눌릴 뿐이지요.

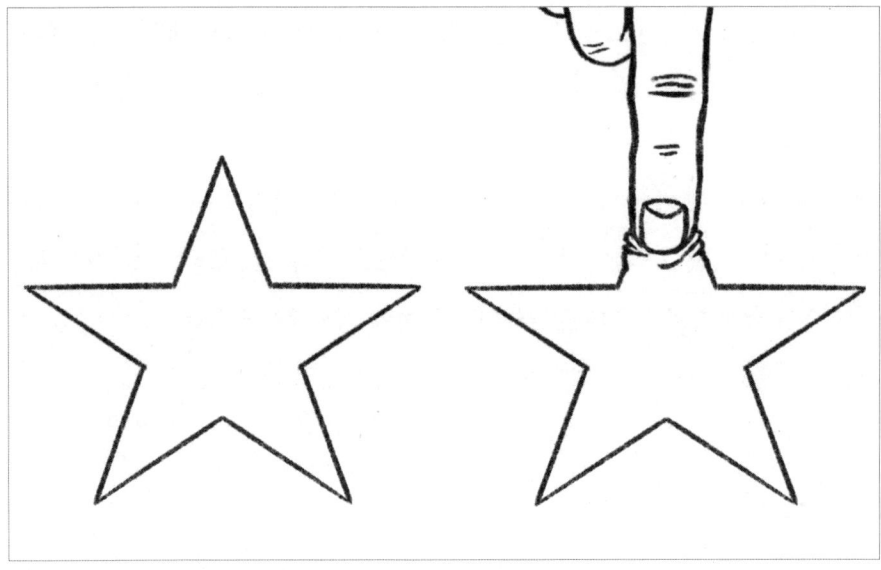

혹시 아이의 싹을 자르는 행동과 소리를 아시나요? 바로 '호흡을 들이마시면서 쓰읍~' 하는 소리를 내는 행동입니다. 아이의 행동을 즉각 멈추게 하는 소리이지요. 아이가 어릴 때는 자기 의지대로 행동하기보다 타고난 기질에 따라 행동하는 경우가 많습니다. 철수는 궁금한 게 있으면 직진합니다. 바로 가서 직접 만져보아야 직성이 풀리죠. 영희는 매번 "이거는 이래서 안 되고, 저건 저래서 안

돼!" 하며 부정적으로 이야기합니다. 이럴 때 부모님이 "쓰읍~! 그러지 말라고 했지! 몇 번을 이야기하게 하니!"라고 말하며 아이의 행동을 제지합니다. 부모님도 화가 납니다. 똑같은 이야기를 수십 번 반복해도 왜 아이의 행동은 고쳐지지 않는 것일까요?

아이의 기질과 관련한 문제는 부모가 야단친다고 해서 고쳐지는 게 아닙니다. 미국의 정신건강의학과 의사이자 유전학자인 클로드 로버트 클로닝거^{Claude Robert Cloninger} 박사는 기질이란 다양한 환경 자극 유형(새로움, 위험 혹은 처벌, 보상, 보상 부재 등)에 관한 자동적인 정서 반응이라고 했습니다. 아이가 계속 지적받음에도 항상 반복적으로 하고 야단맞는 그 행동이 부모를 화나게 하려고 일부러 그러는 것이 아니라 자동으로 나오는 행동이라는 것이지요.

따라서 아이가 반복적으로 하는 행동을 야단친다는 건 아이의 자동적인 반응을 부모가 수용하지 않고 그냥 눌러버리는 것입니다. 나는 일부러 그러는 게 아닌데 부모가 그러한 행동은 좋지 않다며 하지 못하게 눌러버리면 아이는 어떤 마음이 들까요? "나는 일부러 그러는 게 아닌데…… 하지만 부모님은 나보고 계속 나쁘다고 하네. 나는 나쁜 아이구나" 하고 생각하게 되겠죠.

사실 아이의 욕구는 나쁜 것이 아닙니다. 지금 당장 하고 싶은 마음이 나쁜가요? 내가 예측하지 못하는 일에 불안을 느끼는 것이 나쁜 것인가요? 아니죠. 아이의 욕구는 나쁜 것이 아니라 자기가 타고난 기질을 아직 조절하기 어려워 좀 더 성숙한 방법으로 행동하지 못하는 것뿐입니다. 따라서 욕구는 비난받을 것도 아니고, 고쳐주어야 할 나쁜 모습도 아닙니다. 아이의 이런 자동적인 정서 반응을 잘 조절할 수 있도록 부모님이 도와주셔야 하는 것이지요.

아이가 잘 자라고 있는지 확인할 수 있는 열매

부모라면 내 아이가 잘 자라는 중인지 항상 궁금하실 거예요. 하지만 양육이라는 것은 지폐를 넣고 버튼을 누르면 음료수가 나오는 자판기처럼 단기간에 결과물을 볼 수 있는 것이 아닙니다. 아주 오랜 시간 동안 '오늘'이 반복되어야 미래에 어른이 된 아이의 모습이 만들어지죠.

그럼 아이가 잘 자라는 중인지 알 수 있는 방법은 무엇일까요? 바로 열매를 통해 알게 됩니다. 뿌리가 땅속 깊이 잘 내렸는지, 줄기가 튼튼하게 잘 자랐는지는 아이가 맺어내는 열매를 보면 알게 됩니다.

물론 부모가 원하는 열매가 아이가 맺을 수 없는 열매라고 하면 처음부터 초점이 틀렸다고 말씀드리고 싶어요. 아이가 맺어야 하는 열매는 자신이 행복하고 만족스러운 기분으로 자기 기질을 잘 드러낼 수 있는 맛있는 열매입니다. 부모는 양육 중에 특별한 사건들을 겪으며 내 아이가 어떤 열매를 맺고 있는지 알 수 있습니다. 또는 아이가 문제를 해결하는 수준을 통해 알 수도 있고, 다른 사람들의 평가를 통해 아이의 열매를 알 수도 있습니다. 하지만, 우리가 더욱더 확실하게 아이가 맺고 있는 열매를 알 수 있는 특별한 시기들이 있습니다.

내 아이가 품고 있는 열매를 볼 수 있는 특별한 시기

아이의 열매가 한꺼번에 열리는 변동의 시기들이 있습니다. 부모님들은 보통 7년에 한 번씩 아이들의 큰 변화를 보게 됩니다. 아이가 가지고 있는 고유한 개인성Individuality의 자유로운 발전을 위한 에너지를 기르기 위해 만들어진 교육 방법

론인 '발도르프 교육'으로 잘 알려진 독일의 사상가 루돌프 슈타이너Rudolf Steiner는 사람의 성장을 '7년 주기 발달론'으로 설명했습니다. 꼭 7년 주기 발달론이 아니더라도 삶의 중요한 변동 시기들을 보면 이 시기들과 맞물려 있음을 볼 수 있습니다.

"미운 7살" "중2병" 등 우리가 흔히 말하는 이 주기들의 내적인 패턴이 바로 아이가 변화를 겪고 있는 시기입니다. 태어나 7살이 될 때까지는 자신이 세상의 중심인 것처럼 가족 모두가 아이 자신을 중심으로 움직이지 않으면 아이는 혼란스러워합니다.

이 7년의 시기 동안 아이는 여러 가지 방법으로 자신의 욕구를 수용 받으려고 하지요. 그렇게 자라 7살이 되면 첫 번째 내적 변동이 일어나는데, 이 시기를 우리가 흔히 말하는 "미운 7살"이라고 합니다. 자신의 욕구를 뚜렷하게 표현하며 자기 주장을 하게 되지요. 이때 부모가 아이의 기질을 있는 그대로 받아주지 못하고 기 싸움만 하다 보면 지나치게 고집이 세져 더욱더 걷잡을 수 없거나 혹은 너무 억눌려 의기소침해진 아이를 보게 될 수도 있습니다. 그럼 아이는 자신의 욕구를 제대로 표현하지 못한 채 다음 코스로 넘어가게 되지요.

첫 번째 7년이 지나고 나면 아이에게 또 다른 변화가 찾아옵니다. 아이는 더는 자기중심적이지 않고, 다른 사람을 생각할 수 있게 됩니다. 즉 자신에게로만 집중되었던 시야가 외부를 향해 움직이기 시작하지요. 친구나 또래 집단이 중요해지는 시기이기도 합니다. 이때에도 부모가 아이의 타고난 기질과 욕구를 받아주지 않고 더 크게 누르며 아이와 신뢰 관계를 쌓지 못하면 두 번째 7년의 주기인 사춘기 때 우리는 아이와 관계가 단절될 수 있고, 끊어진 관계가 더는 회복되지 않을 수도 있습니다.

나의 욕구가 21년, 28년, 35년이라는 시간의 변동을 겪으면서도 여전히 충족되지 않으면 7번째 7년 생애 주기인 갱년기(49세 전후)가 되어 그동안 눌러둔 모든 욕구가 한꺼번에 터지는 예도 있습니다(물론 계속 눌러가며 평생을 사는 사람도 있기는 합니다). 그러니 아이가 내적 변동을 맞이하는 시기마다 아이에게 부정적인 변화가 느껴진다면 멈추어 서서 아이의 열매가 제대로 맺어지고 있는지 생각해볼 필요가 있습니다.

저는 부모님이 아이와 함께 센터에 방문하시면 '이 아이가 그동안 고생이 많았겠구나. 이 아이를 통해 가족이 현재 양육 상태를 점검받고 이 가족만의 새로운 역동을 만들어 가겠구나' 싶은 마음이 듭니다. 아이에게 무언가 문제가 생겼다는 것은 아이만의 문제가 아니라 가족 모두에게서 어딘가 잘못된 부분이 있음을 의미합니다. 이 아이 덕에 가족 모두가 잠시 멈추어 서서 우리 가족이 어디가 잘못되어 있는지 점검하고 정비해서 떠나야 결국 가족 모두가 자기만의 풍성한 열매를 맺을 수 있는 양육의 올바른 목적지에 도착할 수 있으니까요.

만약 우리 아이의 열매가 싱싱해 보이지 않는다면 가족 모두 멈추어 서서 현재 내 아이의 나무는 지금 자신이 필요한 영양분을 충분히 공급받고 있는지, 부모인 우리는 아이에게 당면한 문제들을 아이가 잘 대처할 수 있도록 도움을 주고 있는지 등을 생각해보아야 할 필요가 있습니다.

아이의 기질에 따라 양육 방법도 달라야 한다고요?

자존감 높은 아이가 좋은 열매를 맺는 이유

내 아이에 관한 부모님의 가장 큰 관심 중 하나가 바로 내 아이의 '자존감'일 듯합니다. 다들 자존감이 높은 아이로 키우고 싶으시죠? 자존감自尊感 은 자기를 존중하는 마음이자 자신을 귀하게 여기는 마음입니다. 있는 그대로의 자기 모습을 인정할 수 있는 마음이라는 뜻이지요. 민수의 이야기를 한 번 들어볼까요?

"저는 호기심이 많고 쌩쌩 달리는 엄청 큰 액셀이 달린 씨앗입니다. 부모님은 제가 무럭무럭 자라서 싹이 나기를 설레는 마음으로 기대하고 있습니다. 우리 부모님은 제가 차분하고 네모반듯하게 자라길 원하시는 것 같아 불안하기는 하지만, 그래도 있는 그대로의 나를 사랑해주시겠지요? 어느 날 드디어 싹이 났어요. 엄마는 호기심이 많고 하고 싶은 게 있으면 도파민이 마구 뿜어져 나오는 저의 모습에 당황스러워하십니다. 엄마가 저에게 '너는 누구 닮아서 그 모양이니?'라고 하시네요. 아빠는 나보고 싹수가 노랗대요. 왜 한시도 가만히 못 있냐고요. 우리 집

안에는 이렇게 사부작거리는 애가 없는데 어디서 이런 싹이 나왔냐고 비난하시네요. 게다가 제가 뭘 할 때마다 '쓰읍~ 하지 말라고 했지! 도대체 몇 번을 얘기하니?'라고 혼내시기만 해요. 저는 왜 혼나는지 잘 모르겠습니다. 그냥 몸이 달려지고 멈출 수가 없어요. 부모님이 '그만!' 하면 멈추고 싶은데 오히려 막 화가 나서 소리치게 돼요. 엄마, 아빠 말대로 저는 나쁜 아이인가 봐요. 저도 부모님에게 사랑받는 아이가 되고 싶어요."

부모가 아이의 모습을 있는 그대로 인정하지 않고 못마땅해하면서 아이 스스로 자신을 존귀하게 여기는 마음, 즉 자존감이 높은 아이가 되길 바라시면 안 됩니다. 자존감은 세상에서 가장 사랑하는 나의 부모님이 있는 그대로의 나의 모습을 받아들이는 데에서 시작함을 꼭 기억하셨으면 좋겠습니다.

내 아이에게 맞는
2가지 양육 전략을 소개합니다!

우리는 앞서 2코스에서 양육에 2가지 전략이 필요하다는 점을 배웠습니다. 내 아이가 어떤 씨앗을 품고 있는지 알았다면 이제는 그 씨앗에서 싱싱한 열매를 주렁주렁 맺기 위해 꼭 필요한 2가지 양육 전략을 적용해 보겠습니다.

이 2가지 양육 전략은 첫째, 내 아이의 기질에 맞는 욕구를 정확하게 채워주고 둘째, 내 아이의 취약한 점을 해결할 방법을 알고 스스로 조절할 수 있도록 도와주는 것입니다. 이 2가지 전략이 함께 이루어져야 아이의 씨앗이 무럭무럭 잘 자라 자신이 맺을 수 있는 가장 좋은 열매를 맺게 됩니다.

첫 번째 전략_내 아이의 기질에 맞는 욕구 수용

아이의 욕구를 다 받아주면 버릇없는 아이로 크지 않을까?

아이가 계속 칭얼대며 짜증 내고, 소리를 지르고, 손에 잡히는 무언가를 던지고, 눈은 내리깔고 입은 딱 다문 채 아무것도 표현하지 않는 등 무언가 불만족스럽다는 모습을 보이면 부모는 참 답답합니다. 왜 그러냐고, 말을 해야 해결해주지 않겠느냐고 해도 아이는 여전히 불만족스러움을 표현합니다.

부모님 역시 받아주고 받아주다 결국 폭발하게 되지요. 이러한 감정싸움을 부모도, 아이도 참 싫어합니다. 그러니 우리는 이럴 때마다 아이를 윽박지르거나 누르기보다 아이가 왜 그렇게 행동하는지 정확한 이유를 알아야 합니다. 아이에게는 기질과 관련한 욕구가 있습니다. 이는 다듬는 것이 아니라 조절하는 것이라고 역시 설명해드렸습니다.

그런데 부모님의 염려가 있습니다. 아이의 욕구를 받아주는 게 좋다는 건 알지만 그렇게 다 받아주면 버릇없는 아이가 되지 않을까 싶으시지요? 결론부터 말씀드리면 그렇지 않습니다. 아이의 버릇이 없어지는 이유는 부모님이 아이의 욕구가 아닌 아이의 행동을 받아주기 때문입니다. 지금부터 우리는 아이의 욕구를 있는 그대로 받아들이되 행동은 조절할 수 있게 돕는 훈육 방법을 차근차근 배울 거예요.

두 번째 전략_ 내 아이에게 맞는 문제 해결 방식 찾기

타고난 기질에는 특정 문제를 해결하는데 한계성이 있다?

다음 두 사진을 보면 같은 상황인데도 아주 다른 반응을 볼 수 있습니다. 여러분은 어떤 점이 가장 먼저 보이시나요? 어떤 분은 상황이 먼저 보이시고, 어떤 분은 대처 방식이 먼저 보이시겠지요. 일단 동물부터 살펴볼까요?

위쪽 사진의 동물들은 비교적 정적인 모습처럼 보입니다. 종종 맹수도 보이긴 하지만 모두 줄을 맞추어 서 있는 것처럼 보입니다. 아래쪽 사진의 동물들은 어

기질에 따라 문제가 일어났을 때 보이는 1차적 반응

떻게 보이시나요? 위쪽 사진의 동물들보다 좀 더 동적인 모습처럼 보입니다. 질서 없이 사람을 향해 우왕좌왕 마구 달려오는 것처럼 보이기도 하고요.

동물들을 대하는 사람의 모습은 어떻게 보이시나요? 위쪽 사진에는 울타리 앞에 서 있는 아이가 보입니다. 아이의 표현에 의하면 이럴 때 어떻게 해야 할지 몰라 울타리 앞에서 우물쭈물 서 있는 모습이라고 합니다. 그럼 아래쪽 사진의 사람은 어떤 모습인가요? 동물들이 마구 달려올 때 총을 들고 맞서고 있습니다.

아이는 태어날 때부터 자신만의 기질이 있고, 또 그 기질의 특성에 따라 문제 해결 방식에도 특징이 있습니다. 저는 위쪽 사진의 아이를 '브레이크가 큰 기질의 아이'라고 부릅니다. 아래쪽 사진의 아이는 '액셀이 큰 기질의 아이'라고 하지요. 이 두 명은 정보가 들어오는 모습부터 아주 다릅니다.

위쪽 사진의 아이는 정보가 차근차근 줄을 맞추어 들어오지만 이런 상황에서도 아이는 자신이 무엇을 어떻게 해야 할지 몰라 울타리 앞에서 우물쭈물 서 있습니다. 아래쪽 사진의 아이는 정보가 한꺼번에 무질서하게 들어오는데 그럴 때마다 문제를 하나하나 해결하기보다 총으로 빵빵빵! 하고 쏴버립니다.

그러니 아이에게는 자신의 기질을 이해하고 이를 다루도록 훈련이 필요합니다. 위쪽 사진의 아이에게는 문제 상황에 부딪치면 침착하게 이 문제를 어떻게 해결할 수 있을지 생각하고 행동해 성취하는 경험이 필요합니다.

아래쪽 사진의 아이는 자신에게 들어오는 정보를 중요한 순서에 따라 줄을 세워 차례차례 문제를 해결하는 훈련을 해보아야 합니다. 우선순위를 생각하며 한 번에 하나씩 문제를 해결하는 연습을 하지 않으면 자신의 머릿속으로 복잡하게 밀려 들어오는 정보를 차근차근 처리하지 못해 결국 한꺼번에 터뜨리는 방식으로 매번 문제를 처리할 수밖에 없습니다.

기질이란 무엇일까요?

아이는 태어날 때부터 자극에 관해 자동으로 일어나는 정서적 반응 성향을 가지고 있고, 이는 일평생 잘 변하지 않는 특징을 보입니다. 이를 '기질' 혹은 '씨앗'이라고 말씀드렸습니다. 물론 우리는 성장하며 이를 '성격'이라는 합리적이고 인지적인 과정으로 조절해가지만 아직 성격이 완전히 형성되기 이전인 유아나 아동이라면 아직은 타고난 기질로 살아가게 됩니다.

지금부터 이 타고난 씨앗인 기질을 앞서 소개한 미국의 정신건강의학과 의사이자 유전학자인 클로드 로버트 클로닝거의 심리생물학적 인성 모델을 기초한 기질 및 성격 검사인 TCI(The Temperament and Character Inventory)*에 기반해 한국양육코칭협회와 맘앤맘코칭센터에서 연구 및 개발한 모델에 적용하여 설명해 드리겠습니다.

인성 = 기질(수용해주어야 하는 타고난 씨앗) **+ 성격** (양육을 통해 변화 가능)

---

* TCI는 전문가의 해석이 필요한 검사로 정신건강과 관련한 일정 수준의 자격을 갖추고 소정의 TCI 교육을 이수한 전문가만이 검사를 구매, 실시, 해석할 수 있다.(출처: ㈜마음사랑)

클로드 로버트 클로닝거 박사의 심리생물학적 인성 모델에는 인성personality을 이루는 두 개의 큰 구조를 기질Temperament과 성격Character으로 구분하였습니다. 그중 기질은 타고난 개인적인 성향으로 새로움의 자극에 대해, 위험 혹은 처벌이 있을 때, 보상이 없을 때 등의 상황에서 어떻게 반응할 것인지 결정하는 자동적인 정서 반응을 말합니다.

그가 제시한 4가지 기질 차원은 ①자극 추구 ②위험 회피 ③사회적 민감성 ④인내력으로 행동의 3가지 근본적인 기능(①행동 활성화 ② 행동 억제 ③ 행동 유지)을 조절하는 신경생물학적 체계를 말합니다.

이중 '자극 추구' '위험 회피' '사회적 민감성'은 어떤 상황에서 자동으로 보이는 정서적인 뚜렷한 패턴을 보이지만, '인내력'은 변연계와 뇌전전두엽 사이에서 기질과 성격을 잇는 역할을 합니다.

한 개인의 고유한 행동 양식을 기술할 때는 3가지 기질 차원에서 더 잘 이해될 수 있어서 여기에서는 인내력을 제외한 자극 추구, 위험 회피, 사회적 민감성의 3가지 기질의 조합으로 우리 아이들의 씨앗을 설명해 보도록 하겠습니다.

3가지 기질 차원

TCI의 원작자인 클로드 로버트 클로닝거 박사에 따르면 사람의 기질은 타고나며 성격은 기질을 바탕으로 환경 속에서 형성된다고 합니다. 즉 아이의 타고난 씨앗은 변하지 않지만 자기 기질을 부모에게 수용 받으며 자신의 기질을 조절하는 방법을 배우는 과정에서 성격이 형성되고, 이것이 합쳐져 성숙한 인성을 만들어가는 것이지요.

반대로 부모가 아이의 타고난 씨앗을 있는 그대로 받아들이지 못하고 부모가 생각하기에 더 나은 바람직한 방향으로 바꾸려고 억지로 교정하려 하면 아이는 자기 기질 반응을 수용하지 못하고 자동적인 정서 반응과 함께 분투하다가 성격 발달의 지체로 나타날 수도 있습니다.

또한 '나는 일부러 그러는 게 아니라 이렇게 할 수밖에 없는데 우리 부모님은 내가 잘못되었다고 하시는 걸 보니 나는 나쁜 아이구나'라고 생각해 자기 기질을 바꾸어보려다 한계에 부딪혀 결국은 자신의 기질도 조절하지 못하고 성격 또한 미성숙한 채로 성장할 수도 있습니다.

따라서 부모라면 내 아이의 고유한 씨앗인 기질을 잘 알아야 합니다. 그래야 아이의 고유한 모습을 해치지 않으면서 잘 키울 수 있으니까요. 지금부터 우리는 내 아이의 씨앗이 어떤 특징을 지녔는지 알아볼 것입니다. 저는 이러한 기질의 특성을 '자동차'에 비유하여 설명해드리려고 합니다.

첫 번째 기질 차원은 '자극 추구 Novelty Seeking'입니다. 새로운 자극이 들어왔을 때 어떤 반응을 할 것인지, 외부 자극에 대해 어떤 식으로 반응할지에 대한 행동을 결정하는 기능으로, 저는 이 '자극 추구'를 달리고 싶은 욕구로 표현해 '액셀 기능'이라고 하겠습니다.

뇌의 행동 활성화 체계에서의 개인차를 반영하는 자극 추구 기질은 도파민 작용이 중심 역할을 합니다. 기질적으로 자극 추구가 높은 아이는 어떤 자극이 들어오면 마치 액셀을 세게 밟아 빨리 달리는 자동차처럼 행동 활성화가 크겠지요. 반면 자극 추구가 낮은 아이는 새로운 자극이나 보상 신호에도 느린 반응을 보입니다. 천천히, 약하게 액셀을 밟아 운전하는 것과 같다고 생각하시면 될 듯해요.

두 번째 기질 차원은 '위험 회피 Harm Avoidance'라는 정서적인 반응입니다. 어떤 외부 자극에 대해 행동을 멈추게 하는 역할을 하는 기능으로 세로토닌 신경 전달

물질의 영향을 받아 위험한 상황에 어떤 식으로 반응하게 할지 결정합니다. 저는 이 '위험 회피'를 멈추고 싶은 욕구로 표현해 '브레이크 기능'이라고 하겠습니다.

위험 회피가 높은 아이는 위험한 자극을 접하면 브레이크 밟는 속도가 아주 빠르고, 브레이크를 밟았다면 좀처럼 움직이지 않으려는 모습을 보입니다. 반면 위험 회피가 낮은 아이는 위험한 상황인데도 브레이크를 밟지 않으려는 모습을 보이지요.

마지막 세 번째 기질 차원은 '사회적 민감성Reward Dependence'입니다. 이는 사회적인 보상과 타인의 감정에 대해 어떤 반응을 할 것인지 결정하는 기질적 요소입니다. 즉 애착이나 의존 등의 사회적 관계에 대해 어떤 반응을 보이느냐에 따른 개인적 특성을 나타냅니다. 이를 사회적 보상 신호와 감정에 관한 민감성을 채울 수 있는 '정서적 연료통'이라고 하겠습니다.

사회적 민감성이 높은 아이는 다른 사람들의 신호에 빠르게 반응합니다. 정서적인 교감과 소통 및 친밀함과 의존을 통해 자기의 정서적 연료통을 가득 채우고 싶어 합니다. 반면 사회적 민감성이 낮은 아이는 정서적인 연료통이 작아서 타인과 감정을 나누거나 친밀한 관계를 맺기보다 독립적이며 거리를 두고 지내는 것을 선호하지요.

내 아이가 품고 있는 씨앗

자, 지금부터 본격적으로 내 아이는 어떤 씨앗을 품고 있는지 알아보겠습니다. 자동차에 있는 기능 중 액셀(달리고 싶은 기능)과 브레이크(멈추고 싶은 기능), 정서적 연료통(사회적 보상 신호와 감정에 대한 민감성을 채울 수 있는 양) 이 3가지 조합으로 내 아이는 과연 어떤 아이일지 함께 생각해보겠습니다.

액셀 기능이란?

이 기질은 자극에 대해 적극적으로 반응하게 하고 심심한 상황을 회피하려는 성향을 말합니다. 새로운 자극이 들어왔을 때 그것을 향해 어떤 속도로 달리고 싶어 하는지에 대한 반응으로 생각하면 좋으실 듯해요. 즉 액셀이 크게 타고난 아이는 호기심이 많아 궁금한 점이 있으면 바로 해보고 싶어 합니다. 액셀을 밟고 빠르게 달려가고 싶어 하지요. 열정적이지만 금방 싫증을 내고 규칙성이 있는 일에는 지루함을 느끼며 자신의 방식대로 하고 싶어 하는 특징을 보입니다.

반면 액셀이 작게 타고난 아이는 새로운 것에 큰 흥미가 없어요. 오히려 익숙한 것에 만족감을 느낍니다. 새로운 자극이 들어와도 액셀을 밟고 달려가 그것을 보고 싶어 하는 욕구가 비교적 적다고 할 수 있어요. 규칙적이고 반복적인 것에 더 안정감을 느끼기에 부모님이 재미있고 신기한 경험을 많이 해주어도 흥미를 보이지 않는 경우가 있습니다.

한번 생각해볼까요? 철수 어머님은 액셀이 크게 타고난 사람이에요. 시속 230km까지 달릴 수 있는 레이싱 카에요. 반면 철수는 아무리 액셀을 밟아도 최대 속도가 30km 이상 달리기 어려워하는 기질을 타고났습니다. 이것은 타고난 것이기에 좋고 나쁨을 평가할 수 없어요.

만약 쌩쌩 달리고 싶은 욕구가 큰 철수 어머님이 철수의 차를 타면 무슨 생각이 들까요? 많이 답답할 거예요. 더 빨리 달릴 수는 없느냐고 철수를 채근할 수도 있을 듯합니다. 그럼 철수는 어떨까요? 철수 역시 엄마가 달리는 속도를 따라갈 수 없습니다. 물론 그렇게까지 빨리 달리고 싶은 마음도 없어요. 그럼 무슨 일이 생길까요?

　속도가 빠른 엄마가 아이를 닦달하다 답답한 마음에 모든 일을 대신 해주려고 할 것입니다. "우리 아이는 혼자 할 수 있는 게 아무것도 없어요. 내가 다 해줄 때까지 움직이지를 않아요. 속이 터지겠어요."라는 말과 함께 가슴을 팡팡 치면서 말이지요. 철수는 철수대로 기운이 다 빠져버려 짜증이 날 듯합니다. 철수는 속도가 느릴 뿐이지 아무것도 하지 못하는 건 아니거든요.

　반대의 예를 들어볼게요. 영희 아버님은 시속 40km로 달리는 차입니다. 반면 영희는 190km로 달릴 수 있는 차에요. 특히 자기가 관심 있는 것은 절제하지도, 규칙을 따르지도 않고 지금 당장 해야만 하는 차에요. 이럴 때 아빠가 아이에게 가장 많이 하는 말은 무엇일까요? 아마 "좀 그만해! 넌 어쩜 그렇게 네가 하고 싶은 걸 다 하려고 하니?"라고 하며 자꾸 영희의 행동을 제지하시겠지요.

　예를 하나 더 들어보겠습니다. 둘 다 180km로 달리고 싶은 욕구가 있는 민수와 민수 아버님은 어떨까요? 아빠는 자신이 원하는 방향으로 빠르게 달리려고 하고, 아이 역시 자신이 원하는 방향으로 빠르게 달리고 싶어 합니다. 각자 자신이 원하는 방향으로 달리려고 하기에 자주 의견 충돌이 일어나겠지요. 최악의 경우 영영 합의점을 만들지 못할 수도 있습니다. 반대로 순희와 순희 어머님처럼 둘 다 시속 30km로 느리게 달리는 자동차라면요? 아이는 새로운 환경도 경험해보고 그 환경에서 달려보는 경험도 해보아야 하는데 순희 어머님은 순희에게 그런 경험을 평생 주지 못할 수도 있습니다.

아이마다 액셀을 밟는 이유가 다르다고?

　액셀이 크게 타고난 아이라고 해서 모두 똑같이 액셀을 세게 밟는 것은 아닙니다. 아이의 성향에 따라 달리고 싶어 하는 욕구도 조금씩 다르게 나타납니다.

어떤 아이는 '탐색적 흥분'이라는 기질이 있어 새로운 것을 보면 액셀을 밟고, 또 어떤 아이는 '충동성'이라는 기질을 타고나 지금 당장 무언가를 하고 싶다면 충동적으로 달려갑니다. 어떤 아이는 '무절제'라는 기질이 있어 액셀을 밟을 때 힘 조절을 어려워합니다. 규칙성이 없는 상태에서 액셀을 밟는 아이는 '자유분방'이라는 기질적 특성을 타고났기에 그렇습니다.

반면 이러한 상황에서 액셀을 밟지 않는 아이도 있습니다. 어떤 아이는 새로운 곳이 나타나도 달리고 싶어 하지 않고 익숙한 곳에서 천천히 달리고 싶어 합니다. 이러한 기질의 아이는 '관습적 안정성'의 욕구가 높습니다. 또 어떤 아이는 '심사숙고'의 기질을 타고나 액셀을 밟기 전에 돌다리를 두드려보듯 한참 동안 생각해본 후 천천히 액셀을 밟습니다. '절제'가 타고난 아이는 한꺼번에 액셀을 밟지 않고 에너지를 절제하며 조금씩 달립니다. '질서 정연'의 기질을 타고난 아이는 자신만의 규칙을 만들며 차근차근 밟는 아이이죠. 이는 '자극 추구'라는 기질 안에서도 저마다의 다른 욕구가 타고났기에 이 욕구에 따라 액셀을 밟기도 하고 밟지 않기도 합니다.

브레이크 기능이란?

이 기질은 위험하다고 느끼거나 자신이 통제할 수 없는 상황이라면 행동을 멈추고 회피하려는 성향을 말합니다. 운전하다 위험이 예견되면 황급히 브레이크를 밟는 속도와 같다고 이해하시면 될 듯합니다.

브레이크가 크게 타고난 아이는 조금만 위험이 감지되어도 얼음처럼 굳어져 위축되기 때문에 수동적인 모습을 보입니다. 부모가 보기에는 별로 위험하지 않은 상황에서도 좋지 않은 일이 생길 것 같아 걱정을 많이 하기에 부모로서는 매사 불만족스러운 아이처럼 보이기도 합니다. 작은 일에도 쉽게 긴장하고 조금만 야단맞아도 의기소침해지기에 소심하다는 평가도 많이 받습니다. 사소한 일에 너무 신경 쓰기 때문에 쉽게 지치는 모습도 보입니다.

반면 브레이크가 작게 타고난 아이는 어느 순간에나 잘 해낼 수 있을 것 같아 매사 적극적인 모습을 보입니다. 위험한 상황에서 오히려 도전해보고 싶어 하고 쉽게 긴장하지 않습니다. 부모가 보기에는 위험한 상황이라 아이의 행동을 제지할 때도 자기는 해낼 수 있을 것 같은 용기가 있기에 웬만하면 브레이크를 밟지 않고 도전해보고 싶어 합니다.

예를 들어보겠습니다. 민수는 어떤 문제가 생기면 그 크기에 상관없이 달리던 힘의 몇 배를 들여 브레이크를 밟아 멈추는 데 에너지를 씁니다. 작은 턱도 넘지 못하고 일단 멈추어버리지요. 민수 어머님은 이런 민수가 답답합니다. 부모 자신에게는 이런 브레이크가 없다 보니 이게 그렇게까지 걱정할 일인지 이해가 되지 않습니다.

이럴 때 부모가 "뭐가 무섭니? 별거 아니야. 한번 해봐"라고 한다고 민수가 이 문제를 넘을 수 있을까요? 이는 걱정되거나 불확실한 상황이 생기게 되면 긴장하거나 불안해하는 것이 자동적인 반응이기에 이렇게 아이가 브레이크를 꾹 밟고 문제 앞에 서 있을 때는 설득이나 압박할 게 아니라 아이가 문제 앞에서 불안해 브레이크가 걸려 있음을 먼저 받아들여 주셔야 합니다. 그리고 아이를 지지하고 격려하여 이 문제를 자기 힘으로 넘는 연습을 하도록 도와주셔야 합니다.

수영이는 브레이크가 거의 없습니다. 위험에 둔감하다 못해 위험한 일 하기를 오히려 즐거워합니다. 수영이 어머님은 반대로 브레이크가 아주 큽니다. 그러면 어떻게 될까요? 위험하다는 생각이 드니까 수영이에게 수시로 브레이크를 걸겠지요. 수영이는 도전하고 모험하고 싶은데 엄마는 늘 못하게 하는 것 같아 불만이 많을 거예요.

미영이와 미영이 아버님은 둘 다 브레이크가 거의 없습니다. 곤란과 역경을 앞두고도 미리 걱정하지 않고 잘 되리라는 막연한 낙관적인 모습을 가지고 있지요. 어느 정도의 긴장감은 앞으로 생길 수 있는 일에 대비하고 같은 실수를 하지 않기 위해서라도 어느 정도는 필요하지만 그냥 털어버립니다. 이렇게 하면 발전이 없겠지요. 어느 정도는 실수할 만한 상황을 예측해 미리 대비해야 함을 아이에게 가르쳐줄 필요가 있습니다.

영민이와 영민이 어머님은 둘 다 브레이크가 너무 큰 사람입니다. 만약 위기 상황이 왔을 때 부모는 아이가 극복할 수 있게 도움을 주어야 하는데 부모 역시 이러한 갈등 상황이 싫어 회피하는 성향이라면 영민이는 문제가 닥칠 때마다 문제를 극복하기보다 계속 회피하는 쪽을 선택하겠지요. 그렇게 되면 영민이는 살면서 더 좋은 기회들을 놓치게 되고 그만큼 좌절도 많이 느끼게 될 것입니다.

따라서 부모는 아이가 자기 기질의 한계성을 조절해서 장점으로 만들 수 있도록 도움을 주어야 합니다. 하지만 부모 자신도 어릴 때 나의 부모에게 내 기질을 조절하는 방법을 배우지 못했거나 자기 기질의 한계성을 극복해본 경험이 없다면 내 아이가 자기 기질을 조절할 수 있게 도울 수 없을 뿐만 아니라 오히려 아이의 문제에 같이 빠져 허우적거릴 수밖에 없겠지요.

우리는 지금 자동차의 기능 중 '액셀'과 '브레이크'의 역할을 하는 '행동 활성화 체계'와 '행동 억제 체계'를 통해 내 아이가 태어날 때부터 가지고 있는 중요한 기능을 배워 보았습니다. 이는 자동차를 샀을 때 이미 있는 기본 기능과 같으므로 없는 기능은 옵션으로 추가해주어야 하는 것과 같습니다.

브레이크가 작거나 거의 없는 아이에게 "멈춰!"라고 한다고 해서 멈출 수 있는 게 아닙니다. 자기 힘으로 멈출 수 있도록 도와주어야 하지요. 많은 연습을 통해서 말입니다. 액셀 기질이 매우 작게 타고났고 아직 다루는 것도 미숙한 아이에게 "힘껏 달려봐!"라고 한다고 해서 아이가 씽씽 달릴 수 있는 게 아닙니다. 다양한 길에서 달려보는 경험을 통해 '자율성'이라는 후천적인 성격을 장착해야 비로소 잘 달릴 수 있으니까요.

아이마다 브레이크를 밟는 이유가 다르다고?

위험에 대한 반응 역시 아이마다 다르게 나타납니다. 예기 불안이 타고난 아이는 앞으로 좋지 않은 일이 일어날지도 모른다고 걱정되기 시작하면 미리 브레이크를 밟습니다. 불확실성에 관한 두려움이 높은 아이는 익숙하지 않은 상황이 되면 멈추어버리지요. 낯선 사람을 두려워하는 아이는 낯선 사회적 상황에 놓이면 얼음이 되어 브레이크를 밟습니다. 활력이 적어 쉽게 지치고 피곤해하는 기질 때문에 자주 브레이크를 밟는 아이도 있습니다.

반면 위험하거나 위축될 만한 상황인데도 브레이크를 밟지 않는 아이도 있습니다. '낙천성'이라는 기질이 큰 아이는 곤란과 역경을 앞두고 있어도 그다지 위축되지 않고 오히려 긍정적으로 생각해 브레이크를 밟지 않아요. 어떤 아이는 불확실하고 위험한 상황에서 용기를 내고 싶어 브레이크를 잘 밟지 않습니다. '사교적'이고 '대담한' 아이는 낯선 사람을 별로 두려워하지 않기에 낯선 사람과 상황 앞에서도 브레이크를 밟지 않습니다. '활기 넘침'이라는 기질을 타고난 아이는 힘이 넘치기 때문에 특별한 휴식을 취하지 않아도 늘 활력을 유지할 수 있어 브레이크를 잘 밟지 않습니다.

정서적 연료통 기능이란?

이 기질은 관계에서 타인의 정서적 반응에 대해 어떤 반응을 하는지에 대한 타고난 성향을 말합니다. 이러한 기질적 특성이 뚜렷한 사람은 다른 사람의 표정이나 감정을 민감하게 알아차리고 반응합니다. 사회적 애착과 의존성에서의 개인차에 따라 정서적 연료통의 크기가 다르다고 할 수 있습니다.

정서적 연료통이 크게 타고난 아이는 타인의 감정에 민감하게 반응합니다. 내 기분과 상관없이 타인의 행동이나 기분에 쉽게 영향을 받기에 부모님의 기분이 좋지 않거나 부모님에게 야단맞으면 의기소침해집니다. 다른 사람과 감정적인 교류를 하고 싶어 하며 따뜻하고 친밀한 관계를 만들고 싶어 합니다. 또한 다른 타인의 평가에도 민감해 상처를 잘 받고 다른 사람의 말과 행동에 영향을 받아 자기 주관을 뚜렷하게 말하지 못할 때도 있습니다.

반면 정서적 연료통이 작게 타고난 아이는 다른 사람의 감정보다는 자신의 감정에 더 몰두하는 경향을 보여 다소 이기적으로 보일 수 있습니다. 혼자 독립적인 일을 하는 것을 더 편안해하고 뚜렷한 목적이 없이 먼저 다른 사람에게 접근하거나 깊이 교류하지 않는 경향을 보입니다. 타인과 거리를 두는 게 편하고 감정적인 이야기에 흥미를 느끼지 않습니다. 부모님이 정서적인 교류를 하고 싶어 "너의 마음은 어때?" 하고 물어보아도 별다른 말을 하지 않아 답답하게 느껴지는 부분도 있으실 거예요. 타인의 감정적인 호소나 의견에 동의하지 못해 자기중심적인 결정을 하는 모습을 보이기도 합니다.

하은이는 정서적 연료통이 아주 큰 아이예요. 큰 정서적 연료통에 자신이 원하는 관심과 사랑을 가득 채우고 싶어합니다. 그래서 다른 사람들의 감정에 매우 민감합니다. 하은이는 부모의 표정이 조금이라도 변하면 혹시 부모님이 자신 때문에 화가 난 건지 걱정되어 부모의 감정을 살핍니다.

반면 하은이 어머님은 정서적 연료통이 매우 작아요. 독립적이고 다른 사람들의 감정에 둔감한 편이지요. 이러한 기질을 가진 하은이 어머님이 최선을 다해 하은이에게 자신의 연료를 모두 부어주면 어떨까요? 100%를 부어도 하은이의 정서적 연료통에는 절반조차 채우지 못합니다. 그래서 하은이의 정서적 연료통은 늘 부족합니다. 그래서 부모님에게 조금이라도 더 정서적인 지지를 받으려고 매달리지요.

하은이 어머님은 혼자만의 시간이 너무나도 필요한 사람이지만 하은이를 위해 최선을 다해 사랑을 주고 있다고 생각합니다. 하지만 매번 자신을 졸졸 쫓아다니며 무엇이든 같이 하고 싶어 하는 아이를 보면 자신도 모르게 "혼자 할 수 있잖아, 혼자 해봐" 하고 아이를 밀어내게 됩니다.

하은이는 양적으로도 질적으로도 정서적인 연료통을 채워주어야 달릴 수 있는 자동차입니다. 부모인 내가 정서적 연료통이 작아 아이가 만족할 만큼 연료를 채워줄 수 없다면 아이를 위해 감수성을 키우는 훈련을 할 필요가 있습니다. 아이의 마음에 공감되지 않더라도 아이의 마음을 이해하려고 애쓰는 노력이 필요하고, 더욱더 따뜻하고 다정하게 말하는 연습이 필요하지요.

무엇보다도 하은이 같은 아이는 관계 안에 내가 숨어 있는 경우가 많습니다. '나'라는 존재가 나를 둘러싼 알을 깨고 나오려면 우선 관계 안에서의 내가 단단하게 서야 합니다. 즉 '나'라는 존재를 관계 안에서 증명받고 싶어 하는 욕구가 충족되어야 하지요. '나는 우리 부모님에게 사랑받고 있어. 나는 가족에게 소중한 사람이야' 이렇게 관계 안에서 나라는 사람이 중요하다는 인식이 있어야만 독립적인 '나'가 알을 깨고 나올 수 있습니다.

하은이 어머님은 이렇게 의존적이고 다른 사람들의 감정에 잘 휘둘리는 하은이가 걱정되어 "혼자서도 할 수 있잖아" "친구들이 뭐라고 하면 너도 같이 한마디 해!"라는 식으로 훈육하면 하은이가 독립적인 성향이 될 수 있으리라고 생각하실 수 있으나 오히려 더욱더 다른 사람들에게 의존해 정서적으로 휘둘리는 아이가 될 수 있습니다. 아직 관계 안에서 내가 제대로 서지 못한 상태에서는 온전한 나를 찾기 어렵거든요. 그러니 가족 안에서 아이 자신이 얼마나 중요한 존재인지, 얼마나 소중하게 생각하는지 등 아이가 원하면 언제든지 마음을 기댈 수 있음을 알려주어야 비로소 독립적인 내가 될 수 있습니다.

수호는 정서적 연료통이 작습니다. 반면 수호 어머님은 정서적 연료통이 크지요. 수호 어머님은 자신이 어릴 때 부모님께서 너무 바빠 제대로 돌봄 받지 못한 게 상처로 남았습니다. 그래서 자신은 아이를 낳으면 사랑을 듬뿍 주고 싶다고 생각했어요. 그래서 수호에게 정성을 쏟았어요. 언제나 옆에서 아이가 무엇을 하고 싶어 하는지 관심을 가지고 도와주고 싶었습니다.

수호는 이런 엄마 때문에 숨이 막힙니다. 그저 자신은 할 말이 없을 뿐인데 엄마는 무슨 일이냐고, 제발 말을 하라고 자꾸 걱정스러운 눈빛을 보냅니다. 나는 사람과 좀 거리를 두어 혼자 있고 싶은데 엄마는 내가 가는 곳이라면 어디든지 함께 있으려고 합니다. 수호의 정서적 연료통에 엄마의 연료를 모두 쏟으면 어떻게 될까요? 가득 차다 못해 넘쳐흐르겠지요. 아이는 엄마의 관심이 너무 과하다고 느낄 것이고, 그럼 점점 자신만의 동굴로 들어가고 싶을 거예요.

수호 같은 아이는 '나'라는 껍데기 안에 '관계'가 숨겨져 있는 아이라고 생각하시면 좋겠습니다. 이런 아이는 '나'라는 독립적인 개체에 관심이 많습니다. 자기 내면부터 단단해져야 그 안에 있는 '관계성'이 껍데기를 깨고 나와 타인에게 관심을 두고 교류도 할 수 있지요.

이런 아이를 둔 부모님은 내 아이가 다른 사람들과 교류가 부족해보여 걱정이 됩니다. 그래서 부모가 나서 친구들과 잘 지내도록 아이에게 양보하라고 하거나 무언가를 함께 하라고 밀어붙이기도 하시지요. 하지만 '나' 자신에 관한 독립성이 확립되지 않은 상태에서 타인과의 교류를 계속 강요하면 오히려 타인과의 관계가 더욱더 불편해집니다. 다른 사람들과 잘 지내는 아이가 되었으면 하는 바람으로 했던 노력이 오히려 아이를 더욱더 개인주의적인 아이로 만들 수 있는 것이지요.

아영이와 아영이 어머님은 둘 다 연료통이 매우 큽니다. 그래서 서로에게 너무 마음이 쓰이죠. 또한 다른 사람의 감정도 민감하게 받아들입니다. 아영이 어머님은 아영이가 마음이 다칠까 걱정됩니다. 하지만 내 아이가 다른 사람들에게 어떻게 보일지에 관해서도 많이 걱정합니다. 또한 자신이 다른 사람들과 관계가 좋지 않으면 본의 아니게 아영이에게 짜증을 낼 때도 있습니다. 아영이가 또래 사이에서 문제가 생기면 내 문제처럼 가슴이 아프기도 하고 다른 아이들에게 휘둘리는 모습을 보면 내 모습을 보는 것 같아 답답하고 화가 나기도 합니다.

아영이도 엄마가 너무 좋지만 자신이 원하는 만큼 사랑해주지 않는 것 같은 엄마에게 화가 나기도 합니다. 그러다 엄마의 기분이 좋지 않은 듯하면 금방 의기소침해지지요. 엄마가 나를 미워할까 걱정도 됩니다. 이렇게 엄마와 아이 둘 다 정서적 민감성이 너무 높을 때도 서로의 감정에 너무 얽매여 관계의 어려움을 겪을 수 있습니다.

보라와 보라 어머님은 둘 다 정서적 연료통이 매우 작습니다. 다른 사람의 감정이 자신에게 그리 중요하지 않아요. 사람들과 어느 정도 거리를 두는 게 편하고 자기감정을 남과 나누기를 좋아하지 않기 때문에 엄마와 아이가 서로 적당한 거리를 두고 편한 관계를 유지할 수 있습니다.

하지만 이런 경우에는 아이가 사회적인 적응에 어려움을 겪을 수 있습니다. 정서적 연료통의 크기가 작게 타고났어도 다른 사람들의 감정에 공감하고 타인을 관대하게 수용하는 방법 등을 사회적 기술로 배워야 하는데 부모님이 이런 부분에 신경 쓰지 않기에 타인과의 정서적인 공감이나 따뜻함, 수용하는 것 등을 경험하게 하지 못하면 또래와의 관계에서 어려움을 겪을 수 있겠지요.

아이마다 채우고 싶어 하는 정서적 연료가 다르다고?

사회적 민감성에 관해서도 아이마다 채우고 싶은 정서적 연료가 다릅니다. 어떤 아이는 높은 정서적 감수성이라는 기질을 타고났기에 감정적 호소에 관한 반응으로 정서적 연료통을 채우고 싶어 하고, 또 어떤 아이는 다른 사람들에게 감정이나 경험을 나누면서 정서적 연료통을 채우려는 정서적 개방성의 기질을 타고났지요.

친밀한 관계를 통해 혹은 정서적 지지와 인정으로 정서적 연료통을 채우고 싶은 친밀감의 욕구가 있는 아이도 있습니다. 어떤 아이는 다른 사람들의 지지와 보호를 바라기에 다른 사람들이 어떤 결정을 내려주기를 원하는 의존의 욕구를 타고난 아이도 있습니다. 이처럼 아이가 채우고 싶은 연료로 정서적 연료통을 채워주어야 아이의 자동차가 쌩쌩 달릴 수 있겠지요.

반대로 정서적 연료통이 작은 아이 중 낮은 정서적 감수성이라는 기질을 타고난 아이는 다른 사람들의 감성적 호소에 반응하고 싶지 않아 합니다. 어떤 아이는 다른 사람들과 가까워지는 것을 좋아하지 않거나 자신을 드러내지 않으려는 욕구를 가진 아이도 있지요. 이는 낮은 개방성이라는 기질입니다. 이러한 성향의 아이는 친밀한 관계보다 개인적이고 독립적인 생활을 중요시합니다. 또한 자기 내면의 감정을 다른 사람과 함께 나누려고 하지 않고 거리를 두려는 기질을 타고난 아이도 있습니다.

마지막으로 다른 사람들에게 의존하지 않고 정서적 지지나 보호를 얻기 위해 남을 기쁘게 하려고 애쓰지 않는 독립적인 욕구를 가진 아이도 있습니다. 이 역시 아이가 자신의 정서적 연료통에 채우고 싶은 연료(욕구)이므로 부모라면 내 아이에게 맞는 연료를 채워주셔야 합니다.

기질 유형에 따른 양육 방법

자, 지금부터는 액셀과 브레이크의 조합으로 내 아이를 조금 더 자세히 알아보려고 합니다. 이를 통해 내 아이가 어떤 행동 방식을 가지고 행동하게 되는지 더 잘 이해할 수 있으실 거예요.

액셀형 아이(액셀↑ 브레이크↓) : 무조건 Go! Go! 하는 아이

멈추는 게 어려운 아이

'액셀형 아이'는 액셀이 크고 브레이크가 작게 타고났습니다. 하고 싶은 게 있으면 액셀을 밟아 쌩쌩 달리지만 외부에서 이러한 기질을 제지하고 야단쳐도 브레이크를 밟지 않는 행동적 특성을 보입니다. 다시 말씀드리지만, 이는 자동적인 정서 반응이기에 어리면 어릴수록 자기 마음대로 조절하기가 어렵습니다.

이러한 아이에게는 정보가 무질서하게 한꺼번에 들어옵니다. 이 아이의 욕구는 쌩쌩 달리고 싶은 것입니다. 그래서 산만하고 충동적으로 보이지요. 자신에게 들어오는 정보들을 중요한 순서대로 줄 세워 질서정연하게 처리하는 연습을 하지 않으면 아무리 부모가 좀 가만히 있으라고 야단쳐도 자신 스스로 욕구를 조절하기가 어려운 것이지요.

"하지 마! 안돼!" 하는 순간 더욱더 흥분하는 아이

액셀형 아이는 새로운 정보가 들어오면 행동이 활성화되는 특징을 가지고 있습니다. 즉 자극이 들어오면 액셀을 꾹 밟아 속력을 높여 달리려고 합니다. 그럴 때 부모님이 "멈춰!" 하고 외치면 어떻게 될까요? 그 순간 아이의 뇌에는 더 큰 자극이 들어와 아이 역시 더욱더 흥분하게 됩니다.

무섭게 야단치면 잠시 아이의 행동을 멈추게 할 수 있을 듯하지만 그렇다고 아이의 행동이 활성화되는 욕구가 사라진 것은 아닙니다. 단지 외부 자극에 의해 눌려 있는 것이지요. 액셀형 아이의 행동을 야단쳐서 멈추기 시작하면 다음에는 매를 들지 않으면 멈추게 할 수 없을지도 모릅니다.

화산처럼 한 번 폭발하면 절대 멈출 수 없는 아이

화산이 폭발하는 모습을 보신 적이 있으신가요? 큰 굉음과 함께 시뻘건 용암이 끝도 없이 콸콸콸 쏟아져 나오지요. 이때 용암이 흘러나오지 못하도록 손으로 막는다고 막힐까요? 아니지요. 이때는 오히려 이 용암이 안전한 곳으로 흘러갈 수 있도록 길을 터주어야겠지요. 불에 탈 수 있는 것들은 치워주면서요.

액셀형 아이도 이와 같습니다. 액셀형 아이가 흥분했을 때 아이를 멈추도록 하는 훈육은 큰 의미가 없습니다. 안전한 방법으로 에너지를 쏟을 수 있도록 도와주시는 게 더 좋지요. 물론 가장 중요한 점은 아이가 화산처럼 폭발하기 전에 폭발하지 않도록 해주는 것입니다. 이를 위해 평소 자신의 욕구를 조절할 수 있도록 부모님께서 교육해주셔야 합니다. 나중에 어른이 되면 자신의 기질을 잘 조절해 이를 긍정적인 무기로 사용할 수 있도록 말이지요.

액셀형 아이에게 필요한 2가지 양육 전략

액셀형 아이의 가장 큰 욕구는 'Go!'입니다. 새로운 것을 보면 지금 당장 하고 싶습니다. 한번 시작하면 멈추거나 절제하고 싶지 않고 규제 없이 마음껏 하고 싶어 합니다. 앞서 설명한 2가지 전략, 기억하실까요? 이러한 아이에게 부모가 해주어야 하는 전략은 첫 번째, 아이가 새로운 것을 만나 쌩쌩 달리고 싶은 욕구를 받아주면서 두 번째, 위험하지 않게 속도를 조절할 수 있는 연습을 하도록 해주어야 합니다.

여기서 받아준다는 것은 아이의 행동을 그대로 받아주는 게 아닙니다. 조절하지 못하고 제멋대로 하는 아이의 모습을 그대로 지켜보면서 하고 싶은 대로 놔두는 게 아니라는 것입니다. 달리고 싶은 욕구는 받아주되 더 나은 쪽으로 행동할 수 있게 에너지를 조절해주어야 한다는 것이지요.

액셀형 아이의 문제 해결 방식은 액셀을 더욱더 세게 밟아버리는 것입니다. 이때 부모님이 제지하거나 야단쳐 더는 행동하지 못하게 브레이크를 걸어버리면 안 됩니다. 아이가 흥분해 액셀을 밟은 상태라면 안전한 곳으로 그 욕구를 발산할 수 있도록 도와주세요.

예를 들어, 아이가 식탁 위에 올라갔다면 "최민수! 엄마가 식탁 위에 한번만 더 올라가면 혼난다고 했지! 당장 안 내려와?!"라고 하지 마시고, "민수야, 지금 너무 신이 나서 식탁 위에서 뛰어내리고 싶었어? 그치만 그러다 다치면 더는 신나게 놀 수 없어. 내려와서 엄마랑 트램폴린에서 신나게 뛰어보자!"라고요. 그리고 평소 아이가 흥분하지 않고 평온한 상태에서 훈련과 연습을 통해 자신의 욕구를 조절할 수 있는 브레이크를 달아주세요. 이러한 내용은 〈6코스, 우리 가족만의 새로운 양육 모델 알기〉에서 배울 '맞춤 훈육 솔루션(p.234 참조)'에서 자세히 다루겠습니다.

액셀형 + 정서적 연료통이 큰 아이의 관계성, 훈육, 교육 방법

영운이는 '액셀형 + 큰 정서적 연료통'을 가지고 있는 아이입니다. 커다란 정서적 연료통에 자신이 원하는 관심과 사랑으로 가득 채우고 액셀을 세게 밟아 쌩쌩 달리고 싶은 욕구를 가진 기질이에요. 이 유형의 아이는 어떻게 양육해야 하는지 함께 살펴보겠습니다.

영운이의 관심사는 타인과의 정서적인 교류와 호기심 충족 등입니다. 즉 영운이가 받고 싶은 사랑은 다른 사람들과 재미있는 경험을 함께 즐기고 나눌 수 있도록 부모님께서 도와주는 것입니다. 이러한 점을 부모님이 알아주고 즐거운 경험을 함께 공유할 때 영운이는 부모님에게 사랑받는다고 느낍니다.

● **관계성** : 영운이는 누군가와 관계를 만들어갈 때 새로운 관계도 좋아하고 친숙한 관계도 좋아합니다. 재미있고 따뜻한 경험을 나눌 수 있는 사람들과 있으면 자기감정을 잘 드러내고 사교적인 모습을 보입니다. 자신에게 꼭 이득이 있지 않더라도 타인과 관계 맺는 게 어렵지 않기에 대인 영향력이 많은 아이지요. 그래서 가족 안에서 즐거운 경험이 이 아이의 영양분입니다.

● **훈육** : 급발진적인 부분이 있으면서도 감정적이기 때문에 무조건 못 하게 하

거나 통제하는 식으로 훈육한다면 오히려 부정적인 결과를 볼 수 있습니다. 논리적으로 따져 묻거나 하면 감정이 상해 마음을 닫을 수 있으니 훈육할 때는 아이의 감정을 다치게 해서는 안 됩니다. 행동이 앞서기 때문에 만족을 지연시키면서도 스스로 통제하는 방법을 가르쳐주세요. 아이의 마음에 공감하며 부모의 감정을 함께 전달하고 안전한 대안을 안내하는 편이 더 효과적입니다.

●**교육 방법** : 영운이는 늘 새로운 것을 추구하고 타인과 감정적으로 교류하기를 원합니다. 따라서 하고자 하는 일을 책임감 있게 끝낼 수 있게 격려하고 즐거움을 보상으로 주는 과정이 필요합니다. 본인이 하고 싶은 것과 다른 사람들이 원하는 것 사이에서 만족을 지연시키면서 자기 스스로 조절할 수 있도록 한다면 자신이 가진 능력을 충분히 발휘할 수 있습니다.

액셀형 + 정서적 연료통이 큰 아이의 목적지

이러한 영운이의 기질이 잘 발휘되어 자란다면 다른 사람에게 다정하고 사려 깊다는 평가를 받으며 주변을 따뜻하게 만드는 사람이 됩니다. 새로운 아이디어를 다른 이들과 함께 나누며 세상을 즐겁고 풍부하게 만드는 역할을 합니다. 자신의 좋은 기운을 함께 나누어주며 서로 협력해서 좋은 성과를 만들어 가는 일에 즐거움을 느낍니다. 열정을 가지고 몰입하기에 사람들과 좋은 팀워크를 이루며 자기 영역을 점점 넓혀갈 수 있습니다. 즉 영운이가 가장 많이 맺을 수 있는 열매는 다른 사람과 따뜻한 관계를 유지하면서 함께 재미있는 일을 이루어나가는 것입니다.

만약 영운이가 자신의 기질을 제대로 받아들여지지 못하고 자란다면 자신이 맺을 수 있는 기질적인 장점을 잘 발휘하지 못해 다른 사람의 말에 쉽게 상처받고 주관이 뚜렷하지 못해 자신이 원하는 것을 결정하기보다 타인의 의견에 휘둘리게 됩니다. 자기 기질의 장점인 풍부한 아이디어 등을 제대로 발휘하지 못한 채 꿈만 꿀 뿐 그것을 실현하지 못해 자주 좌절하게 됩니다.

액셀형 + 정서적 연료통이 작은 아이의 관계성, 훈육, 교육 방법

윤수는 '액셀형 + 작은 정서적 연료통'을 가지고 있는 아이입니다. 작은 연료통에 자신이 필요한 관심과 사랑만 간단히 채우고 자신이 원하는 곳을 향해 쌩쌩 달려가고 싶은 기질이에요. 이러한 유형의 아이는 어떻게 양육해야 하는지 함께 살펴보겠습니다.

윤수의 관심사는 나 홀로 호기심을 충족하고 새로운 것을 탐색하며 재미있는 경험을 하는 것입니다. 윤수가 부모님에게 받고 싶은 사랑은 새로운 것을 탐색할 때 가능성에 도전할 수 있게 하고 자기 힘으로 이러한 것들을 개척할 수 있게 지지하고 잘 할 수 있도록 도와주는 것입니다.

● **관계성** : 윤수는 하고 싶은 일이 있을 때 액셀을 밟아 달리고 싶지만 타인의 상황이나 기분을 중요하다고 느끼지 않기에 다른 사람에게 불편감을 줄 때가 있습니다. 이러한 점을 지적받을 때도 자신이 무엇을 잘못했는지 인식하지 못하기에 부모가 보기에는 버릇없다고 느낄 수도 있습니다. 본인의 욕구를 거침없이 표현하기 때문에 이기적인 모습으로 보이는 것이지요.

● **훈육** : 윤수는 하고 싶은 게 있을 때는 액셀을 밟지만 타인의 제지나 감정적 호소에 영향을 받지 않기에 행동을 제한하거나 크게 야단치면 오히려 공격적인 모습을 보입니다. 따라서 무조건 못하게 하거나 통제하는 식으로 훈육한다면 더

욱더 불만을 품게 되어 부정적인 결과가 생길 수 있습니다. 그러니 부모님은 윤수에게 감성적 호소보다 현실적이고 독립적인 안전한 대안을 안내하는 게 더 효과적입니다

●**교육 방법 :** 윤수와 같은 아이는 호기심이 많고 새로운 것을 추구하는 면이 강합니다. 따라서 하고자 하는 일을 책임감 있게 끝낼 수 있게 격려하고 즐거움을 보상으로 주는 교육이 필요합니다. 또한 욕구 만족을 지연시키면서 스스로 조절할 수 있도록 한다면 자신이 가진 능력을 충분히 잘 발휘할 수 있습니다.

액셀형 + 정서적 연료통이 작은 아이의 목적지

윤수의 이러한 기질이 잘 발휘되어 자란다면 하고 싶은 일을 스스로 찾아 독립적이고 진취적으로 도전하는 사람이 됩니다. 자신이 흥미 있는 일을 만나면 열정을 가지고 적극적으로 돌파해 내며 높은 성과를 이루어낼 수 있습니다. 또한 타인의 시선이나 평가에 크게 마음을 두지 않기 때문에 주체적인 모습을 보이게 됩니다.

반면 자기 기질을 제대로 인정받지 못하고 자란다면 자기 기질의 장점을 발휘하지 못하고 오히려 하고 싶은 일이 있을 때 다른 사람에게 피해를 주면서까지 그 일을 성취하겠다고 무모하게 도전해 주변 사람에게 불편을 주게 됩니다. 충동적으로 무언가를 결정해 실수하기도 하고 때로는 너무 경쟁적이고 공격적인 모습을 보여 함께 일하는 사람들에게 부정적인 평가를 받을 수 있습니다.

브레이크형 아이(액셀↓ 브레이크↑) : 일단 멈춤! 하는 아이

턱을 넘기가 힘든 아이

이러한 유형의 아이는 정보를 받아들이기보다 위험에 관해 억제되는데 더 많은 에너지를 씁니다. 다른 사람들이 보면 현재 아이에게 주어지는 정보가 그리 많지 않고 질서 있게 정보가 줄 맞추어 아이에게 들어오는 것처럼 보이지만 아이로서는 접근 행동이 활성화되지 않기 때문에 일단 회피하려는 특성을 보입니다. 그래서 무언가를 할 때 다소 경직되고 자신감이 없는 것처럼 보이지요. 해보기도 전에 잘 되지 않을 것 같고 안전하지 않을 것 같아 불안한 아이에게 부모가 설득하고 회유하고 야단치는 방법으로 억지로 무언가를 하도록 하는 경험은 아이의 자신감을 더욱더 잃게 만듭니다.

간혹 미끄럼틀 위에서 우물쭈물하는, 브레이크형이구나 싶은 아이의 등을 동의 없이 밀어버리는 부모님을 목격할 때가 있습니다. 부모는 아이가 한 번 타보면 재미있어 하리라 생각하고 하신 행동일 테지만, 쉽게 발을 떼지 못하는 자신의 등을 밀어버린 두려운 경험이 쌓이면 아이는 자기 스스로 용기를 내어 어떤 문제를 해결해보고자 하는 데 더욱더 망설이게 될 것입니다. 아이가 할 수 있는 만큼 지지하고 격려하며 조금씩 자기 힘으로 성취하는 경험을 할 수 있게 해주세요. 결국 이 세상의 문제는 내 힘으로 혼자 풀어가야 하니까요.

"뭐가 무섭니"라는 말에 억울함이 쌓이는 아이

브레이크형 아이는 안전 욕구가 크기에 무슨 일이든 일단 멈추고 이것이 안전한가 아닌가에 관해 고민합니다. 윤민이는 무얼 하기 전에 자꾸 위축되어 멈춥니다. 윤민이 아버님은 딱히 무얼 하지 못할 상황이 아닌데도 무조건 못한다고 하는 윤민이를 보면 답답합니다. "이게 뭐가 무서워. 괜찮아. 해봐~!" 하는데도 꿈쩍하지도 않습니다.

머릿속에서 이미 위험 신호에 불이 들어온 윤민이는 아빠가 그럴 때마다 어떤 생각이 들까요? 나는 분명히 잘되지 않을 것 같아 무섭고 걱정되는데 아빠는 이게 하나도 무섭지 않다고 말합니다. 아빠가 내 마음을 이해해주지 못하는 것 같아 억울한 마음이 듭니다.

윤민이 아버님은 이렇게까지 버틸 일이 아닌데 고집을 부리는 윤민이가 걱정도 되고 자기 말을 아이가 무시하는 것 같아 괘씸한 마음이 들어 어떨 때는 하지 않겠다는 아이를 억지로 끌고 가기도 합니다. 겁이 나서 사이드브레이크까지 걸어버린 아이를 억지로 끌고 가면 어떻게 될까요? 안 끌려가려고 필사적으로 버티는 동안 아빠도 속이 터지고 아이도 정서의 바퀴에 스크래치가 나겠죠.

윤민이는 안전에 관한 자기 욕구를 부모가 받아주지 않으면 자신은 왜 이렇게 겁이 많은지 자책하는 마음이 들어 더욱 위축되고, 자신을 안전하게 보호해주지 않는 세상을 더 신뢰하지 못하게 되어 더욱더 움직이지 않고 버티는 아이가 될지도 모릅니다. 게다가 부모님이 격려한답시고 "윤민이는 겁쟁이인가 봐~ 이거 하나도 안 무서운데"라고 한다면 오히려 윤민이는 억울하고 짜증이 납니다. 자기도 할 수 있으면 했겠지요.

"무서우면 하지 마"라는 말에 더욱더 정체되는 아이

이런 유형의 아이를 둔 부모라면 아이에게 "힘들면 하지 않아도 돼"라는 말을 참 많이 하게 되실 듯해요. 부모로서는 아이가 안타깝기에 스트레스를 받으면서까지 굳이 이 일을 하지 않아도 된다고 말해주는 건데, 이 역시 아이에게는 좋지 않습니다. 부모님과 있을 때는 이러한 문제를 부모님이 대신 해결해주거나 하여 그 문제를 피할 수 있지만 부모님이 계시지 않는 곳에서 이 문제는 오롯이 자기가 해결해야 하는 문제이기 때문입니다.

어린이집에 다녀오면 민희는 괜히 부모님에게 짜증이 납니다. 어린이집에서 다른 친구들은 선생님이 말하지 않아도 눈치껏 상황에 맞게 행동하는데 민희는 처음 하는 일이면 얼음이 되어 내가 무엇을 해야 하는지 잘 모르겠거든요. 어린이집에 있는 내내 긴장되고 힘들었다가 집에 오면 그저 다 괜찮다고 하는 부모님을 보는 순간 안도도 되지만 한편으로는 짜증이 밀려옵니다.

아이가 무조건 "싫다" "아니야"라고 해도 아이의 두려운 마음을 받아주고 어떻게 해야 이 문제를 해결할 수 있는지 지지하며 문제를 풀어보는 연습을 많이 해야 합니다. 이런 기질의 아이에게는 하나의 문제를 풀 수 있는 여러 가지 방법이 있다는 경험을 해보는 게 중요합니다. 이렇게 해보았는데 안 되면 또 어떤 것을 해볼 수 있을지에 관해 생각할 수 있는 대안이 많을수록 좋습니다.

또한 문제를 해결할 수 있다는 자신감이 있어야 합니다. 이런 자신감은 문제를 해결해본 경험에서 나오기에 아이가 어떤 문제 앞에서 일단 멈춘 상태라면 부모님은 그 마음을 지지하며 아이가 서서히 사이드 브레이크를 풀고 도전해볼 수 있도록 용기를 주세요. 그리고 그 문제를 스스로 조금씩이라도 풀도록 격려하며 점점 더 많은 문제를 자기 힘으로 풀어볼 수 있도록 해주는 것이 중요합니다.

브레이크형 아이에게 필요한 2가지 양육 전략

브레이크형 아이의 뚜렷한 욕구는 'Stop!'입니다. 새로운 상황보다 익숙한 상황에서 더 안심하고 앞으로 닥칠지 모를 일을 미리 걱정합니다. 낯선 상황이나 불확실한 것에 관한 두려움이 있기에 그럴 때마다 브레이크를 밟는 성향이 있습니다.

이러한 아이에게 할 수 있는 부모의 첫 번째 전략으로는 안전하고 싶은 이 아이의 마음을 받아주는 것입니다. 그리고 두 번째 전략으로는 이러한 문제가 닥쳤을 때 어떻게 해야 하는지 방법을 가르쳐주고 이를 해보는 경험을 통해 자기도 할 수 있다는 자신감을 가지도록 해주어야 합니다.

이러한 유형의 아이의 문제 해결 방식은 어떤 문제가 생기면 브레이크를 밟고 움직이지 않는 것입니다. 이때 부모는 아이를 설득해 억지로 행동하게 하는 액셀 역할을 하시면 안 됩니다. 아이가 위축된 상태라면 그 마음을 충분히 공감하고 아이를 지지하면서 아이 스스로 사이드 브레이크를 풀고 달릴 준비가 되었을 때 자신이 밟을 수 있는 만큼 밟으면서 그 문제를 넘어가는 경험을 해보도록 안내하고, 그 경험을 지지하고 격려하여 더욱더 많은 경험을 할 수 있도록 도와주셔야 합니다. 즉 부모님이 액셀 역할을 하는 게 아니라 아이가 제힘으로 브레이크 대신 액셀을 밟을 수 있게 충분한 지지와 격려를 해주셔야 합니다.

브레이크형 + 정서적 연료통이 큰 아이의 관계성, 훈육, 교육 방법

정운이는 '브레이크형 + 큰 정서적 연료통'을 가지고 있는 아이입니다. 큰 정서적 연료통에 자신이 원하는 관심과 사랑을 가득 채우고 천천히 탐색하며 안전한 곳으로 가고 싶어 하는 기질이에요. 이러한 유형의 아이는 어떻게 양육해야 하는지 함께 살펴보겠습니다. 정운이가 부모님에게 받고 싶은 사랑은 안전하고 익숙한 환경 안에서 다른 사람들과 정서적인 교류를 나누며 따뜻한 관계를 맺을 수 있도록 도와주는 것입니다.

● **관계성** : 정운이는 익숙하고 친밀한 관계를 선호하기에 낯설고 새로운 관계에서는 다소 위축된 모습을 보일 수 있습니다. 사회적 관습이나 규범을 잘 따르고 타인과의 관계도 중요하게 생각하기 때문에 주변에서 사려 깊다는 평가를 받습니다. 또한 다른 사람이 자신을 어떻게 평가하는지에 관해 예민하게 반응하기에 쉽게 위축됩니다. 관심을 받고 싶기도 하지만 지나친 관심은 부담스럽기에 관계를 맺을 때 어떻게 행동해야 하는지 결정 내리는 일을 어려워합니다. 부모님에게 야단맞거나 친구 혹은 형제와 갈등이 생길 때 쉽게 상처받아 위축되는 모습을 보입니다.

● **훈육** : 이러한 기질 특성을 보이는 아이는 외부 자극에 액셀을 밟지 않습니다. 오히려 조금이라도 위험이 감지되면 즉시 브레이크를 밟기에 내향적이고 안전을 추구하는 특성을 드러냅니다. 따라서 통제와 지시로 훈육한다면 순응하는 모습을 보일 수 있지만 부모에게 거절당했다고 느끼거나 안전에 위협을 느낄 수 있기에 부모와 아이의 관계에 부정적인 영향을 미치게 됩니다. 그러니 부모님께서는 아이가 보이는 행동 이면의 마음을 충분히 공감하고 안전한 대안을 안내해 주어야 합니다.

● **교육 방법** : 새로운 것보다 익숙한 것을 더 선호하기 때문에 편안하고 안전한 환경 안에서 더욱더 집중력을 발휘할 수 있습니다. 특히 타인과의 감정적인 교류를 중요하게 생각하므로 애정이 담긴 칭찬과 격려를 통해 정적 행동을 강화한다면 자신이 가진 능력을 충분히 발휘할 수 있습니다.

브레이크형 + 정서적 연료통이 큰 아이의 목적지

이러한 정운이의 기질이 잘 발휘되어 자란다면 섣부르게 행동하지 않고 가장 안전한 방법을 찾아내 차근차근 일을 처리하기 때문에 실수가 적고 주변 사람으로부터 신뢰 있는 사람이라는 평가를 듣게 됩니다. 다른 사람의 마음을 세심하게 살피며 의견 충돌을 최소화하기 때문에 조화로운 인간 관계를 맺습니다. 또한 따뜻하고 안정적인 환경을 만들어가며 자신에게 주어진 일을 성실하게 하는 모습을 보입니다.

만약 정운이가 자기 기질을 부모에게 제대로 인정받지 못하고 자란다면 다른 사람의 의견에 쉽게 휘둘리며 불안정한 모습을 보이게 됩니다. 사소한 일도 쉽게 지나가지 못해 불안해하고 많이 걱정하기에 무언가 도전하거나 앞장서서 해야 하는 일이 생기면 포기하는 때도 생깁니다. 관계나 일에서 스트레스에 취약해 위축되고 감정적으로 상처를 잘 받지만 이에 관한 대응이나 표현 등을 못해 자기 자신에게 불만족한 모습을 보이게 됩니다.

브레이크형 + 정서적 연료통이 작은 아이의 관계성, 훈육, 교육 방법

성운이는 '브레이크형 + 작은 정서적 연료통'을 가지고 있는 아이입니다. 작은 정서적 연료통을 가지고 어떤 돌다리든 두드려가며 조심조심 한 걸음씩 안전한 길을 개척해 나아가고 싶어 하는 기질이에요. 이런 유형의 아이는 어떻게 양육해야 하는지 살펴보겠습니다. 성운이가 부모님에게 받고 싶은 사랑은 안전한 환경 안에서 위험하다고 느끼는 상황에 관한 두려움을 현실적이고 독립적으로 대처할 수 있도록 도와주는 것입니다

● **관계성** : 성운이는 새로운 관계이든 친숙한 관계이든 관계에서 생기는 보상

에 크게 끌리지 않기에 개인 생활을 더 중요시하는 특성을 보입니다. 만일 어떤 사람과의 관계에서 얻어낼 뚜렷한 목표가 없다면 혼자 있는 것을 선호하며 안정감을 주는 관계가 아니라 오히려 불안을 주거나 자신을 처벌한다면 회피하여 자신을 보호하고 싶어 합니다.

● **훈육** : 성운이는 새로운 자극에 관해 액셀을 밟아 달려보려는 욕구가 적습니다. 오히려 위험하다고 감지되는 상황에서 브레이크를 밟는 기질로 내향적이고 안전을 추구하는 특성을 보입니다. 따라서 무섭게 훈육한다면 부모의 요구를 잘 들을 수는 있지만 안전에 위협을 느낄 수 있으므로 정서적 불안함을 느끼게 될 가능성이 있습니다. 따라서 행동에 관해 충분히 설명하고 사회적 관습에 부합하는 행동을 함께 생각해보는 것이 필요합니다. 이때 부모님의 감성적 호소보다는 현실적이고 독립적인 대안을 성운이에게 안내해주는 편이 더욱더 효과적입니다.

● **교육 방법** : 탐색을 통한 즐거움보다는 익숙한 장소나 상황에 더 만족하기에 편안하게 느끼는 환경을 조성해주고 그 안에서 아이 스스로 질서 있고 체계적인 계획을 세워갈 수 있도록 도와야 합니다. 또한 정서적인 안정감을 느낄 수 있도록 일관된 지지와 격려를 한다면 속도는 느려도 꼼꼼하고 세심하게 가진 능력을 충분히 발휘할 수 있습니다.

브레이크형 + 정서적 연료통이 작은 아이의 목적지

이러한 성운이의 기질이 잘 발휘되어 자란다면 어떤 일에도 성급하게 판단하지 않고 꼼꼼하게 전후 사정을 잘 살펴 일을 처리할 때 완벽한 모습을 보입니다. 다른 사람들의 평가에 굴하지 않고 자신이 완벽하다고 여길 때까지 계획대로 차근차근 성취를 이루며 주변 사람에게도 이와 관련한 면에서는 흠잡을 곳이 없고 성실하다는 평가를 받게 됩니다. 자기 생각대로 이루어지는 일을 보며 만족감을 얻으며 자신이 목적한 바를 위해 끈기를 가지고 깊은 연구를 해나갑니다.

반면 이러한 성운이의 기질이 부모님에게 제대로 인정받지 못하고 자란다면 너무 사소한 것까지 신경 쓰고 틀리거나 생각대로 되지 않을 때 고집을 부려서 주변 사람을 불편하게 만들 수 있습니다. 포기가 필요한 부분에서도 타협하지 않아 융통성이 부족하다는 평가를 받게 됩니다. 사소한 것도 지나치지 못해서 함께 일하는 사람들에게 답답한 인상을 줄 수 있으며 전체적인 숲을 보기보다 나무 하나하나에 신경을 쓰다 보니 일 처리가 늦고 깊은 인간관계를 맺는 데 어려움을 느낍니다.

복합형 아이(액셀↑ 브레이크↑): 뇌에서 사고가 나는 아이

해도 불만족, 안 해도 불만족스러운 아이

복합형 아이는 '달리고 싶은 욕구'와 '멈추고 싶은 욕구'를 함께 가지고 있어요. 그래서 어떤 일을 할 때 즐거움을 위해 새로운 자극으로 달려가고 싶은 욕구와 안전함을 느끼고 싶은 욕구가 부딪히게 되지요. 사실 이런 유형의 아이가 상담 센터에 가장 많이 방문합니다. 왜냐하면 부모님이 느끼기에 아이의 마음을 도무지 알 수 없고 도대체 왜 그러는지 파악이 잘 안되기 때문이지요.

한번 생각해볼까요? 예를 들어, 번지점프가 있어요. 액셀이 크고 브레이크가 작은 아이는 번지점프를 보고 뛰어내려 보고 싶다는 마음이 들면 망설이지 않고 올라가 뛰어내려 볼 거예요. 반면 액셀이 작고 브레이크가 큰 아이는 무섭다는 생각이 들면 절대 번지점프 하러 올라가지 않겠지요. 액셀과 브레이크가 모두 큰 아이는 처음에는 재미있을 것 같아 뛰어내려 보려고 했어요. 그런데 막상 번지점프대 위로 올라가니 안전하지 않을까 봐 확 두려워졌어요. 그럼 신나게 뛰어 올라갔지만 뛰어내리지는 못하고 결국 다시 내려오겠지요.

그 아이의 기분은 어떨까요? 못했다는 것에 짜증 나고, 나는 왜 못했을까 싶어 자괴감도 들 것 같아요. 그래서 복합형 기질을 가진 아이와 부모 사이에서는 다음과 같은 경험이 종종 발생합니다.

"엄마, 나 이거 할래요."
"그래, 한 번 해보자."
"근데 이거는 이래서 안 될 것 같고, 저래서 안 될 것 같으니 안 할래요."
"그래, 그럼 안 해도 돼."

우리가 보기에 이 대화에서 엄마는 크게 잘못한 게 없어 보입니다. 오히려 아이에게 맞추려고 하는 듯 보여요. 그런데 아이는 갑자기 엄마에게 화를 내고 짜증을 냅니다. 자기가 하기 싫다고 해놓고 화를 내고 짜증을 내는 아이를 보면 부모는 황당하지요.

하지만 부모는 이러한 아이의 마음을 이해할 필요가 있습니다. 지금 아이의 마음속에는 하고 싶은 마음과 하고 싶지 않은 마음이 서로 충돌이 일어나 사고가 났거든요. 그러니 "네가 하기 싫다고 해놓고 왜 그러니?" 하고 야단치거나 같이 감정싸움을 하기보다 사고가 원만하게 처리될 수 있도록 해주어야겠지요.

이러한 복합형 아이는 접근 동기와 회피 동기를 구분하여 균형을 맞추어주어야 합니다. 어떠한 행동을 하여 행복해지고 싶은데 2가지 상반된 욕구가 부딪혀 자꾸 한쪽으로 기울어지거든요. 재미를 추구하자니 안전 욕구의 축이 흔들리고, 안전을 추구하자니 재미의 욕구가 충족되지 않아 결국 이러지도 저러지도 못하고 좌절감과 우울한 기분을 느끼기 쉽습니다. 그러니 내가 지금 이것을 하기 싫은 것인지, 하고 싶은데 못하겠다는 것인지 생각해보고 전자라면 미련없이 포기하고, 후자라면 용기를 내어 부딪혀보아야 합니다. 그러기 위해 부모님이 동요하지 않고 단단하게 버티면서 아이가 제힘으로 이를 해낼 수 있도록 도와주셔야 합니다.

   복합형 아이는 새로운 정보가 들어오면 하고 싶다는 욕구가 활성화됨과 동시에 위험할 수 있다는 신호가 함께 들어와 억제되는 상반된 욕구를 가지고 태어났습니다. 사실 액셀형 아이와 브레이크형 아이의 욕구는 하고 싶거나 혹은 하기 싫거나로 뚜렷하기 때문에 부모가 이를 알아차리기가 쉽습니다. 하지만 복합형 아이는 2가지 상반된 욕구를 한꺼번에 충족시키고 싶으므로 자신도 자신의 욕구가 정확하게 무엇인지 파악하기가 어렵습니다. 이러지도 저러지도 못하고 마음에 갈등만 자주 일어나니까요. 그래서 복합형 아이에게는 지금 아이가 느끼고 있는 욕구를 분명하게 구분해 알려줄 필요가 있습니다.

   예를 들어보겠습니다. 블록 놀이를 하던 주혜가 갑자기 짜증을 냅니다. 주혜가 짜증이 난 이유는 블록으로 재미있게 놀고 싶기도 하지만 블록이 제 마음대로 쌓이지 않을 것 같은 마음을 동시에 느끼고 있기에 혼란스러운 것입니다. 복합형 아이는 브레이크와 함께 큰 액셀도 가지고 있기 때문에 불안한 마음이 들 때 폭발적으로 화를 내거나 돌발적인 행동으로 부모님의 화를 돋게 합니다. 마치 내리막을 내려오다가 갑자기 너무 속력이 붙는다고 생각되면 불안해서 핸들을 확 꺾어 가로수를 들이받는 것처럼 말이지요.

   이때 부모님은 아이의 반응에 집중하시면 안 됩니다. 아이의 복잡한 욕구를 받아주지 못하고 아이의 행동에 집중해 "화가 나도 블록을 던지면 안 되지! 누가 블록을 던지라고 했니!" 등의 말을 하게 되면 아이는 자신이 하고 싶은 것을 하지 못할 수도 있다는 불안한 마음의 불씨를 감정으로 옮겨 연소하려고 합니다. "엄마 때문에 다 망쳐버렸잖아!" 하며 자신이 하지 못하리라는 불안감을 상대방에게 떠넘기지요. 이럴 때 서로 말꼬리를 잡으며 싸우게 되면 아이가 내뿜는 감정의 화염에 부모 역시 함께 휩싸이게 됩니다.

이런 과정이 반복되면 부모는 '나는 왜 이렇게 육아가 힘들까' 생각되어 양육의 좌절감을 느끼게 됩니다. 실제로 복합형 아이는 예민하고 까다로운 성향이라고 하지요. 이런 기질의 아이를 키우는 많은 부모님이 점점 아이 키우기가 자신이 없어진다고 말씀하십니다. 무엇으로도 이 복합형 아이를 만족하게 할 수 없을 것 같거든요.

결국 복합형 아이의 폭발적인 반응이 너무 힘들어 부모는 되도록 아이를 건들지 말자는 식으로 대하게 되고, 아이는 문제 앞에서 언제나 화가 난 채 도와주는 사람 하나 없이 좌절감을 자주 느끼게 됩니다. 나중에는 상대적으로 설득이 쉬운 다른 형제·자매·남매에게 일방적으로 참으라고 해 집안에서 유아독존이 되는 것 같지만 복합형 아이는 여전히 욕구불만인 상태입니다. 달리고 싶은 욕구도, 멈추고 싶은 욕구도 충족이 되지 않은 상태이니까요.

그러니 주혜가 블록 놀이를 하다 짜증을 낸다면 이렇게 말해주세요. "주혜가 짜증 내는 마음을 알겠어. 블록을 잘 맞추고 싶었는데 잘되지 않아서 화가 난거지? 주혜가 이 블록을 잘 맞출 수 있게 엄마가 도와줄게"라고요. 아이의 감정에 휘둘리지 말고 안정감 있게 핵심만 말하며 아이의 문제를 해결하는 데 초점을 맞추어야 합니다. 복합형 아이는 지금 무언가 잘되지 않을까 봐 불안을 표현하는 것이지 이 행동을 하고 싶지 않은 게 아니니까요.

우산 장수와 신발 장수 아들을 둔 어머니의 이야기가 담긴 동화를 아실까요? 비가 오는 날은 신발 장수 아들이 걱정되어 우울하고, 햇볕이 화창한 날은 우산 장수 아들 걱정을 하는 이 어머님은 어떤 날도 만족스럽지 않습니다. 주혜 같은 복합형 아이는 안전하면 재미가 없어 불만스럽고, 재미가 있으면 안전하지 않을까 봐 불안한 아이라고 생각해주시면 좋겠습니다. 그러니 무게 중심을 잡아줄 수 있는 일관적이고 감정에 휘둘리지 않는 부모님의 양육이 무엇보다도 필요한 아이임을 기억해주시면 좋겠습니다.

복합형 아이에게 필요한 2가지 양육 전략

복합형 아이의 욕구는 'Go & Stop'입니다. 이 유형의 아이를 둔 부모님이 상담 센터에 오셔서 자주 하시는 말씀이 있어요. "선생님, 저도 평범하게 아이를 키우고 싶어요." 하지만 복합형 아이는 평범하지 않습니다. 달리고 싶은 동시에 멈추고도 싶어 해요. 2가지 기능을 잘 발휘할 수 있다면 액셀만 있는 자동차나 브레이크만 있는 자동차보다 훨씬 좋다고 볼 수 있어요. 하지만 상반된 이 2가지 기능을 제대로 조절할 능력은 아직 부족하기에 달려야 할 때 멈추고, 멈추어야 할 때 달리는 경우가 많아요.

그러니 복합형 아이를 둔 부모라면 아이가 이 욕구들을 잘 컨트롤 할 수 있도록 많은 시간과 정성을 들여 도와주셔야 합니다. 복합형의 아이가 받고 싶은 사랑은 안전한 영역 안에서 자유롭게 하고 싶은 것을 해 볼 수 있도록 해 주시는 것입니다. 불안을 느낄 때 이 아이의 숨은 동기인 하고 싶은데 잘 안될까 싶어서 화가 나는 그 마음을 찾아내서 깊이 수용해주셔야 합니다.

아이가 끝도 없이 불만족한 마음을 표현할지도 모릅니다. 하지만 이때도 아이의 감정과 욕구를 받아주시라는 것이지 아이의 행동을 받아주시라는 것이 아닙니다. 화가 나는 아이의 마음은 받아주시되 두 번째 전략인 아이가 당면한 문제를 최대한 빠르게 해결해주시는 편이 좋아요. 아이의 뇌에서는 'Go!'와 'Stop!'이 부딪혀 사고가 났는데 그걸 바라보고만 계시면 뒤따라오는 자극이 계속 부딪혀 삼중·사중 추돌이 날 수 있기에 빠르게 사고를 수습해주셔야 합니다.

아이의 감정이나 상태에 머무르지 마세요. 아이에게 당면한 문제를 어떻게 하면 해결할 수 있을지 보시고 아이가 불안해서 사고를 일으킨 현장을 스스로 해결할 수 있도록 도와주셔야 해요. 최대한 침착하고 안정감 있게 말이죠. 따뜻한 마음과 냉철한 가슴으로 문제 해결에 집중하셔야 합니다.

그리고 이러한 복합형 아이에게 무엇보다 중요한 점은 부모님이 정확한 한계 설정을 해준 후 그 안에서 마음껏 움직일 수 있음을 알려주고 함께 즐겁게 활동해보는 것입니다. 한계가 있다는 게 오히려 아이에게 안정감을 줄 수 있습니다. 얼마만큼 속도를 내도 되는지 모르는 상태에서 액셀을 한없이 밟게 되면 불안의 브레이크를 밟아야 할 때 그만큼 급하게 브레이크를 밟게 되기에 충돌 또한 더욱더 크게 일어날 수 있으니까요.

복합형 아이가 힘든 또 다른 이유는 이들의 문제 해결 방식을 알기가 어렵다는 점입니다. 어떤 때는 액셀을 밟을 수도 있고 또 어떤 때는 브레이크를 밟을 수도 있으니까요. 그래서 부모님이 평소 아이를 세심하게 살펴보고 아이의 욕구에 따라 무게 중심을 잡아 균형을 맞추어주는 게 필요합니다.

무엇보다도 중요한 점은 아이가 무언가 불만족스러워 짜증을 낼 때 다른 감정에 휘둘리지 말고 얼른 그 문제를 가볍게 해결해보는 경험을 많이 해보도록 안내하는 것입니다. 그래서 아이 역시 자기에게 불만족스러운 기분이 느껴질 때

'나는 이 불안을 내 힘으로 해결할 수 있어. 그렇게 해본 적 있잖아. 난 할 수 있어!' 하며 가벼운 마음이 들 수 있도록 해주셔야 합니다.

부모님 역시 아이의 이런 불만족스러운 상황들을 견디시는 게 힘드심을 압니다. 하지만 그런 기분을 느끼면서 계속 좌절하고 있는 아이도 이 상황을 얼마나 피하고 싶겠어요. 이러한 상황을 가장 해결하고 싶은 사람이 바로 아이임을 이해해주세요. 이 사고 현장에 아이 혼자 남겨두지 말고, 아이가 제힘으로 이 사고를 잘 수습할 수 있도록 도와주세요.

이처럼 자기 내면에서 발생하는 기질 사이의 충돌을 잘 해결하는 경험을 통해 자기 기질을 조절할 수 있게 되면 아이는 마음껏 쌩쌩 달릴 수도 있고 멈추어야 할 때 제대로 멈출 수도 있는 아주 좋은 자동차가 될 거예요. 액셀과 브레이크 모두 가지고 있기에 스스로 욕구만 조절할 수 있다면 다른 유형의 아이처럼 훈련을 통해 다른 기능을 장착할 필요도 없고요.

복합형 + 정서적 연료통이 큰 아이의 관계성, 훈육, 교육 방법

소미는 '복합형 + 큰 정서적 연료통'을 가진 아이예요. 안전에 관한 욕구도, 자극 추구에 관한 욕구도, 정서적 연료통을 가득 채우고자 하는 욕구도 큰 기질이지요. 이 유형의 아이는 어떻게 양육해야 하는지 살펴보겠습니다. 소미가 부모님에게 받고 싶은 사랑은 안전한 환경 안에서 타인과의 정서적인 교류와 호기심 충족, 즉 다른 사람들과 재미있는 경험을 나누고 즐길 수 있도록 도와주는 것입니다.

●**관계성**: 소미는 새로운 관계와 친숙한 관계 모두에서 적극적인 행동을 보이기에 자기감정을 잘 드러내고 사교적인 모습을 보입니다. 하지만 관계에서 두려움을 느끼게 되면 순간적으로 브레이크를 밟아 위축되고 상처를 쉽게 받아 마음

에 불만을 품고 회피하는 모습을 보입니다.

● **훈육** : 소미는 보상을 위한 접근 행동과 위험을 피하기 위한 회피 행동이 함께 나타나는 기질로 접근과 회피의 갈등을 빈번히 경험할 수 있습니다. 자극 추구를 통한 만족과 위험 회피를 통한 안전의 2가지 상반된 욕구를 함께 충족하기 어렵기에 종종 신경증적 행동이 나타날 수 있습니다.

따라서 부모님이 소미의 욕구를 제대로 파악하지 못하고 행동에 관해서만 훈육한다면 더욱 부정적인 결과를 가져올 수 있습니다. 그러니 소미의 2가지 상반된 욕구를 파악하고 적절한 도움을 제공하셔야 합니다. 소미가 현재 짜증 나거나 화가 난 이유에 대해 함께 탐색해보고 상반된 욕구를 충족하기 위한 해결 방법을 가르쳐주세요.

● **교육 방법** : 소미는 호기심이 많고 새로운 것을 추구하는 성향을 보이면서도 조심성이 많기에 쉽게 긴장할 수 있습니다. 따라서 안전에 관한 욕구를 충분히 채워준 후 본인이 하고 싶은 일을 중요도에 따라 나누어 스스로 할 수 있도록 도와주셔야 합니다. 특히 타인과 감정적으로 교류하는 일을 중요하게 생각하므로 애정이 담긴 칭찬과 격려를 통해 정적 행동을 강화한다면 자신이 가진 능력을 충분히 발휘할 수 있습니다. 이때 아이의 마음에 충분히 공감하며 부모님의 감정을 함께 전달하고 안전한 대안을 함께 안내하면 더욱더 효과적일 거예요.

복합형 + 정서적 연료통이 큰 아이의 목적지

이러한 소미의 기질이 잘 발휘되어 자란다면 새로운 일에는 액셀을 밟고 위험이 감지될 때는 브레이크를 적절하게 밟아 자신이 이룰 성과를 최대치로 달성할 수 있는 사람이 됩니다. 새로운 관계든 친밀한 관계든 모두 잘 형성하고 자신이 가진 액셀과 브레이크 기질을 장점으로 사용하여 안정적이면서도 아이디어가 반짝이는 신대륙을 개척하는 등 주변 사람들과 함께 즐겁게 달리게 됩니다.

반면 소미의 이러한 기질이 제대로 인정받지 못하고 자란다면 자신에 관한 확신이 없어 정말 달려야 하는 순간에 액셀이 아니라 브레이크를 밟거나 혹은 안전을 추구해야 하는 일에서 무모하게 액셀을 밟아 실패하는 경험이 쌓이게 됩니다. 그러다 보면 결국 자신에 관한 불안감이 높아져 주변 사람들에게 걱정이 많고 예민하다는 평가를 받게 됩니다. 자극과 위험, 사회적 보상에 관한 모든 욕구가 다 높은데 이를 충족하지 못해 불만족하고 쉽게 우울해지며 스트레스에 취약한 모습을 보입니다.

복합형 + 정서적 연료통이 작은 아이의 관계성, 훈육, 교육 방법

정수는 '복합형 + 작은 정서적 연료통'을 가진 아이입니다. 작은 정서적 연료통을 가지고 스스로 안전에 관한 욕구와 자극 추구에 관한 욕구를 동시에 충족할 수 있는 길을 찾아가고 싶어 하는 기질이지요. 이 유형의 아이는 어떻게 양육해야 하는지 함께 살펴보겠습니다. 정수가 부모님에게 받고 싶은 사랑은 다른 사람들과 적정 거리를 유지할 수 있는 독립적이고 안전한 환경 안에서 호기심을 충족하고 새로운 것을 탐색하며 재미있는 경험을 할 수 있도록 도와주는 것입니다.

● **관계성** : 정수는 함께 놀고 싶거나 상대방에게 내가 원하는 것이 있는 등 어떤 목적성이 있을 때는 관계를 잘 유지하다가 자신에게 더는 매력적인 요소가 없을 때는 관계에서 일탈하는 모습을 보일 수 있습니다. 따라서 자기중심적인 관계를 맺는다는 인상을 주기 쉬워요. 또한 누군가에게 섭섭하거나 야단맞는다

면 회피하는 모습을 보여 피상적인 인간관계를 맺을 수 있습니다.

● **훈육** : 정수는 자극을 추구하는 욕구와 안전에 관한 욕구를 함께 충족시키고자 하는 상반된 욕구 때문에 무언가를 선택하거나 몰입하는 데 갈등이 많습니다. 따라서 정수가 무엇을 불만족스러워하는지 정확한 이유도 모른 채 훈육한다면 억울한 감정이 들고 앙갚음하고 싶은 마음이 생깁니다.

정수에게는 어떤 상황에 관해 감정적 호소보다는 현실적이고 독립적으로 해결할 수 있도록 지지하면서 스스로 이 문제에 지나치게 과한 에너지를 쓰지 않고 쉽게 풀어볼 수 있도록 도와주시는 것이 좋습니다.

● **교육 방법** : 이 기질의 아이는 호기심이 많고 새로운 것을 추구하면서도 조심성이 많고 쉽게 긴장할 수 있습니다. 따라서 기본적인 안전 욕구를 충분하게 채워준 뒤 자신이 하고 싶은 일을 중요도에 따라 스스로 조절하며 해나갈 수 있도록 도와야 합니다. 혼자 있는 것에 만족하고 남과 적당히 거리를 유지하는 편을 더 편안해하기 때문에 독립적인 공간을 만들어주는 것도 필요합니다.

복합형 + 정서적 연료통이 작은 아이의 목적지

이러한 정수의 기질이 잘 발휘되어 자란다면 액셀과 브레이크를 밟아야 할 때를 구분하여 자신의 목표하는 바를 위해 잘 달려 나갈 수 있습니다. 타인의 평가에 크게 개의치 않기 때문에 자신이 옳다고 생각하는 것에 열정을 담아 끝까지 달려가게 됩니다. 충분히 안정성을 살피기에 목표하는 바가 있다면 거침없이 장애물을 돌파하며 자신이 원하는 바를 이룹니다.

하지만 이러한 기질을 제대로 인정받지 못하고 자란다면 어떤 일을 해야 할 때 액셀을 밟지도, 브레이크를 밟지도 못하고 우유부단한 모습을 보이는 경우가 있고 어떤 일을 성급하게 처리하다가 실수하는 일이 자주 일어납니다. 관계에서도 유연하게 처리하는 게 어려워 갈등을 겪는 경우가 자주 생깁니다. 타인을 배려하거나 공감하는 것이 서툴기 때문에 깊은 관계를 맺는 것이 어렵습니다.

오리배형 아이(액셀↓ 브레이크↓) : 가만히 두면 한없이 떠 있는 아이

세상 편해 보이는 아이

마지막 유형은 액셀과 브레이크가 모두 작은 아이로, 저는 이 유형의 기질을 가진 아이는 '오리배형'이라고 부릅니다. 무언가 하고 싶은 게 있어 쌩쌩 달리고 싶은 욕구가 강한 것도 아니고, 그렇다고 위험 상황에 의해 억제되지도 않지요. 그래서 액셀형, 브레이크형, 복합형 기질 유형을 가진 아이와 비교하면 좀 더 편안하고 자유로운 모습을 보입니다.

사실 다른 기질의 유형보다는 뚜렷하게 충동적이거나 위험에 지나치게 불안해하는 모습을 보이지 않기에 다른 기질의 아이를 양육하는 부모님의 입장에서는 자기보다 쉽게 아이를 키울 수 있겠다고 생각하실 수도 있지만 막상 이 유형의 아이를 키우는 부모님의 입장에서는 아이의 마음을 파악하기 어렵다고 느끼실지도 모르겠습니다. 상담센터에 오셔서 "아이가 항상 괜찮다고 하는데 진짜 괜찮은 건가요?"라고 물어보시는 분이 많거든요.

어려움에 부딪혀도 쉽게 동요하지 않는 침착한 기질의 유형이라 자신의 페이스대로 규칙적이고 안정적인 환경을 만들어가며 꾸준히 자신의 목표를 향해 나아갈 수 있지만 액셀 유형의 부모님이 보시기에는 아이가 답답하고 정적이며 재미없는 일상을 보내는 것처럼 보이기도 합니다. 물 위에 떠 있는 오리배처럼 물길 따라 정처 없이 평화롭게 흘러가기를 바라는 아이처럼 보이거든요.

오리배형 아이에게 필요한 2가지 양육 전략

다른 유형의 아이를 키우다가 둘째 혹은 셋째로 오리배형 아이를 키우게 되었을 때 '아이 키우는 게 이렇게 쉬울 수도 있는 거였어?'라고 느끼는 부모님도 많습니다. 실제로 새로운 일에 급발진하지도, 급브레이크를 밟을 일도 없기에 다른 유형의 아이와 비교하면 욕구 표현이 그렇게 과하거나 힘들게 느껴지지 않거든요. 그러니 이러한 오리배형 아이가 무언가 욕구를 표현한다면 아주 적극적으로 받아들여 주시는 편이 좋습니다.

이러한 유형의 아이는 목표를 뚜렷하게 가지지 않으면 발전이 없을 수도 있기에 관심의 범위를 조금씩 넓힐 수 있도록 해주시는 게 좋습니다. 다만 부모님의 뜻대로 빠르게 페달을 밟아 끌고 가게 되면 자기 힘으로 인생의 목표를 만들어 가는 자율성과 목적의식이 없이 그저 따라만 갈 수 있으니 자기만의 목표로 물길을 만들어 스스로 오리배를 굴릴 수 있도록 도와주셔야 합니다.

오리배형 + 정서적 연료통이 큰 아이의 관계성, 훈육, 교육 방법

미주는 '오리배형 + 큰 정서적 연료통'을 가진 아이입니다. 큰 정서적 연료통에 자신이 원하는 관심과 사랑을 가득 채운다면 평온하고 잔잔한 물살의 흐름대로 흘러가고 싶어 하는 기질이지요. 이 유형의 아이는 어떻게 양육해야 하는지 살펴보겠습니다. 미주는 달리고 싶어 하거나 멈추고 싶어 하는 욕구가 없기에 늘 신중하고 평온해 보입니다.

하지만 관계 안에서 수치나 창피를 당한다면 잔잔한 호수에 돌을 던진 것처럼 마음에 파장이 커서 크게 상처받습니다. 미주가 부모님에게 받고 싶은 사랑은 규칙적이고 익숙한 환경 안에서 다른 사람들과 정서적인 교류를 나누며 따뜻한 관계를 맺을 수 있도록 도와주는 것입니다.

● **관계성** : 미주는 익숙한 관계에서 편안함을 느끼고 잔잔하고 깊은 관계를 맺는 것에 관심이 많습니다. 나에게 뚜렷한 이익이 없을 때도 다른 사람에게 친절을 베풀고 그들에게 기여하는 것을 즐겁게 여깁니다.

● **훈육** : 미주는 마음에 큰 요동이 없고 안정적이기 때문에 외부 압력이 없어도 부모님의 지시에 비교적 저항 없이 잘 따르는 모습을 보입니다. 때문에 아이의 마음에 충분히 공감하고 부모님의 감정을 함께 전달하며 안전한 대안을 안내하면 옳고 그름을 잘 판단하여 적응하는 모습을 보입니다.

● **교육 방법** : 새로운 것보다 익숙한 것을 편안해하기에 단조로운 일상에서도 뛰어난 집중력을 발휘할 수 있습니다. 특히 타인과의 감정적인 교류를 매우 중요하게 생각하므로 애정이 담긴 칭찬과 격려를 통해 좋은 정적 행동을 강화할 수 있도록 유도한다면, 자신이 가진 능력을 충분히 발휘하는 사람으로 성장합니다.

오리배형 + 정서적 연료통이 큰 아이의 목적지

이러한 미주의 기질이 잘 발휘되어 자란다면 주변을 안정적이고 평온한 분위기로 만들며 자신의 속도대로 일을 해나가면서 만족감을 얻게 됩니다. 허둥대거나 자신의 선택을 번복하는 일 없이 침착하게 일을 처리하기 때문에 함께 일하는 사람들에게 신뢰 있는 사람이라고 평가받게 됩니다.

만일 이러한 미주의 기질이 제대로 인정받지 못하고 자란다면 다른 사람들에게 다소 자만적인 태도를 보일 수 있습니다. 위험한 상황에 미리 대비하지 않고 너무 느긋하게 있다가 실수를 할 수 있습니다. 다른 사람에게 거절당하는 상황에 놓이게 되면 쉽게 상처받고 자신감을 잃게 됩니다.

오리배형 + 정서적 연료통이 작은 아이의 관계성, 훈육, 교육 방법

찬혁이는 '오리배형 +작은 정서적 연료통'을 가진 아이입니다. 작은 정서적 연료통에 최소한의 정서적 관심을 채우고 자기가 원하는 방향으로 나만의 속도로 가고 싶어 하는 기질이에요. 이런 유형의 아이는 어떻게 양육해야 하는지 살펴보겠습니다.

이런 유형의 아이는 어떤 상황에도 큰 동요 없이 물 위에 조용히 떠 있는 깃을 좋아합니다. 다른 사람의 설득이나 회유에도 자신의 흥미와 상관없으면 관심을 두지 않고 자신의 관심사에만 집중하는 모습을 보입니다. 평소 욕구를 크게 드러내지 않기 때문에 다른 사람은 이 아이가 무엇을 생각하고 있는지 알아차리기가 어렵습니다. 특히 감정 표현을 잘 하지 않기 때문에 주변에서 이 아이가 겪고 있는 문제나 어려움을 인식하기가 어렵습니다.

타인과 함께 있을 때 자신의 의견을 드러내는 일이 없고 자기 생각과 크게 다르지 않다면 동조한다거나 거부하지도 않아 다른 사람들에게 존재감이 드러나지 않습니다. 특히 부모가 무언가 의견을 물어보았을 때도 본인의 생각이나 감정 등을 잘 표현하지 않아 부모로서 답답하다고 느낄 수도 있습니다. 이런 기질의 아이는 누군가가 갑자기 다가오거나 친밀한 관계를 요구하면 부담감을 느끼기에 서서히 관계를 만들어가는 편이 좋습니다.

찬혁이가 부모님에게 받고 싶은 사랑은 다른 사람들과 적정한 거리를 유지할 수 있는 독립적이고 익숙한 환경 안에서 관심이나 흥미 있는 일에 몰입할 수 있도록 도와주는 것입니다.

● **관계성** : 평소 잘 알고 지내는 익숙한 사람이든 새롭게 만나는 사람이든 관계에 관해 크게 흥미를 두지 않고 오히려 개인적인 생활을 더 편안해합니다. 누군가가 부정적인 평가를 하거나 비난을 들었을 때도 크게 개의치 않으며 비교적 관계에서 자유로운 모습을 보입니다.

● **훈육** : 찬혁이는 무언가 보상이 있는 상황에서도 쉽게 마음이 끌리지 않고 처벌이 있는 상황에서도 감정적인 영향을 받지 않습니다. 그래서 부모의 훈육에도 침착하고 낙관적인 모습을 보일 수 있습니다.

이러한 아이의 기질을 이해하지 못하고 오히려 반성하지 않는다고 오해해 계속 훈육하면 더욱더 부정적인 결과를 가져올 수 있습니다. 그러니 찬혁이의 감정 수준에 따라 침착하게 합리적으로 설명하고 인과 관계를 이해할 수 있도록 노력하셔야 합니다. 이때 부모님의 감성적 호소보다는 현실적이고 독립적인 대안을 안내하면 더욱더 효과적으로 훈육할 수 있습니다.

● **교육 방법** : 새로운 것보다 익숙한 것을 더 선호하기 때문에 질서 있고 편안한 환경을 조성해주어 찬혁이가 흥미를 보이는 활동에 몰입할 수 있도록 도와주셔야 합니다. 또한 혼자 있는 것에 만족하고 남과 거리를 유지하는 것을 더 편안해하기 때문에 독립적인 공간을 만들어주는 것도 필요합니다.

오리배형 + 정서적 연료통이 작은 아이의 목적지

이러한 찬혁이의 기질이 잘 발휘되어 자란다면 자신이 원하는 바를 스스로 결정하고 깊게 연구하며 자신만의 문제 해결 방법을 독창적으로 만들어 냅니다. 자신이 흥미 있는 일에서는 좀처럼 지루해하지 않기에 목적하는 바를 이룰 때까지 몰입하여 일을 성취해낼 수 있습니다.

만일 이러한 찬혁이의 기질이 제대로 인정받지 못하고 자란다면 타인과의 관계에서 이탈된 무관심을 보이며 흥미 있는 분야가 많지 않기에 단조로운 일상을 보냅니다. 자신의 감정을 잘 드러내지 않기에 딱딱하고 경직되어 보이며 다른 사람과 관계를 맺는 데 어려움을 보입니다.

어떤 유형의 아이이든, 그 자체만으로도 귀한 존재

지금까지 우리는 자극 추구와 위험 회피, 사회적 민감성 기질의 조합으로 인한 아이의 행동 양상과 이에 따른 양육 방법을 살펴보았습니다. 여기에 내 아이는 해당하지 않는다고 생각하는 부모님도 계실 듯합니다. 지금까지 제가 설명한 아이 유형들은 자극 추구, 위험 회피, 사회적 민감성 기질의 욕구가 아주 뚜렷한 경우를 예시로 들었기에 내 아이가 중간 범위의 욕구를 가진 기질적인 특성을 가졌다면 욕구의 수준을 스스로 조절할 수 있는 정도라고 이해하시면 될 듯합니다. 위의 유형들은 액셀과 브레이크, 정서적 연료통의 크기가 극단적으로 크거나 작아 욕구를 조절해주는 양육이 필요한 부분을 중심으로 설명해드린 것입니다.

만약 부모님이 내 아이가 어떤 씨앗을 품고 있는지 몰라 2가지 조건, 부모님에게 받아야 하는 사랑과 아이에게 있는 취약한 문제에 관한 도움을 제대로 주지 못하고 키운다면 어떻게 될까요? 어떤 아이는 부모님께 자신의 욕구는 잘 받아들여지지만 문제 해결은 도와주지 않아 적응상의 문제를 가지게 됩니다. 또 어떤 아이는 적절한 양육과 훈육으로 문제 해결은 잘할 수 있는데 욕구가 충족되지 않아 매사 불만족스러운 정서를 가지게 되겠지요.

혹시 내 아이가 어떤 아이인지 몰라 그에 맞는 양육 방법을 모르셨다면 양육의 바다에서 표류할 수밖에 없으셨을 거예요. 열심히 키우는데도 자꾸 엇나가는 아이와의 관계에서 좌절감을 느끼고 아이가 자기에게 맞는 열매를 맺지 못하는 모습을 보며 마음의 죄책감과 회의감도 드셨을 듯합니다.

아이를 키울 때 우리가 잊지 말아야 할 점이 있습니다. 아이는 부모를 너무나도 사랑한다는 것입니다. 아이에게 부모는 세상에서 가장 큰 존재이자 한없는 사랑을 갈구해야 하는 대상이기 때문이지요. 부모님의 이 한마디면 아이는 다시 살아난답니다.

"너는 존재 자체만으로도 귀한 아이란다.
너의 있는 모습 그대로를 사랑해."

저는 삼 남매에게 매일 매일 이렇게 이야기합니다. "엄마 아이들로 태어나주어서 고마워!"라고요. 존재 자체만으로 감사한 마음을 가지고 있는 그대로의 아이 모습을 받아들여 준다면 아이는 자신이 가진 씨앗을 꾸준히 잘 키워내 언젠가는 가장 빛나는 열매를 맺을 거예요.

부모의 노력으로 만들어낸 열매는 보기에는 좋을지 몰라도 자기가 맺고 싶은 모습대로 맺은 열매가 아니기에 진정으로 행복하지는 않을 거예요. 아이의 타고난 기질을 받아들이고 자기 스스로 그 기질을 조절할 수 있게 도와주는 것이 양육의 핵심 전략임을 잊지 말아 주시길 바랍니다.

지금까지 우리는 1코스에서 현재 나의 양육 상태를 점검했고, 2코스에서는 내 아이에게 딱 맞는 양육 전략을 배웠습니다. 3코스에서는 내 아이는 어떤 아이인지 배우며 아이에게 맞는 양육 전략을 적용해보는 방법을 배웠습니다. 기질은 여러 가지 세부적인 욕구의 조합으로 아이마다 독특한 행동 양상을 만들어내며, 부모와 자식의 기질의 역동에 따라 가족 안에서 모두 다른 양육의 모습을 만들어냅니다.

따라서 이 책 『우리 아이 기질 맞춤 양육 매뉴얼』에서 소개한 것보다 더욱더 구체적으로 내 아이는 어떤 아이인지 알고 싶으시다면 가까운 상담센터를 방문해 기질 검사를 해보시는 것도 추천합니다. 이제 다음 4코스에서는 나는 어떤 부모인지 알아보겠습니다.

아이 유형별 요약 정리

	액셀형 기질	브레이크형 기질	복합형 기질	오리배형 기질
기질 유형	자극 추구↑ 위험 회피↓	자극 추구↓ 위험 회피↑	자극 추구↑ 위험 회피↑	자극 추구↓ 위험 회피↓
정보 속도	정보들이 무질서하고 규칙성 없이 빠른 속도로 들어온다.	정보들이 질서정연하고 규칙적으로 느린 속도로 들어온다.	정보들이 무질서하고 규칙성 없이 빠른 속도로 들어온다.	정보들이 질서정연하고 규칙적으로 느린 속도로 들어온다.
새로운 상황을 접할 때 모습	보상에 의해 활동이 활성화되지만 처벌에 의해 억제되지 않는다.	보상을 얻기 위한 접근 행동이 활성화되지 않고 처벌 가능성에 의해 억제된다.	보상을 위한 접근 행동과 위험을 피하기 위한 회피 행동이 함께 나타남으로써 접근 - 회피 갈등을 빈번히 경험한다.	보상에 의해 활성화되지 않으면서 처벌에 의해 억제되지도 않는다.
새로운 상황을 접할 때 모습	충동적이고 외향적이며 분노를 직접적으로 표현하는 공격적인 특성을 보인다. 흥분과 위험을 동시에 추구할 수 있는 활동에 참여하는 것을 즐긴다.	내향적이고 안전지향적이며 사회적 관습에 동조하고 분노를 바깥으로 직접 표현하지 않는 특성을 보인다.	즐거움과 보상을 얻기 위해 새로운 자극에 다가가려 하고, 다른 한편에서는 안전함을 느끼기 위해 새로운 자극을 피하려고 하는 상반된 욕구를 느끼기 때문에 그 사이에서 행복한 균형을 찾는 데 어려움을 느낄 수 있고 만성적으로 좌절감과 우울한 기분을 느끼기 쉽다.	보상이나 처벌에 의한 영향을 크게 받지 않기 때문에 새로운 상황에서 쉽게 흥분하거나 위축되지 않는 경향을 보인다. 불안이나 우울, 분노 등의 부정적인 감정으로부터 비교적 자유롭다.

	액셀형 기질	브레이크형 기질	복합형 기질	오리배형 기질
액셀과 브레이크 영향력	액셀↑ 브레이크↓	액셀↓ 브레이크↑	액셀↑ 브레이크↑	액셀↓ 브레이크↓
액셀과 브레이크 기능	액셀이 밟히되 브레이크 역할이 작기 때문에 달리던 힘으로 계속 달린다.	액셀보다 브레이크가 더 큰 영향이 있기 때문에 더는 달리지 않고 멈춘다.	빠르게 달리다가 급 브레이크를 밟기 때문에 두 가지 욕구에서 충돌이 일어난다.	달리고 싶어 하는 욕구와 멈추고 싶어 하는 욕구가 모두 낮기 때문에 욕구의 충돌이 적다.
받고 싶은 사랑	자극에 대해 활성화되는 욕구를 수용	자극에 대해 억제되는 욕구를 수용	자극에 대해 충돌되는 욕구를 수용	자극에 대해 비교적 태평한 듯한 모습을 수용
양육에서 도와 주어야 할 부분	자극에 대해 활성화 되는 속도와 욕구를 조절할 수 있는 방법을 연습하고, 지연시킬 수 있는 훈련	자극에 대해 위축되는 것에 대해 성취의 경험을 통해 문제를 해결하는 방법을 연습	자극에 대해 활성화되는 속도와 욕구를 조절하고 순간적으로 그 욕구가 위축될 때 좌절을 받아들이고 그 문제를 끝까지 해결하는 경험	새로운 자극에 대한 도전과 목표를 주어서 경험을 해보고 자발적인 동기를 가지도록 격려

PART 2

양육 로드맵 따라가기

4코스

나는 어떤 양육 태도를
가지고 있는 부모인지
제대로 알기

〈6코스〉 우리 가족만의 새로운 양육 모델 알기

〈5코스〉 우리는 어떤 부부인지 제대로 알기

〈4코스〉 나는 어떤 부모인지 제대로 알기

〈3코스〉 내 아이 제대로 알기

〈2코스〉 양육 전략 짜기

〈1코스〉 현재 양육 상태 점검하기

당신은 아이에게 어떤 부모인가요?

앞서 우리는 〈3코스, 내 아이 제대로 알기〉에서 내 아이는 어떤 아이인지 알아보았습니다. 이제 이번 4코스에서는 나는 어떤 부모인지 알아볼 차례입니다. 혹시 지금까지 내가 어떤 모습으로 아이를 키우고 있는지 생각해볼 여력이 없었던 부모님이라면 이 4코스를 통해 나의 양육 및 훈육 태도, 감정 수용의 모습 등을 살펴보며 과연 나는 어떤 부모인지 생각해볼 계기가 되면 좋겠습니다. 그래야 내 아이에게 딱 맞는 부모가 될 수 있을 테니까요.

내 양육의 모습은?

다음 중 나의 부모님이 내게 했던 양육의 모습에 해당하는 곳에 체크해보세요.

다정한, 칭찬하는, 설명을 잘해주는, 잘 들어주는, 허용적인, 존중하는, 믿어주는, 사랑을 표현하는, 말이 통하는, 편안한, 기댈 수 있는, 유머러스한, 헌신하는, 낙천적인, 공감하는, 존경스러운, 재미있는, 책임감이 강한, 자유로운, 수용적인, 친구 같은, 따뜻한, 믿을 수 있는, 함께해주는, 지원해주는, 미소가 지어지는, 스킨십이 많은, 격려하는, 경제적으로 안정적인, 닮고 싶은, 고민을 들어주는, 강한 의지가 되는, 안정감을 주는

의존적인, 과보호하는, 제한적인, 무관심한, 방임하는, 태만한, 권위적인, 요구를 반복하는, 거부적인, 비교하는, 나약한, 믿을 수 없는, 무뚝뚝한, 가까이 하기에 어려운, 냉담한, 비난하는, 속을 알 수 없는, 체벌하는, 짜증내는, 말이 안 통하는, 무서운, 화를 내는, 냉정한, 우울한, 간섭하는, 미워하는, 원망하는, 관심 없는, 바쁜, 감독하는, 과도하게 기대하는, 어른스럽지 못한, 책임감이 없는, 긴장하게 하는, 잔소리 하는, 소리를 지르는, 이기적인, 포기하는, 강요하는, 허약한, 감정 기복이 심한, 짐이 되는, 불안한, 어려운, 방관하는, 부재한, 남에게만 잘하는, 답답한, 힘이 없는

위에서 체크한 내가 받은 양육의 모습 중 현재 나의 양육 모습과 비슷한 것을 써 보세요. 해당하는 단어가 없다면 자유롭게 써 주세요.

부모님의 영향을 받은 것 중 긍정적인 것은?	
부모님의 영향을 받은 것 중 부정적인 것은?	
부모님의 영향을 받지 않은 것 중 나의 양육에서 보이는 모습은?	

우리는 〈1코스, 현재 양육 상태 점검하기〉에서 우리의 양육 태도 형성 과정을 살펴보았습니다. 나의 양육 태도는 내 부모님에게 받았던 양육의 모습이거나 주변 사람에게 영향을 받았을 확률이 아주 높지요. 내가 전혀 경험하지 못한 것이 내 행동에서 갑자기 생겨 튀어나오지는 않으니까요.

만일 내 부모님에게 받은 상처와 결핍이 많다면 치유 없이 노력만으로 내 양육 태도를 아이에게 맞추기란 쉽지 않습니다. 다른 일과 달리 내 아이와는 감정으로 연결되어 있기에 참다 참다 힘들면 폭발할 수밖에 없으니까요.

내 부모님에게 영향받은 것 중 긍정적인 항목에 쓴 내용은 내가 부모님에게 직접 받았기에 노력하지 않아도 자연스럽게 내 아이에게 해줄 수 있는 것들입니다. 반면 내 부모님에게 받은 것 중 부정적인 항목에 쓴 내용은 내 아이에게만은 물려주고 싶지 않아 노력해보지만 어느새 나의 몸에 배어 나도 모르게 내 아이에게 나오는 양육 태도이기도 합니다. 부모님의 양육에서 영향을 받지 않았지만 현재 내 아이에게 하는 양육 태도는 내가 받고 싶었던 양육의 모습이거나 좋은 부모의 태도라고 생각했기에 노력으로 만들어낸 모습이겠지요.

내 훈육의 모습은?

나의 훈육 태도를 점검해볼까요? 평소 나는 아이에게 어떤 모습으로 대하고 있는지 체크해보시기 바랍니다.

자주 보이는 모습 O , 가끔 보이는 모습 △ 전혀 보이지 않는 모습 X

훈육의 모습	본인 모습 체크	훈육 방법이 아이에게 미칠 수 있는 영향
큰 소리로 말하거나 소리를 지른다.		처음에는 겁을 먹지만 반복되면 점점 부모의 말을 무시한다.
"내 말 들어!" 하며 강압적으로 말한다.		적개감이 생긴다.
무관심해버린다.		무언가를 주지 않을까 봐 전전긍긍한다.
잔소리를 한다.		부모님과 힘겨루기 해 이기고 싶어한다.
다른 사람들과 비교한다.		부모님께 소속감을 느끼지 못한다.
저기에 가 있으라고 하면서 거리를 둔다.		저항하는 마음 또는 무기력한 마음이 생긴다.
자격이 없다며 권리를 박탈한다.		보복심이 생긴다.
손바닥 등으로 가볍게 때린다.		사람을 때려도 괜찮다는 것을 배운다.
잦은 체벌을 한다.		다른 사람들과 싸움을 하거나 상황을 회피하려고 한다.
"내가 몇 번을 얘기했니!" 하고 비난한다.		부모의 허락에 의존하게 된다.
다음에 잘하라고 하며 넘어간다.		문제가 생겼을 때 스스로 풀 힘이 없다.
"넌 방법이 없구나" 하면서 포기한다.		다른 곳에서 사랑을 갈구하게 된다.
자신이 원하는 것을 못하게 할 것이라고 협박한다.		무기력해진다.

평소 자신이 아이에게 자주 했던 훈육 태도에 체크해보니 어떤가요? 위에서 체크한 항목은 모두 올바른 훈육 방법이 아닙니다. 이 책 『우리 아이 기질 맞춤 양육 매뉴얼』의 마지막 〈6코스, 우리 가족만의 새로운 양육 모델 알기〉에서 올바른 훈육 방법을 배우실 테지만 일단 위의 항목 중 내 모습에 해당하는 내용이 있다면 이러한 내 모습이 아이에게 어떤 영향을 미칠 수 있는지 생각하며 자신의 양육 태도를 점검해보시길 바랍니다.

내 감정 수용의 모습은?

나는 아이의 감정을 어떤 모습으로 수용하는 부모인가요? 아이 역시 여러 가지 감정을 느낍니다. 하지만 자신이 느끼는 감정이 좋은지 좋지 않은지는 구별이 어렵지요. 그렇기에 부모님의 반응에 따라 '이것은 수용 받을 수 있는 감정이고, 그렇지 못한 것은 나쁜 감정이구나'라고 생각할 수 있습니다.

이렇듯 부모님이 아이가 어릴 때부터 아이의 욕구를 잘 받아주는 것도 중요하지만 그에 못지않게 아이가 감정을 표현했을 때 이에 관해 어떻게 받아주고 그 감정을 조절하는 방법을 어떻게 알려주느냐도 자기감정을 스스로 다룰 수 있는 성숙한 어른으로 성장하는 데 큰 영향을 미치기에 부모라면 이에 관해 점검해볼 필요가 있습니다.

미국의 심리학자 존 가트맨John Gottman은 부모가 아이의 감정적인 상황에 어떤 식으로 반응하는지 관찰하며 아이의 감정적 상황에 반응하는 4가지 부모 유형을 나누었습니다. 다음의 유형을 보며 나는 부모로서 어떤 감정 수용의 모습을 가지고 있는지 점검해보시기를 바랍니다.

감정 축소형

도윤이 어머님은 도윤이가 부정적인 감정을 느끼는 것이 좋지 않다고 생각합니다. 그래서 화를 내거나 슬픈 상황에서 도윤이가 상처받지 않고 넘어갈 수 있도록 다른 쪽으로 화제를 돌려 도윤이가 그러한 상황에 관해 생각할 틈이 없게 하지요. 도윤이 어머님처럼 감정 축소형 부모는 그럴 때 아이에게 다음과 같은 말을 자주 합니다.

"별일 아니야. 괜찮아 괜찮아."
"뭐 그런 일로 울고 그래."
"괜찮아. 울음 뚝 그치면 치킨 사줄게. 맛있는 거 먹고 얼른 털어버리자."
"너는 씩씩한 아이지? 이건 울 일도 아니야."
"웃어, 웃어, 얼른 웃자. 웃으니까 얼마나 예뻐."

아이가 느끼는 부정적인 감정이 빨리 사라지기를 바라는 마음에 위와 같이 말씀하시는 건 알지만, 이는 결국 아이의 감정을 무시하는 행동입니다. 아이는 어른으로 성장하면서 희로애락喜怒哀樂을 모두 느껴보아야 합니다. 창피한 감정, 슬픈 감정, 무서운 감정 등을 느낀다고 큰일이 나지는 않습니다.

오히려 다양한 감정을 경험하며 그러한 감정들을 직면하고, 그 안에서 자신이 이를 어떻게 느낄 것인지, 이 감정들을 어떤 방식으로 다룰 것인지 배워야 하는데 아이가 부정적인 감정들에 머무를 시간을 주지 않고 부모에 의해 억지로 넘겨버리게 되면 부정적인 감정을 느꼈을 때 아이는 그 감정은 옳지 않고 부적절하다고 여기게 됩니다. '방금 나는 무언가 불쾌한 느낌을 받았는데 엄마는 괜찮다고 하네. 내가 느낀 감정은 잘못된 걸까…?' 하고요.

그렇게 되면 부정적인 감정과 만났을 때 감정 조절이 어렵고 어떻게 해야 할지 몰라 그저 계속 감정을 누르게 되지요. 부모가 나에게 했던 말인 "별일 아니야"를 말하며 자신을 다독이면서요. 하지만 별일 아닌 게 아님을 아이는 알고 있습니다. 이처럼 부정적인 감정에 머무르지 않았으면 하는 부모의 바람이 아이에게는 부정적인 감정에 휩싸일 때마다 오히려 감정 조절이 어려운 결과를 가져오게 합니다.

감정 억압형

주원이 아버님은 주원이가 너무 나약하다고 생각합니다. '강하게 컸으면' 하고 바라기에 주원이가 부정적인 행동을 하면 호되게 혼을 내 다시는 그런 행동을 하지 못하게 하는 편이 좋다고 생각합니다. 그래서 주원이가 조금이라도 칭얼거리거나 짜증을 내면 꾸짖거나 벌을 주는 등 다음과 같은 말을 하며 무섭게 훈계합니다.

"뚝 안 그쳐? 자꾸 울면 경찰 아저씨한테 잡아가라고 할 거야."
"레고 당장 안 치우면 다시는 사달라는 말 하지도 마."
"시끄러워! 그까짓 걸 가지고 그렇게 난리야? 한 번만 더 동생이랑 장난감 가지고 싸우면 장난감 다 갖다 버려 버릴 거야."

주원이 아버님은 자기 행동이 효과적이라고 생각합니다. 엄마에게는 칭얼거리는 아이가 아빠에게는 부정적인 감정을 전혀 표현하지 않거든요. 주원이 아버님은 주원이의 어리광을 받아주는 배우자에게도 불만이 많습니다. 주원이 어머님은 주원이가 너무 위축된 것 같아 칭얼거리더라도 좀 받아주고 싶지만 배우자와의 불화가 싫어서 중간에서 어쩔 줄 모르겠습니다.

이처럼 '감정 억압형' 부모는 위의 '감정 축소형' 부모처럼 아이가 부정적인 감정을 표현하지 못하게 하는 건 비슷하지만 훨씬 더 부정적이고 강압적인 반응을 하는 부모 유형입니다. 이런 부모님은 부정적인 감정은 쓸데없는 낭비라고 생각하기에 억제하거나 자제해야 한다고 믿습니다. 그래서 아이의 감정 역시 비난하거나 꾸짖어 느끼지 못하게 하려고 합니다.

물론 이런 부모 밑에서 자라는 아이 역시 '감정 축소형' 부모 밑에서 자라는 아이와 마찬가지로 슬프거나 화가 나는 등 부정적인 감정이 들 때마다 감정이 새어 나오지 않도록 억누르려고 합니다. 그렇게 자신의 감정을 누른 채 참고 참다 어른이 되어 자기 가정을 이루면 배우자나 아이에게 감정을 폭발시키는 모습을 보이게 됩니다. 부정적인 감정은 억압한다고 사라지지 않습니다. 더 큰 에너지로 뭉쳐 있다가 감정을 쏟을 수 있는 대상을 만나면 봇물 터지듯 터지는 것이지요.

감정 허용형

하린이 어머님은 감정은 무조건 다 분출해야 좋은 것이라고 생각합니다. 그래서 하린이의 좋은 감정은 물론 좋지 않은 감정도 모두 받아주며 표현할 때마다 잘했다고 격려합니다. 그 결과 하린이는 기분이 좋지 않으면 한도 끝도 없이 자기의 화를 다 표현합니다. 엄마가 다 받아주니까요.

하지만 하린이는 그렇게 한다고 해서 마음이 시원하지는 않습니다. 오히려 화를 내고 내다 결국은 엄마 아빠를 때리고 온 가족의 진을 다 빼놓아야 화가 좀 풀리는 것 같습니다. 그런데도 하린이 어머님은 하린이에게 다음과 같이 말하며 여전히 잘했다고 칭찬합니다.

"그랬어? 슬프면 실컷 울어야지."

"그래서 아빠를 주먹으로 때린 거야? 그래서 화가 좀 풀렸어? 그래그래 잘했어."

이처럼 '감정 허용형' 부모는 아이가 감정을 분출하는 것을 한계 없이 수용해주려고 합니다. 물론 감정을 받아주는 것도 좋지만 감정에 관한 올바른 지도 없이 무제한으로 허용만 할 뿐 대안을 찾아주거나 문제 해결 능력을 키워주지 않으면 이 또한 아이가 감정을 조절하는 방법을 배우지 못하기에 미성숙한 방법으로 타인과 관계를 형성할 수밖에 없습니다. 그렇게 되면 또래 관계에서 자신의 감정이 받아들여지지 못할 때 좌절감을 느끼고 내 감정이 무엇보다 중요하기에 상호 간의 깊은 관계를 맺는 데 어려움을 겪을 수 있습니다.

감정 코칭형

수호 어머님은 수호가 화가 난 감정에는 충분히 공감하지만 행동에는 제한을 거는 '감정 코칭형' 부모입니다. 아이의 감정에 같이 휘둘리지 않고 단단하고 침착한 태도로 아이의 감정에 테두리를 쳐줍니다. 그리고 좀 더 나은 방식으로 부정적인 감정을 표현할 수 있도록 안내하고 아이가 자기 문제를 해결할 수 있도록 도와주는 데 초점을 두며 다음과 같이 말해줍니다.

"우리 수호가 그래서 화가 났었구나. 속상한 마음은 엄마가 충분히 알겠어. 하지만 블록을 던지는 건 안 돼. 다칠 수 있잖아. 또 블록이 망가지면 더는 가지고 놀 수도 없겠지. 어떻게 하면 블록이 잘 맞춰질 수 있을지 엄마랑 다시 한번 해볼까?"

이렇게 부모에게 자기감정이 받아들여진 수호는 어릴 때는 부정적인 감정을 긍정적으로 전환하는 게 어려웠지만 점점 화가 난 감정에 휩싸여 있는 것보다 자기가 왜 화가 났는지 인식하고 그 문제를 해결하는 편이 자신에게 훨씬 좋음을 알게 됩니다. 이렇게 어른이 되면 자신의 감정을 잘 느껴보며 그 감정을 다룰 수 있게 되고 자신의 현재 상태에 균형이 깨져 과도하게 부정적인 감정이 올라오는 건 아닌지 스스로 점검할 수 있게 됩니다. 또한 자신이 왜 화가 났는지 생각해보고 그 감정에서 빠져나와 문제를 해결할 수 있게 됩니다. 자기감정을 객관적으로 볼 수 있게 되는 것이지요.

이러한 '감정 코칭형' 부모는 아이의 모든 감정을 있는 그대로 공감해줍니다. 이 감정은 좋지 않고 저 감정은 좋다고 가르치지 않습니다. 그저 아이가 표현하는 감정에 "너는 그렇게 느끼는구나" "그렇게까지 화가 났던 거구나" 하며 있는 그대로 공감합니다. 특히 슬픔, 분노, 두려움, 미움 등의 감정을 부정적이라고 여기지 않고 있는 그대로 수용합니다. 아이가 감정을 표현할 때는 시간을 내어 그 감정을 잘 들어줍니다. 그렇게 아이가 감정을 표현하는 걸 가만히 들어주다 보면 아이 스스로 자신의 감정과 행동에 관해 비로소 객관적으로 생각할 수 있게 됩니다.

우리의 목표는 지금 당장 아이가 울음을 그치게 해 아이의 슬픔을 건너뛰게 만드는 것이 아닙니다. 화가 나고 슬픈 일을 겪더라도 아이가 제힘으로 그 감정을 잘 처리하고 당면한 문제를 잘 해결할 수 있도록 안내하는 것입니다. 그래서 부모님이 없을 때도 인생의 여러 가지 감정을 풍요롭게 느낄 수 있고 그 가운데서 문제를 해결하며 성취감도 느끼는 등 고통 속에서도 삶의 의미를 찾을 수 있는 사람으로 성장할 수 있게 양육하는 것이 목표입니다. 그렇기에 우리는 부모로서 아이의 감정을 잘 받아주고 문제 해결 방법을 안내하는 등 대안을 함께 찾아가면서 문제 해결 능력을 갖추도록 아이를 양육해야 합니다.

이렇게 '감정 코칭형' 부모 밑에서 자란 수호는 자신의 감정을 신뢰할 수 있는 어른이 될 것입니다. 화가 날 때마다 "나는 지금 내가 느끼는 분노를 다룰 수 있어. 지금 내가 화가 나는 이유는 이것 때문이지. 난 이 문제를 해결할 수 있는 사람이야. 자, 어떻게 하면 될까?" 하고 생각하고 행동할 수 있을 것입니다. 자신을 신뢰하는 사람을 우리는 자존감이 높은 사람이라고 말합니다. 이런 사람이 다른 사람들과 관계도 잘 맺을 수 있겠지요. 자신의 깊은 감정과 내면을 나누면서도 상대방의 부정적인 감정과 얽히지 않고 성숙하고 건강한 관계를 맺는 사람으로 성장하는 것입니다.

나의 양육 태도의 모습은?

미국의 발달심리학자 다이애나 바움린드$^{Diana\ Baumrind}$는 부모가 아이에게 주는 '애정^{warmth}'과 '통제^{control}'를 이용해 다음 4가지 양육 유형인 ① 허용적 양육 ② 권위주의적 양육 ③ 방임적 양육 ④ 민주적 양육으로 부모의 유형을 나누었습니다. 아래 도표를 통해 나는 우리 아이에게 어떤 양육 태도를 보이고 있는지 확인해보시기를 바랍니다.

허용적 양육(애정↑ 통제↓)

동훈이 아버님은 아이가 원한다면 무엇이든 다 해줄 수 있다고 생각합니다. 아이에게 사랑을 많이 주고 싶거든요. 혹여나 아이에게 상처가 될까 어쩌다 화를 내도 오히려 죄책감이 듭니다. 문제가 있음을 알면서도 아이와 갈등을 피하고 싶어 아이가 원하는 대로 맞추어줍니다. 이렇게 사랑을 주다 보면 아이가 언

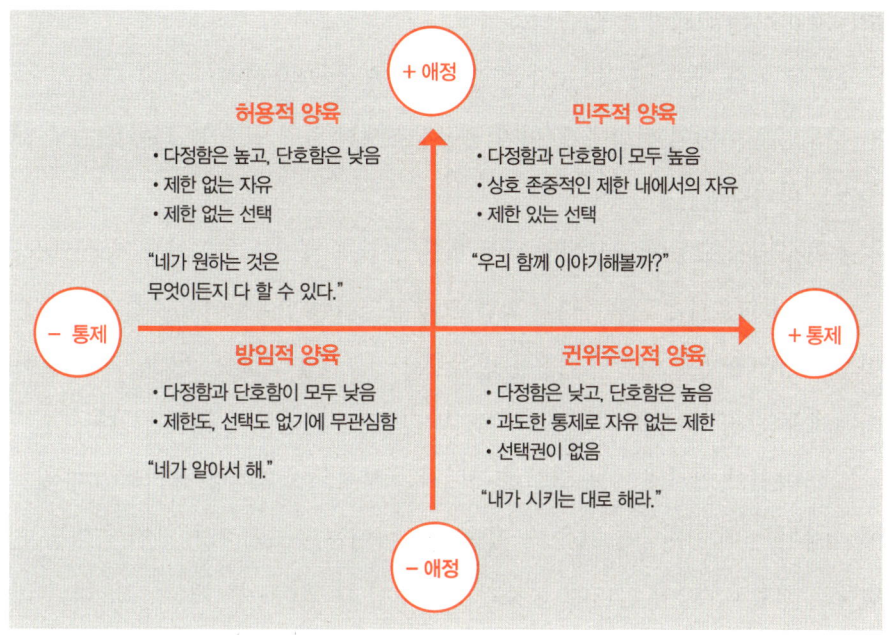

센가는 부모의 마음을 알아주고 부정직한 행동을 그만하리라고 믿습니다.

이러한 양육 태도를 보이는 부모님은 아이를 단호하게 통제하거나 행동을 제한하는 것을 어려워합니다. '아이가 상처받으니 그냥 내가 참고 말지'라고 생각합니다. 하지만 부모가 너무 허용적이면 아이는 갈등을 경험하거나 통제받아본 경험이 없기에 갈등 상황에서 자기 행동을 책임지는 것이 어렵습니다.

또한 현재 욕구를 조절하는 만족 지연 능력을 기르는 데도 어려움을 느낍니다. 특히 아이가 원하는 것을 해줄 수 없는 상황일 때 문제가 크게 터질 수 있는데요. 예를 들어, 아이가 거실에서 비눗방울 놀이를 하자고 할 때 '저렇게 하고 싶어 하는데 내가 이따 좀 수고해서 치우면 되지'라고 생각해 허용했던 부모라면 공공장소에서 낭패를 볼 수 있습니다. "여기는 공공장소라 비눗방울 놀이를 할 수 없어. 집에 가면 해줄게"라고 달래도 집에서는 해줬으면서 여기서는 왜 안

되는지 아이는 이해할 수 없습니다.

오히려 지금 당장 자신의 요구를 들어주지 않는 부모님에게 화가 나지요. 어떤 부모님은 아이의 성화에 못 이겨 공공장소에서 하면 안 되는 행동을 결국 해주기도 합니다.

동훈이 역시 그동안 부모에게 너무 많은 공감과 배려를 받았기에 지금부터라도 부모가 단호하게 훈육하려고 하면 크게 분노하며 받아들이지 못합니다. 동훈이 아버님은 끝까지 아이의 마음을 받아주고 싶으셨을 거예요. 하지만 이렇게 아이에게 무엇이든 다 허용하고 받아주면 부모님도 언젠가는 지치게 됩니다.

또한 아이가 기관에 가게 되면 그곳에서는 부모처럼 자신을 배려해주지 않기에 적응하는 데 어려움을 겪을 수 있습니다. 아이는 부모와 자기 생각이 다를 때 갈등도 경험해보아야 합니다. 무조건 부모님이 다 받아주는 게 아니라 다른 대안을 선택해보는 경험도 해보아야 자기 뜻대로 되지 않을 때 갈등을 해결할 힘을 키울 수 있습니다.

따라서 지금까지 너무 허용적으로 아이를 양육했던 부모라면 지금부터는 해도 되는 것과 하면 안 되는 것을 아이에게 구분해서 알려주실 필요가 있습니다. 부모님은 받아줄 수 있는 행동이라도 타인은 그럴 수 없는 일들이라면 아이의 행동을 통제하셔야 합니다. 일관적인 기준으로 규칙을 알려주고 부모님도 가능하면 그 규칙에 따라 양육하실 필요가 있지요.

무조건 허용한다고 해서 아이가 부모를 전적으로 신뢰하고 사랑하는 건 아닙니다. 오히려 자기는 집에서처럼 행동했을 뿐인데 기관에서 선생님이나 다른 사람에게 지적받는다면 아이는 상대방의 반응에 어리둥절하게 됩니다. 그렇게 자주 지적받게 되면 아이가 부모의 말을 더는 신뢰할 수 없게 되겠지요. 그러니 부모님께서는 아이가 집 외의 장소에서도 자기 행동에 상대방이 어떻게 반응할지 예측할 수 있게 알려주고 잘못된 행동을 올바른 방향으로 바꿀 수 있도록 교육해야 합니다.

권위주의적 양육(애정↓ 통제↑)

소희 어머님은 소희에게 "엄마가 분명히 이렇게 하라고 했어"라고 자주 말합니다. 소희가 어떤 결정을 해도 엄마가 옳다고 생각하는 기준에서 벗어나거나 아이가 자기 뜻대로 따르지 않으면 끈질기게 설득합니다. 그런데도 아이가 부모 말을 듣지 않으면 엄하게 소희의 행동을 통제하기도 합니다.

소희 어머님은 아이의 문제는 부모가 해결해주어야 한다는 강한 신념을 가지고 있습니다. 부모라면 아이를 보호하며 책임져야 하고, 좀 더 나은 삶을 살 수 있도록 해주어야 한다고 생각하기 때문입니다. 그래서 소희가 하는 것마다 늘 관심이 많고 문제 상황이 생기면 자기가 나서서 해결해주려는 모습을 보입니다.

이러한 양육 태도를 보이는 부모님에게는 자기만의 확고한 양육 신념이 있습니다. '아이가 나중에 하고 싶은 게 생기면 할 수 있도록 지금은 싫어도 공부해서 좋은 성적을 받게 해야 해' 혹은 '예의 있게 행동하게 해서 다른 사람들에게 인정받아야 해' 등등 자기만의 기준이 있기에 이를 아이에게 강요하는 경우가 많습니다.

이렇게 부모의 강한 통제 때문에 자기 욕구를 누른 채 자란 아이는 부모의 뜻대로 잘 자라는 듯하다 사춘기가 되면 심하게 반항하거나 자기 욕구를 스스로 지나치게 통제하고 억압하며 살아가게 될 수 있습니다. 이런 경우 자기가 부모가 되면 아이를 심하게 통제하는 부모가 될 확률이 높습니다.

권위주의적 양육 태도를 보이는 부모님 중에 아이에게 많은 관심을 주는 만큼 통제하려는 부모님도 계십니다. 이는 민주적 양육 태도와는 달리 애정에 비해 통제가 매우 높은 예를 말합니다. 이럴 경우 아이는 부모의 뜻을 어기는 게 정말 어렵습니다. 자신 의지대로 할 수 있는 게 없다 보니 답답하긴 하지만 부모가 너무 좋으니 차마 싫다고 표현할 수는 없습니다. 그래서 부모님 말씀은 잘 들어도 자기보다 약하거나 아래인 사람을 억압하고 통제하려는 모습을 보이기도 합니다. 부모님이 충분한 사랑을 주고 있기에 애정 면에서는 아쉬울 게 없지만 욕구를 너무 누르고 있기 때문에 부모 외의 사람들에게 분풀이하거나 누군가가 자기를 통제하려고 하면 이기적으로 행동하기도 하고요.

반면 아이가 받고 싶은 만큼 충분히 애정을 주지 않으면서 통제만 하려는 부모님도 계십니다. 아이가 유아기 때는 부모님이 무서워 말을 잘 듣지만 나이가 들면 어느 순간 부모님의 통제 안에 들어가려고 하지 않으려고 반항적인 모습을 보이기도 합니다. 자기에게 잘해주는 사람이 있다면 그 사람에게 사랑받기 위해 무리한 행동을 할 수도 있고요.

지금까지 너무 권위적이고 독단적으로 양육하는 태도를 보이셨다면 지금부터는 아이에게 선택권을 주는 연습을 해보시기 바랍니다. 아이에게 선택권을 주어도 부모님이 우려하는 최악의 상황은 생기지 않을 거예요. 아이 역시 부모가 자기를 믿어주면 스스로도 인정하는 멋진 모습이 되고 싶어 하니까요. 아이의 모든 행동을 부모의 기준으로 정해 따르도록 한다면 아이는 자율성 없는 모습으로 성장합니다.

아이를 좀 더 믿어주세요. 부모님의 초점이 아이가 하고 싶은 걸 못 하게 하거나 하기 싫은 걸 하도록 하는 데 있으면 언제나 아이의 행동을 통제할 수밖에 없습니다. 물론 자기가 하고 싶은 것만 하며 살 수는 없지요. 하기 싫지만 해야 하는 일도 있고 하고 싶지만 참아야 하는 순간도 있습니다. 하지만 이를 부모가 하나하나 규제한다면 아이는 스스로 선택하기에 어려움을 느낄 거예요.

아이가 자기 선택을 책임지는 경험을 하고 이것이 반복되다 보면 점점 더 나은 선택을 할 수 있게 됩니다. 그러니 지금은 아이가 해야 하는 것과 하지 말아야 하는 것에 너무 집중하지 마시고 아이가 무엇을 좋아하는지 관심을 가져보면 어떨까요? 아이가 바라보는 것을 같이 바라보며 함께 웃을 수 있는 시간이 생각보다 길지 않습니다. 아이는 어느새 자라 어른이 되어버리거든요.

물론 아이는 규칙을 지켜야 합니다. 평일 아침에는 어린이집에 가야 해요. 밤이 되면 잠을 자야 하고요. 텔레비전은 정해진 시간만큼만 보아야 합니다. 하지만 무언가 해야 한다는 생각에 사로잡혀 아이를 너무 통제하지는 말아주세요. 어떻게 하면 어린이집을 좀 더 즐겁게 갈 수 있을지, 어떻게 해야 아이 스스로 좀 더 편안하게 잠자리에 들 수 있을지, 어떻게 하면 아이가 기분 좋게 먼저 텔레비전 전원을 끌 수 있을지 함께 의논하여 아이가 선택할 수 있도록 하시면 좋겠습니다. 그런 의미에서 오늘은 텔레비전 보는 시간으로 아이와 실랑이하는 대신 이렇게 말해보시면 어떨까요?

"TV를 더 보고 싶구나. 이 방송이 그렇게 재미있었어? 그래서 TV를 끄려니 아쉬웠겠구나. 그치만 약속한 시간이 다 되었잖니. TV 보는 시간은 끝났으니까 씩씩하게 끄고, 네가 좋아하는 치킨 팝콘 튀기려고 하는데, 얼른 튀겨서 맛있게 먹을까? 영철이는 TV를 약속한 시간에 잘 끌 수 있는 멋진 아이구나. 엄마도 영철이가 좋아하는 치킨 팝콘을 세상에서 제일 맛있게 튀겨야겠다!"

방임적 양육(애정↓ 통제↓)

소라 어머님은 소라가 울거나 떼를 쓸 때마다 너무 힘듭니다. 아이를 달래거나 문제를 해결해줄 마음의 여유도, 에너지도 없습니다. 그래서 할 수 있는 한 아이의 잘못된 행동은 그냥 넘기고 싶습니다. 소라가 스마트폰을 보여달라고 하면 안 된다고 했을 때 울고 짜증 낼 상황이 힘들어 그냥 아이의 손에 스마트폰을 쥐여줍니다. 잘못된 걸 알면서도 갈등 상황이 생기면 회피하고 싶으니까요. 또한 소라는 어린이집 종일반에 다니므로 사실상 아이와 함께 있는 시간이 많지 않은데도 아이가 하원 할 시간이 되면 부담스럽습니다.

소라 어머님은 방임적 양육 태도를 보이고 있습니다. 갈등을 해결할만한 의지가 없기에 아이의 요구를 그대로 받아주거나 혹은 문제를 해결할 수 있게 도와주지 않고 그냥 방치하고 넘어갑니다.

방임형 부모님의 양육 태도를 살펴보면 '아이가 무슨 일이든 혼자서 알아서 했으면 좋겠다'라고 생각하는 특징이 있습니다. 육아가 버겁다고 느끼기에 아이가 독립적이길 바라거든요. 이는 아이를 존중하는 마음으로 독립적인 인격체가 되었으면 좋겠다는 기대와는 조금 다릅니다. 양육도 부모가 에너지가 있어야 할 수 있는데 무기력하고 우울한 기분을 자주 느끼다 보니 아이에게 애정을 표현하거나 함께 노는 것 자체를 힘들어합니다.

아이와 놀이터에 가고 키즈 카페도 가지만 함께 즐겁게 시간을 보내기보다 그저 시간을 때우려는 경우가 많습니다. 대부분 우울하고 무기력한 모습을 보이지만 갑자기 화가 폭발하는 경우도 있어요. 아이와 지내다 보면 나도 모르게 짜증이 쌓이게 되고, 그러다 어떠한 계기로 짜증이 폭발하게 되면 의도치 않게 크게 분노를 표출하게 되는 것이지요.

이런 양육 태도를 보이는 부모님은 자기가 부모에게 받았던 양육을 되짚어볼 필요가 있습니다. "내 부모님은 나를 믿어주셔서 통제하지 않고 자유롭게 키우셨어"라고 말하는 사람 중에는 실은 방임적 부모님 밑에서 자란 경우도 많습니다. 부모와 재미있게 놀아본 경험, 나의 감정을 공감받았던 기억, 부모와의 유대

감과 애착 등 이러한 것이 나의 데이터에 없다면 아무리 내 아이와의 관계에서 꺼내 쓰려고 해도 꺼낼 것이 없겠지요. 아이를 사랑하기는 하지만 어떻게 표현해야 할지 모르겠고, 사랑을 표현했다가 아이가 더 많이 사랑해달라고 매달리면 어쩌나 싶어 잘 표현하지도 않습니다.

이러한 부모님에게서 자란 아이 역시 늘 무기력하고 우울하다 갑자기 화를 내는 등 양가적인 태도를 보일 수 있습니다. 왜냐하면 부모에게 내 감정이 방치당했기 때문에 부정적인 감정이 들었을 때 그러한 감정 상태에 취약하기 때문입니다. 또한 문제가 일어났을 때 부모의 적극적인 개입이 없었기에 어떻게 해야 해결할 수 있을지 모른 채 부정적인 감정에 휩싸이게 됩니다.

그리고 부모가 언제 화를 낼지 예측할 수 없어 늘 불안합니다. 다른 사람들에게 관심받고 싶은데 어떻게 해야 하는지 잘 몰라 엉뚱한 모습으로 이목을 끌려고 하기도 하고, 누군가가 조금만 잘해주면 그 사람에게 계속 사랑받고 싶지만 어떻게 해야 할지 몰라 계속 눈치 보는 모습을 보일 수도 있습니다.

가장 큰 어려움은 부모가 자신의 선택을 제대로 지지하거나 받아준 경험이 적기에 자기 인생에서 중요한 결정을 내려야 할 때 내가 선택한 것에 관해 이게 맞는지 계속 불안해합니다. 내가 한 선택이 잘한 것인지 끊임없이 걱정되거든요. 특히 진로나 결혼 등 아주 큰 문제의 결정에 실패하게 되면 점점 자신의 선택을 믿지 못하게 되어 인생의 여러 결정 앞에서 어려움을 겪게 될 수 있습니다.

만약 내가 이러한 양육 태도를 보인다면 저는 우선 지금까지 아주 잘해오셨다고 토닥토닥 위로해드리고 싶어요. 내 데이터에는 없는 애정과 통제를 아이에게 주기 위해 열심히 시도해보셨을 테니까요. 아이에게 늘 미안하지만 무언가 힘을 내기에는 벅차고, 아이를 잘못 키우고 있는 것 같아 죄책감도 느끼셨겠지요.

자신이 이런 부모라고 생각되시면 우선 자신을 먼저 돌보시길 권합니다. 부모가 행복해야 아이가 행복하니까요. 합리적으로 생각해보셨으면 좋겠습니다. 우울하고 아이에게 자꾸 짜증이 난다면 상담센터를 방문해 전문가에게 상담받으시는 것도 좋은 방법입니다. 집안일에 무력감을 느끼신다면 아이와 노는 데 쓰는 비용을 모아 가사 노동 전문가의 도움을 받으셔도 괜찮습니다.

부모인 나를 돌보는 일도 양육의 기본자세입니다. 앞에서 양육은 효율적으로 해야 한다고 말씀드렸어요. 한정된 자원을 잘 분배해 양육해야 하는 가장 중요한 이유는 아이에게 쓰고 남는 에너지와 시간과 돈을 내게 써야 하기 때문입니다. 나는 이미 고갈되었는데 아이에게 계속 무언가를 주려고 하면 좋은 것들이 나오지 않습니다. 그러니 아무리 바빠도 나를 위한 시간과 에너지를 꼭 써 주세요. 그럴만한 에너지도 없다면 주변에 도움을 요청하셔야 합니다. 내가 무기력한 동안에도 우리 아이의 소중한 유년 시절은 지나가고 있으니까요.

민주적 양육(애정↑ 통제↑)

어릴 적 나는 내 부모님이 어떤 분이시길 바라셨을까요? 저는 어릴 때는 한없이 나를 사랑해주는 부모님을 원했지만, 지금 생각해보니 살면서 현실적인 문제 앞에서 현명한 대답을 찾는 데 어려움을 겪게 되는 순간 이 문제를 잘 해결할 수 있도록 도와주는 부모님이셨으면 좋지 않았을까 생각하게 됩니다.

순교 아버님은 순교와 갈등 상황이 생기면 아이의 눈을 따뜻하게 바라보며 왜 그러한 행동을 했는지 이유를 묻습니다. 야단치거나 그 행동을 더는 못하게 하려는 게 아니라 아이가 어떤 불편함이 있어 그런 행동을 한 것은 아닌지 혹은 문제를 그렇게 해결할 수밖에 없었기에 그런 것인지 알아보기 위해 진지하게 아이의 이야기를 들어봅니다.

정서적 문제라면 아이의 마음에 공감하고 더 나은 방식으로 감정을 표현할 방법을 알려줍니다. 문제를 해결하는 방법이 미숙해서라면 그러한 행동으로 발생할 수 있는 결과를 설명하고 아이가 그런 상황에서 어떻게 행동하면 더 좋을지 알려줍니다. 순교 아버님의 관심은 순교가 자신에게 당면한 문제를 좀 더 잘 해결할 수 있게 문제 해결력을 키우는 데 초점이 있습니다. 그래서 다음번에 같은 문제가 일어나면 좀 더 나은 방식으로 해결할 수 있도록 도와주지요.

아이가 표현하는 불만이나 고민을 중요하게 생각합니다. 아이로서는 당연히 그럴 수 있다고 생각하며 마음을 충분히 공감해줍니다. 거기에서 그치는 것이 아니라 갈등 상황에서 문제를 해결하는 방법은 여러 가지가 있음을 알려주고 평소에도 아이가 어려워하는 점을 함께 고민하며 아이가 제힘으로 문제를 해결할 수 있도록 지지해줍니다.

이러한 부모님의 양육 태도를 '민주적 양육' 부모 유형이라고 부릅니다. 권위주의적인 부모도 아니고 허용적인 부모도 아닌, 그 중심 무게 축을 잘 잡아 합리적 행동 반응을 보이는 부모님이지요. 권위주의적인 부모님은 문제의 주도권을 무조건 부모가 가지려고 합니다. 허용적인 부모님은 문제의 주도권을 아이에게 넘겨주지요. 권위 있는 민주적 부모님은 커다란 기준은 부모님이 가지고 있지만 그 안에서 아이가 선택할 기회를 줍니다. 갈등 상황에서 아이 스스로 고민하고 타협도 하며 여러 가지 좌절된 감정도 느껴보면서 스스로 문제를 해결할 수 있게 돕습니다.

하지만 방임적 부모를 둔 아이처럼 자기 혼자 모든 일을 결정해야 해서 아이가 불안해하는 것이 아니라 부모님이 든든한 울타리가 되어 내 결정을 지지하고 있기에 자신의 선택이 틀리더라도 불안하지 않습니다.

부모라면 아이에게 문제가 생겼을 때 이 문제의 소유가 누구인지 생각해볼 필요가 있습니다. 예를 들어보겠습니다. 주호가 친구에게 자기의 소중한 물건을 다 주고 왔어요. 이것은 누구의 문제일까요?

　다른 사람들에게 내 주장을 제대로 하지 못해 마음속에 상처가 있는 주호 어머님은 이런 주호를 보면 화가 납니다. 주호에게 "너 바보야? 왜 네 물건을 친구에게 다 주고 와!" 하며 화를 내지요. 이 순간 이 문제는 아이의 문제가 아닌 엄마의 문제가 됩니다. 부모가 미성숙할수록 부모 소유의 문제가 많아지고 그럼 아이를 지지하고 격려하기보다 훈육만 계속 늘어나게 되지요. 아이의 행동이 나의 아픈 부분을 자꾸 건드리니 아이의 행동을 없애고 싶기 때문입니다.

　같은 문제 상황일 때 아라 어머님의 반응을 볼까요? 아라 어머님은 아라에게 이렇게 말합니다.

"아라야. 생일 선물로 받은 필통을 가영이 주고 싶었던 거야? 친구에게 필통을 준 이유를 말해줄 수 있을까? 아~ 가영이가 가지고 싶다고 해서, 가영이를 기쁘게 해주고 싶어서 준 거구나? 친구를 기쁘게 하고 싶은 마음은 참 고운 마음이야. 그치만 아라는 이제 필통이 없는데 앞으로 연필을 어떻게 보관하지? 아라에게 불편한 일이 생겼잖아. 앞으로는 아라의 물건을 주는 것보다 친구를 더 기쁘게 할 다른 더 좋은 방법은 무엇이 있을까?"

　이렇게 아이의 마음에 공감하며 좀 더 나은 선택을 할 수 있도록 안내해주면 됩니다. 친구에게 기쁨을 주고 싶었던 그 마음은 인정하지만 친구와 좋은 관계를 만들 수 있는 더 나은 방법이 있음을 경험하게 하는 것이지요. 부모가 성숙할수록 문제의 소유권은 아이에게 있게 됩니다. 물론 부모와 아이가 함께 해결해야 할 문제도 있지요. 하지만 이럴 때 이 문제의 소유권은 여전히 아이에게 있음을 잊지 말아 주세요.

아이의 인생을 부모가 고민해 계속 대신 문제를 해결해주면 아이가 혼자 문제를 풀어야 할 때가 왔을 때 정작 해결 방법을 몰라 어려움을 겪을 수 있습니다.

이런 부모님에게서 자란 아이는 자기감정과 생각을 자유롭게 표현할 수 있습니다. 자신에게 닥친 문제 앞에서 당황하지 않고 풀어볼 용기가 있습니다. 스스로 책임져 본 경험이 많기에 책임감과 자신감도 충분히 있겠지요.

자신감은 곧 자존감으로도 연결됩니다. 자존감은 자신을 믿고 존중하는 마음입니다. 아이의 첫 번째 자존감은 부모가 자신을 있는 그대로 존중하는 데서 생겨납니다. '나는 내 존재 자체로도 인정받는 사람이야'라는 자기 확신이 탄탄해야 생길 수 있지요. 두 번째 자존감은 자신감에서 옵니다. '살면서 어떤 문제가 닥쳐도 나는 잘 해결할 수 있다'라는 자기 확신이 있어야 생길 수 있지요. 그럼 이러한 자신감은 어디서 올까요? 바로 경험에서 옵니다. 같은 문제를 많이 풀어보면 당연히 그 문제를 잘 풀 수 있다는 자신감이 높아지겠지요.

그래서 우리는 사랑하는 나의 아이가 현재 자신이 풀 수 있는 문제를 많이 풀어보도록 도와주어야 합니다. 액셀만 있는 아이는 스스로 멈추어보는 연습을 많이 해야겠지요. 브레이크만 있는 아이는 작은 턱부터 자신 있게 넘어보는 연습을 해야 합니다. 정서적 연료통이 큰 아이는 다른 사람들의 마음에 치우쳐 결정하는 게 아닌, 자기 마음을 정확하게 알고 사람들과의 관계에서 감정을 분리하는 연습을 해야 합니다. 정서적 연료통이 작은 아이는 다른 사람들의 마음에 공감하고 관대함을 배우기 위해 자신도 남에게 공감이나 관대함을 받는 기회를 많이 가져야 합니다. 지금까지 살펴본 부모의 유형을 그림으로 한 번 더 정리해보겠습니다.

(왼쪽부터) 첫 번째 그림은 자유 없이 한계만 있는 '권위주의적 부모'를 표현했습니다. 두 번째 그림은 한계 없이 무한한 자유만 있는 '허용적 부모'를 표현했고요. 세 번째 그림은 부모의 규칙 내에서 아이가 자유를 누리게 하는, 우리가 추구해야 할 '민주적 부모'를 표현했습니다.

어린 시절에는 든든하게 자신을 지켜주는 부모님 품 안에서 마음껏 자기 기질을 펼쳐도 보고 조절도 해보는 연습을 많이 해보아야 제힘으로 자신을 잘 조절할 수 있는 성숙한 어른이 될 수 있습니다.

지금까지 여러 양육 및 훈육 유형의 부모에 관해 설명해드렸습니다. 어떤가요? 현재 나는 어떤 양육자인지 생각해보셨을까요? 여러분은 어떤 부모인가요? 내 아이가 받고 싶은 사랑을 충분히 주면서 아이가 문제를 잘 해결할 수 있게 돕는 부모인가요? 아니면 애정 혹은 통제 등 한쪽으로 치우쳐 있는 양육을 하고 계신가요?

여기까지 책을 읽는 동안 우리는 지금까지 양육이 힘들었던 이유에 관해서도 생각해보고, 나와 내 부모와의 관계에 관해서도 생각해보고, 내 아이가 품은 씨앗의 기질은 어떻고 어떻게 사랑받아야 잘 자라는지, 어떤 문제 앞에서 어려워하고 두려움을 느끼는지 살펴보았습니다. 그리고 부모로서 내 모습을 객관적으로 바라보는 시간도 가졌지요.

제가 여기까지 알려드리면 많은 부모님이 아이에게 너무 미안한 감정이 든다고 말씀하십니다. 괜찮습니다. 어른이라도 어느 한 부분에서는 아직도 미숙한 모습이 남아 있고, 나름대로 지금까지 내가 할 수 있는 최선을 아이에게 다하셨을 거예요. 어느 부모가 일부러 아이가 잘못되기를 바랄까요. 지금까지는 내 아이에게 잘 맞지 않은 양육 태도를 보였더라도 앞으로 이 문제를 잘 풀어 가시면 됩니다. 가족 문제는 한 데 얼기설기 얽혀 있어 복잡한 것처럼 보이지만 실은 모두 연결되어 있기에 하나씩 풀다 보면 다른 부분도 연쇄적으로 풀릴 수 있는 마법 같은 일이 일어나니까요.

이제 저희는 가장 어렵고도 쉬운 코스, 우리는 어떤 부부인지에 관해 알아보기 위해 5코스로 건너가 보겠습니다.

PART 2

양육 로드맵 따라가기

5코스

**재경험화를 통해
마음속 상처를 치유하며
우리는 어떤 부부인지 제대로 알기**

<6코스> 우리 가족만의 새로운 양육 모델 알기

<5코스> 우리는 어떤 부부인지 제대로 알기

<4코스> 나는 어떤 부모인지 제대로 알기

<3코스> 내 아이 제대로 알기

<2코스> 양육 전략 짜기

<1코스> 현재 양육 상태 점검하기

우리 부부, 어디서부터 잘못된 걸까요?

미수 씨는 배우자에게 속아서 결혼했다며 상담센터로 창수 씨를 끌다시피 데리고 오셨습니다. 이야기를 들어보니 결혼 전에는 자기 말을 잘 들어주고 한없이 따뜻했던 사람이 결혼 후에는 변했답니다. 서재에 들어가면 나올 기미가 보이지 않고, 이야기도 거의 들어주지 않는다나요. 창수 씨 역시 할 말이 많습니다. 결혼 전이나 후나 자신은 변한 게 없는데 미수 씨는 계속 "변했다" "속았다" 하며 화를 내고 때로는 지나치게 감정을 폭발하는 미수 씨 때문에 힘들다고 말했습니다.

두 사람의 기질을 비교해보니 창수 씨는 '브레이크형에 정서적 연료통이 작은 기질 유형'이었고, 미수 씨는 '액셀형에 정서적 연료통이 큰 기질 유형'이었습니다. 창수 씨의 기질은 안정지향적이라 재미를 추구하거나 새로운 시도를 하는 것을 별로 좋아하지 않습니다. 타인의 정서적 호소에 마음이 그다지 움직이지 않고 정서적 지지를 얻기 위해 타인을 기쁘게 하려고 애쓰지 않습니다. 특히 친밀한 관계보다 개인적이고 독립적인 생활을 더 중시하는 기질을 타고났습니다.

반면 미수 씨의 기질은 창수 씨와 모두 반대였습니다. 배우자와 함께 재미있고 새로운 일을 하고 싶고 자기감정을 상대에게 많이 이야기하고 싶어 하며 친밀감과 의존성이 매우 높은 정서적 유형을 가지고 있었습니다. 이렇듯 상반된 기질을 가지고 있었는데도 미수 씨는 연애할 때는 창수 씨가 왜 내 말을 잘 들어주고 공감해주는 따뜻한 사람이라고 느꼈을까요?

미수 씨는 어렸을 때 부모님과 친밀하고 따뜻한 정서적 교감을 원했어요. 하지만 미수 씨의 부모님은 아주 냉정하고 차가운 분들이셨지요. 게다가 미수 씨의 아버지는 어린 미수 씨에게 비난의 말을 자주 했습니다. 미수 씨가 한 마디 하면 아버지에게 열 마디 비난을 들어야 했죠. 칭찬에도 인색했습니다. 열심히 해서 상을 받아 오면 "웬일이냐. 지나가다 벼락이라도 맞은 거야?"라고 비아냥거리고 잘못했을 때는 빗자루로 때리거나 물건을 집어 던져 겁을 주는 등 지나치고 가혹하게 벌을 주었습니다.

그래서 미수 씨는 창수 씨를 만났을 때 감정적이지 않고 차분히 앉아 자기 이야기를 잘 들어주는 모습을 보며 이 사람이 나를 행복하게 해주리라는 확신이 들었답니다. 무엇보다 아버지에게서 벗어나 부모님 댁에서 빨리 나오고 싶었기에 이른 나이에 결혼했지요. 그런데 막상 결혼하고 보니 창수 씨가 자신에게 너무 무관심하게 변했다고 느껴졌습니다. 자신을 사랑하지도 않고 무시하는 것 같다고요. 이렇다 보니 오히려 자기를 야단치고 비난했던 아버지는 나를 사랑해서 그런 것이고, 그게 애정과 관심이었던 것 같다고 말했습니다.

나의 결핍과 상처를 상대가 해결해주길 바라는 건 아닌가요?

저는 이 문제에 관해 미수 씨, 창수 씨와 함께 좀 더 깊이 이야기를 나누었습니다. 그 과정에서 무언가를 발견했어요. 창수 씨는 미수 씨의 이야기를 잘 들어준 게 아니었습니다. 미수 씨 아버지처럼 미수 씨를 비난하거나 비아냥거리지 않고 그저 가만히 있었던 것입니다. 어떤 의미에서는 아버지와 배우자 둘 다 미수 씨에게 공감하지 않은 건데 아버지처럼 무섭게 자기를 대하지 않았기에 나와 교감이 잘된다고 미수 씨가 착각했던 것이지요. 아버지와 창수 씨는 상호작용의 방법만 달랐을 뿐 결국 미수 씨와 소통이 잘되지 않았던 거예요.

창수 씨는 어렸을 때 부모님이 이혼하신 후 어머니와 살았어요. 어머니는 일을 하셨기에 늘 바쁘셨고 형제도 없어 창수 씨는 혼자 있는 시간이 많았습니다. 그러다 밤에 어머니가 귀가하면 반갑기도 했지만 온종일 힘들었던 일을 어린 창수 씨에게 쏟아붓거나 누군가를 험담하거나 창수 씨에게 짜증도 많이 내셨기에 때로는 자리를 피하고 싶기도 했답니다. 하지만 어머니가 "나는 너 하나만 보고 산다. 너 없으면 죽는다. 네가 잘해야 한다"라고 귀에 못이 박히도록 말했기에 어머니가 이야기하는 동안 자리를 뜰 수 없었습니다.

그래서 창수 씨는 어머니가 밤늦도록 하소연을 하면 한 귀로 듣고 한 귀로 흘리게 되었습니다. 지금도 누군가가 자기에게 너무 길게 이야기하면 멍해진다고 해요. 앞에서 언급했듯 창수 씨는 정서적 연료통이 아주 작기 때문에 타인과의 교류보다 독립적이고 거리를 두는 것을 훨씬 편해합니다. 하지만 어머니의 말을 자기가 들어주지 않으면 어머니가 잘못될지도 모른다는 불안감 때문에 싫지만 자리를 계속 지키고 있었던 것입니다.

그러던 어느 날 친구의 소개로 미수 씨를 만났을 때 조잘조잘 말이 많은 모습이 귀엽게 느껴졌고 자신에게 한없이 기대고 약해 보이는 모습에 끌렸다고 했습니다. 그런데 막상 결혼 후에는 자신에게 너무 밀착되는 미수 씨가 점점 힘겨워졌고 자기만 보면 비난의 말을 쏟아내는 배우자를 보면 자꾸 방에 들어가 문을 닫고 나오기 싫어진다고 말했습니다.

상담하다 보면 이처럼 속아서 결혼했다고 하소연하는 부부를 자주 만나게 됩니다. 하지만 서로를 속이지 않았어요. 자신이 상대에게 끌렸던 무의식적인 반응이 두 사람을 연결해주려고 옥시토신 호르몬을 분비한 것입니다. 그래서 부정적인 면을 보지 못하게 하고 장점만 너그럽게 바라보도록 만들어 두 사람을 사랑 속으로 빠져들게 만든 것이지요.

사람의 무의식은 자기의 내면에 있는 미해결 과제를 해결하려고 노력합니다. 무의식적인 스캐너를 통해 내가 해결하지 못한 과제인 상처와 결핍을 해결해줄 사람을 찾는 것이지요. 그러한 스캐너 작용을 통해 정서적인 구멍의 모양이 같은 사람을 찾아주고 왠지 모를 익숙함에 끌려 결혼하도록 하게 합니다.

아직 해결되지 못한 나의 정서는 부부간의 부정적인 상황을 통해 자꾸만 나를 '어린 시절의 나'로 데려갑니다. 내 부모에게 내가 원하는 대로 사랑받고 싶었지만 받지 못해 좌절했던 과거의 상황으로요. 나는 지난 일을 덮어두고 싶다고 생각하지만 나의 무의식은 내 의지와 다르게 작용합니다. 어릴 적 상처로 생긴 구멍을 채우려고 하지요. 이는 해결되지 못한 나의 감정을 지금이라도 해결하고 싶은 무의식적인 욕구 때문입니다. 즉 내가 받고 싶었던 사랑을 줄 수 있으리라고 생각하는 사람에게 가서 "내 마음속에 있는 아직 해결되지 않은 이 상처받은 마음을 해결해주세요"라고 하고 싶어지는 것이지요.

미수 씨는 창수 씨를 통해 어린 시절에 나를 비난하고 무섭게 화를 냈던 아버지에게 받은 상처를 치유 받고 싶었습니다. 미수 씨는 액셀형에 큰 정서적 연료통을 가진 사람입니다. 그래서 다른 사람과 즐거운 경험을 나누고 깊은 관계를 맺고 싶은 욕구를 가졌지만 부모님에게 그러한 욕구를 충족 받지 못했어요. 또한 미수 씨가 타고난 충동적이고 무절제한 기질을 조절하고 타인의 감정에 너무 밀착되지 않도록 부모님이 도와주셨어야 했는데 그러한 도움도 받지 못했습니다. 오히려 이러한 감정을 비난받고 무시당했기 때문에 무의식은 이러한 상처를 치유하고 싶어 합니다. 미수 씨는 의식적으로는 다정하고 정서적인 교류가 잘되는 사람을 찾고 있었다고 생각했지만 무의식은 자신의 감정을 잘 읽어주지 않았던 아버지와 비슷한 창수 씨에게 데려다주었습니다.

즉 미수 씨 본인은 모르고 있었지만 마음 속 깊은 곳에서는 어렸을 때 아버지에게 받지 못한 따뜻한 공감을 아버지와 비슷하게 정서 공감을 해주지 않는 창수 씨에게 받음으로써 이 상처를 해결하고 싶었던 것입니다. 미수 씨는 창수 씨에게 "내 아버지가 해주지 않았던 공감을 해주고 나를 존중하는 말을 해줘"라는 말을 하고 싶었을 거예요. 하지만 자기 마음을 솔직히 표현하는 데 미숙한 내면의 아이가 억울함만 표현하고 있었던 것입니다. 사실은 사랑받고 싶었던 것인데 이러한 시도가 좌절되자 아버지가 했던 것처럼 배우자를 비난하고 비아냥거리는 말투로 말하는 등 아버지에게 하고 싶었던 분풀이를 창수 씨에게 하게 된 것이지요.

창수 씨는 상담을 통해 자신에게 심리적으로 의지하면서도 자기 뜻대로 되지 않을 때는 무섭게 화를 내는 미수 씨가 어머니와 너무 비슷하다는 걸 비로소 알게 되었다고 했습니다. 예전에는 왜 미처 몰랐을까 그것이 더 놀랍다는 반응이었지요. 어릴 적 어머니가 자신에게 힘들다고 하소연할 때마다 듣고 있기가 힘들어 방에 들어가 숨고 싶다고 생각했다고 합니다. 하지만 그럴 수 없었어요. 어머니가 하고 싶은 대로 받아주지 않고 자기가 거부하면 어머니가 사라져 버릴까 봐 두려웠기 때문입니다.

창수 씨는 어머니에게 "더는 내게 그런 힘든 이야기를 하지 마세요! 나도 보호받아야 할 아이예요!"라고 말하고 싶었을 거예요. 그리고 어머니와 자신을 분리하고도 싶었을 것입니다. 하지만 그렇게 할 수 없었습니다. 브레이크형에 정서적 연료통이 작은 기질 유형의 창수 씨가 받았어야 하는 양육은 부모가 안전한 바운더리를 만들어주고 그 안에서 고요한 시간을 보낼 수 있게 정서적인 거리를 두고 혼자만의 시간을 가질 수 있도록 해주는 것이었는데 그것이 충족되지 않은 것이지요.

그래서 창수 씨의 무의식은 어머니와 비슷하게 의존적이고 말이 많은 미수 씨에게 창수 씨를 데려다준 것이에요. 건강하게 정서적으로 분리되고 자신만의 바운더리를 완성하고 싶은 욕구가 창수 씨와 미수 씨를 이어준 것입니다. 창수 씨의 무의식은 미수 씨에게 "나를 독립적인 인격체로 대해줘. 나를 믿어주고 개인적인 시간을 갖도록 존중해줘"라고 메시지를 보내고 싶었지만 창수 씨 역시 미숙한 방법으로 자기 마음을 표현하고 있었던 것입니다. 배우자의 말을 듣지 않고 방에 들어가 나오지 않는 모습으로요.

미수 씨와 창수 씨가 이 과정을 통해 하나씩 성취한 점이 있기는 합니다. 미수 씨는 차마 아버지에게 표현하지 못했던 분노를 창수 씨에게 쏟고 있었습니다. 창수 씨는 어머니와 감정적으로 분리되고 싶었지만 그럴 수 없었던 마음을 미수 씨를 피해 방에 들어가 나오지 않는 방법으로 미수 씨에게 표현하고 있었고요. 하지만 이는 내 부모님과 해결해야 할 마음입니다. 부모님에게 받고 싶었던 사랑과 이해받고 싶었던 서운한 마음을 배우자에게 표현한들 그 마음이 해결되지 않습니다.

오히려 우리는 이럴 때일수록 서로의 도움을 받아 이 과정을 성숙하게 풀어가야 합니다. 우리는 이제 그때 그 아이가 아니니까요. 부모님에게 받은 상처와 결핍으로 아직 어른으로 자라지 못하고 울고 있는 내면의 아이를 꺼내 자라게 해주어야 합니다. 그래야 어른으로서 내 아이를 잘 양육할 수 있으니까요.

하지만 여전히 이러한 점을 부부가 해결하지 못했다면 아직 어린 남자아이와 여자아이가 만나 아이를 키우는 것과 같다고 할 수 있습니다. 이는 내 아이의 씨앗이 튼튼하게 뿌리 내려 안전하게 자랄 수 없는 땅입니다. 아이가 누군가의 인생을 책임질 수 있을까요? 내 안에는 아직도 아이 같은 순수한 면이 있다는 위안에서 벗어나 내 아이의 인생을 잘 안내해줄 수 있는 진정한 어른이 되어야 합니다. 그러기 위해서는 부부가 서로의 내면 아이를 꺼내주어 어른으로 자라게 해줄 필요가 있습니다. 지금부터 우리는 부부가 서로의 결핍과 상처를 치유해주어 성숙한 어른으로 자랄 수 있게 돕는 방법을 살펴볼 것입니다.

애착은
생존이라고요?

저는 삼 남매를 키우며 가장 행복했던 순간이 언제였느냐고 할 때마다 떠오르는 장면이 있습니다. 아기가 제 눈을 열심히 바라보며 젖을 먹던 때였던 것 같아요. 엄마를 정말 전투적으로 열심히 바라봅니다. 자신이 생존할 수 있는 유일한 장소인 엄마 품에서 양손을 꼭 쥐고 악착같이 땀을 흘리며 젖을 빠는 아이를 보면 살고자 하는 생명력에 경이로움을 느꼈던 것 같아요.

그래서 아이에게 젖을 물린 채 휴대전화를 보는 등 아이를 온전히 느끼지 않는 어머니를 보면 안타깝습니다. 이 순간은 지나면 절대 돌아오지 않고 아이가 품을 떠나면 이 시간이 그리울 테니 아이와 눈을 맞추며 서로 바라보라는 말을 해주고 싶습니다. 필사적으로 엄마에게 매달려 있는 아이를 보면 그저 배고픔을 해결하겠다 이상의 생존을 위한 노력이 느껴집니다. 오죽하면 무슨 일을 할 때 가장 최선을 다하는 모습을 '젖 먹던 힘을 다해'라고 표현할까요.

'품 안의 자식'이라는 말이 있습니다. 어렸을 때는 부모의 뜻을 따르지만 자라서는 제 뜻대로 행동함을 표현하는 말이지요. 아이가 부모의 품 안에 있을 때는 생존해야 하는 때이므로 부모님에게 필사적으로 매달립니다. 사실 아이가 부모와 애착을 맺어가는 과정은 생존을 위한 아이의 눈물겨운 적응기입니다. 부모가 돌보지 않으면 아이는 살아남을 수 없기에 필사적으로 울고 매달리고 자신의 욕구를 누르기도 하는 등 저마다의 적응 방식으로 부모님의 사랑을 받으려고 애를 씁니다. 그래서 아이는 부모 바라기일 수밖에 없습니다. 아이에게 부모는 세상 전부이니까요.

아이는 다양한 시도를 통해 부모와의 관계에서 접촉을 유지할 방법을 알아냅니다. 아이는 자신이 미소 짓거나 짜증 내는 행동 등을 했을 때 부모가 어떻게 반응하는지 관찰하고 자신이 어떻게 행동할 때 부모가 나에게 좀 더 관심을 보이는지 파악합니다. 그리고 이를 반복하여 자기만의 패턴을 형성합니다. 이것을 바로 '애착'이라고 합니다.

영국의 심리학자 킴 바솔로뮤[Kim Bartholomew]와 레너드 호로위츠[Leonard Horowitz]는 영국의 정신건강 분석가 존 볼비[John Bowlby]의 내적 작동 모델 개념을 체계화하여 불안과 회피 수준에 따라 다음 4가지로 성인 애착을 유형화했습니다.

유아 애착은 성인 애착으로 연결된다고요?

집착형 불안정 애착 : 자기 부정, 타인 긍정

희정 씨는 연인이 자신의 문자를 읽고도 답장하지 않으면 자신이 혹 무얼 잘못한 건지, 상대가 내가 싫어진 건지 걱정되어 안절부절못합니다. 그래서 하루에도 몇 번씩 연락하며 연인이 나를 계속 사랑하고 있는지 확인하고 싶어 합니다. 상대방이 그렇다고 말해도 믿을 수 없습니다. 언제라도 나를 떠날 것 같거든요.

희정 씨의 유형은 '집착형 불안정 애착'입니다. 내가 누군가를 소중하게 생각하는 만큼 상대방은 나를 소중하게 생각하지 않을까 봐 걱정하지요. 희정 씨는 어릴 때부터 관심과 사랑을 많이 요구했습니다. 하지만 부모님은 이러한 희정 씨의 요구에 지속해서 응해주지 않으셨어요. 잠깐잠깐 관심을 가질 뿐 오래 지속되지는 않았습니다. 그래서 늘 희정 씨는 관심과 사랑이 아쉬웠어요. 자신이 받고 싶은 사랑을 채우기 위해서는 부모님에게 요구하고 떼를 쓰며 칭얼대고 화를 내야 했습니다.

어른이 되었지만 대인 관계에서는 늘 불안합니다. 내가 사랑받는 존재인지에 관한 확신이 없고, 나보다 타인을 더 중요하게 여기기에 의존적이고 감정 기복이 심하지요. 때로는 감정을 과하게 표현해 곁에 있는 사람들을 불편하게 만들기도 합니다. 상대방에게 거절 받는 것에 관해 강한 불안을 느끼고도 있고요.

거부형 회피 애착 : 자기 긍정, 타인 부정

규빈 씨는 다른 사람과 거리를 두는 게 편안하다고 생각합니다. 남에게 의지하는 것도 싫고 남이 나에게 의지하는 것도 불편합니다. 나의 독립성이 중요하기에 상대방이 내게 의지하려고 하면 나약하다고 비판합니다.

규빈 씨의 유형은 '거부형 회피 애착'입니다. 규빈 씨의 부모님은 규빈 씨가 어렸을 때 "네가 알아서 해." "귀찮게 왜 그러니? 혼자 할 수 있잖아!" "이게 울 일이야? 뚝 그쳐!" 등과 같은 말을 많이 하셨습니다. 규빈 씨가 힘들고 아파 위로가 필요하다고 할 때 부모님은 규빈 씨의 마음을 거부하거나 무시하거나 통제했습니다. 규빈 씨가 부모님에게 도움을 요청했을 때는 알아서 하라고 했고요. 그래서 규빈 씨는 어릴 때부터 자기 인생을 혼자 개척해야 했고 그렇기에 혼자서 안정감을 찾는 방법으로 인생을 살아야 했습니다. 그래서 자신에게 부탁하는 타인이 귀찮고 불편합니다.

아이는 고통스러울 때 누군가의 위안과 접촉을 바랍니다. 하지만 이러한 욕구를 지속해서 무시하거나 거절하는 부모에게서 자라면 자신의 애착 욕구가 좌절되어 감정을 표현하는 행동을 잘하지 않고 억압하게 됩니다. 애착을 회피하고 거부하는 것이지요. 또한 부모가 아이의 욕구와 감정을 있는 그대로 받아주지 못하고 과도하게 침해하거나 통제했을 때도 아이는 부정적인 감정을 차단하게 되어 마치 욕구가 없는 듯이 사는 법을 배우게 됩니다.

이는 감정적인 접촉에 관한 욕구는 열면 안 되는 판도라의 상자처럼 마음속 깊숙이 묻어두고 그 대신 자신을 강하고 독립적인 듯한 모습으로 포장한 채 살아가는 것과 같습니다. 과도한 자기 긍정을 하며 타인을 부정하고 무시하는 태도로 살아가게 되는 것이지요.

규빈 씨도 결혼해 아이를 낳았습니다. 규빈 씨 역시 자신이 어릴 때 부모님이 그랬듯 아이의 의존적인 태도를 용납할 수 없습니다. 그래서 아이의 행동을 간섭하고 통제하다가도 어느 순간 불편함을 느끼면 아이에게 "네가 알아서 해. 이런 것도 혼자 못하니?" 하며 아이의 요구를 무시합니다. 부모와 자식 사이지만 선을 그어놓고 넘지 않는 관계가 가장 좋다고 생각합니다.

혼란형 불안정 애착 : 자기 부정, 타인 부정

상희 씨는 부모님을 생각하면 물음표가 생깁니다. 나를 사랑한 것 같지만 정말 사랑한다면 그렇게 하는 게 옳았을까 싶은 맞지 않는 퍼즐이 있거든요. 부모님에 관한 따뜻한 기억을 찾아보면 많습니다. 함께 캠프도 자주 갔었고 외식도 많이 했습니다. 하지만 가혹하게 자신을 야단치거나 내복만 입은 채 집 밖으로 쫓아낸 후 문을 쾅 닫아버린 아버지, 잘해주다가도 부부 싸움을 하면 "너도 네 아버지랑 똑같아. 꺼져버려" 비난한 후 나가버리는 어머니의 모습을 떠올리면 내 인생에 맞지 않는 퍼즐 조각이 있는 것처럼 맞추어지지 않습니다.

이처럼 감정에 따라 잘해주다가도 화를 내는 등 일관적이지 않은 모습을 보이는 부모님에게 양육 받은 상희 씨와 같은 사람은 사람들이 자기에게 잘해줄 때 그 마음을 온전히 신뢰할 수 없습니다. 사람들과 가까워지고 싶지만 언제 그 태도가 돌변할지 모른다는 불안이 있거든요. 그래서 타인과 친해지더라도 어느 정도의 거리를 두게 되어 깊은 관계를 맺기가 어렵습니다.

어렸을 때부터 친한 친구는 몇 있지만 사회생활을 한 이후에는 깊은 속마음을 나눌 수 있는 친구가 없습니다. 나에게 호감을 표현하는 사람을 대할 때면 혼란스럽습니다. '나한테 왜 이러지?' 의심이 듭니다. 연애 초반에는 밝고 잘 웃는 상희 씨에게 호감을 느끼지만 조금만 섭섭한 일이 있으면 차갑게 돌변하며 헤어지자는 말을 서슴없이 하는 상희 씨에게 연인들은 당황스러워하다 결국은 헤어지는 경우가 많았습니다.

질서형 안정 애착 : 자기 긍정, 타인 긍정

해인 씨는 인기가 많습니다. 사람들과의 관계에서 친밀해지는 것도 쉽고 타인이 나에게 의존하는 것도 편안하게 느낍니다. 다른 사람에게 특별히 더 잘하려는 모습을 억지로 보이는 것도 아닌데 많은 사람이 해인 씨에게 매력을 느낍니다. 혹시 나를 받아주지 않는 사람이 있어도 크게 걱정하지 않습니다.

해인 씨의 부모님은 해인 씨가 어렸을 때부터 아이의 감정을 존중했고 부부 사이의 감정을 아이에게 전가하지 않았습니다. 부모님과의 갈등 상황에서도 충분히 아이에게 설명하고 더 나은 방식으로 문제를 해결할 수 있는 과정을 거쳤습니다. 부모님은 늘 자신을 존중했고 친구들과 문제가 생겼을 때도 이 문제를 잘 풀 수 있게 적절한 거리를 유지하며 제힘으로 해결할 수 있도록 잘 가르쳐주었습니다. 그래서 해인 씨는 부모님과의 관계에서 안정감을 느끼며 성장했습니다.

부모님과 안정형 애착을 맺었다면 인생의 첫 단추를 아주 잘 채운 것입니다. 앞으로의 단추도 잘 채울 수 있게 첫 시작을 잘한 것이지요. 해인 씨가 안정형 애착을 맺었다면 부모님 역시 안정적인 분들이실 겁니다. 이는 마치 좋은 땅에 잘 심은 씨앗과 같습니다. 아이가 안심하며 깊이 뿌리를 내리고 사계절을 잘 견뎌 좋은 열매를 맺을 수 있는 토양을 부모가 준 것이니까요. 또한 안정형 애착을 맺었다는 것은 비바람이 불어도 무너지지 않도록 반석 위에 지은 집과 같습니다. 인생을 잘 살아갈 기초를 아주 튼튼히 다진 것이니까요.

re-parenting,
서로가 새로운 부모를 경험하게 한다고요?

우리는 앞서 양육의 2가지 전략을 통해 '아이가 받고 싶은 사랑을 주는 것'과 '문제가 생겼을 때 잘 해결할 수 있게 도와주는' 양육을 해야 한다고 배웠습니다. 그런데 이 모든 것은 '애착'이라는 기초 위에 형성되어야 합니다. 아무리 좋은 양육 전략을 안다고 해도 기초가 튼튼하지 못하면 아무 소용 없으니까요.

아이와 애착을 형성하는 일은 좋으면 하고 힘들면 하지 않아도 되는 선택의 문제가 아닙니다. 부모님과 애착을 잘 맺지 못했다면 아이는 타인과의 관계, 특히 어른이 된 후 배우자와 자녀와의 관계에서 어려움을 겪게 됩니다. 이처럼 애착을 제대로 형성하지 못하면 애착에 관한 문제가 평생 따라다니게 됩니다. 게다가 아이를 낳게 되면 이 문제들은 내가 풀지 못한 숙제에서 끝나는 것이 아니라 내 아이가 짊어지고 가야 할 숙제로 대물림됩니다.

무시무시한 이야기지요? 하지만 우리에게는 반가운 사실이 있습니다. 앞서 예로 든 창수 씨와 미수 씨처럼 불안정 애착을 맺은 채로 자라나 어른이 되었다고 하더라도 무의식은 내가 다시 안정적인 애착을 만들 기회를 줍니다. 여러 부부의 이야기를 들어보면 연애할 때는 좋았던 그 모습이 결혼 후에는 오히려 자신을 힘들게 한다고 합니다. 미수 씨의 경우 "연애할 때는 자신의 감정을 절제하고, 잘 참는 모습이 믿음직하고, 기댈 수 있을 것 같아서 좋았어요. 그런데 지금은 입을 꾹 다물고 있는 모습을 보면 답답하고 숨이 막혀서 살 수가 없어요"라고요. 한때는 매력적이고 끌렸던 그 모습이 이제는 참기 힘들어 더는 함께 살 수 없다고 이야기하지요.

우리의 무의식은 해결되지 않은 과거의 사건을 재경험하게 할 누군가에게 우리를 데려가 줍니다. 그래서 갈등을 느끼게 하고 그 과정에서 다듬어지며 서로를 성장하게 합니다. 그렇기에 우리 부부가 같은 패턴으로 계속 문제가 생기는 것을 깨달으셨다면 저는 도리어 기뻐해야 하는 순간이라고 말씀드리고 싶어요. 서로의 상처를 발견해 보듬어줄 사람을 찾으려고 구석구석 누비다가 딱 맞는 사람을 찾아 이어졌으니까요. 치유를 위한 무의식이 자기 임무를 아주 잘 수행한 것입니다.

이러한 기회가 왔는데도 또다시 상처받을까 봐 변화를 시도하지 않고 이전과 같은 패턴으로 똑같이 관계를 만든다면 우리는 더 큰 좌절을 겪을 수밖에 없습니다. 게다가 이 비극은 나와 배우자에게서 끝나지 않습니다. 내 아이에게도 내가 겪은 불안정한 애착 관계를 물려줍니다.

공민 씨는 귀가하면 맥이 풀립니다. 온종일 일했기에 이제 좀 쉬려고 소파에 누우면 배우자인 수경 씨가 와 자꾸 꼬치꼬치 캐묻기 때문입니다. 공민 씨는 어렸을 때 자신이 뭐라고 대답해야 하는지 잘 모르는 애매한 질문을 한 뒤 대답하지 못하고 머뭇거리면 불같이 화를 내는 아버지 때문에 힘들었습니다. 그런데 수경 씨도 공민 씨가 집에 오면 "왜 그랬느냐?" "어떻게 생각하느냐?" 하며 공민 씨가 대답하기 어려운 질문을 쏟아냅니다. 대체 무슨 대답을 원하는지 모르겠기도 하고 귀찮아 대답하지 않으면 소리를 지르며 "나가! 나가서 들어오지 마!"라고 합니다. 공민 씨는 더는 견딜 수가 없어 집을 나가버립니다.

수경 씨는 어렸을 때 부모님이 서로 싸우면 아버지가 "이놈의 집구석, 다시는 들어오나 봐라!" 하며 문을 쾅 닫고 집을 나가버렸습니다. 그걸 보고 있으면 너무 슬프기도 하고 무섭기도 하고 외로웠던 기억이 있습니다. 그래서 싸울 때마다 배우자인 공민 씨가 자신을 버리고 갈까 두렵지만 매번 상황은 공민 씨가 집을 나가는 것으로 끝이 납니다. 그리고 입만 열면 공민 씨에게 이혼하자고 합니다.

사실 수경 씨는 공민 씨가 집을 나가길 바라지 않습니다. 오히려 자신이 나가라고 해도 나가지 않고 끝까지 가족을 지켜준다는 말을 배우자에게 듣고 싶었습니다. 수경 씨의 무의식에서 해결하고 싶은 욕구는 내가 아무리 힘들게 해도 이 사람은 나를 떠나지 않으리라는 확신입니다. 그래서 마녀의 저주에 걸려 깊은 잠에 빠진 자신을 깨워 함께 행복하게 살 수 있는 백마 탄 왕자님을 찾아 결혼했다고 생각했지만 정작 자신을 끝까지 받아주기는커녕 내 아버지처럼 똑같이 집을 나가버리는 배우자를 보며 또다시 좌절감을 느낍니다.

이 저주가 풀리려면 수경 씨는 공민 씨에게 자신의 마음을 솔직하게 이야기할 수 있어야 합니다. 무의식 깊은 곳에 갇혀 있는 수경 씨의 내면 아이는 이렇게 말하고 싶습니다. "여보, 나는 아빠가 엄마와 싸우고 문을 쾅 닫고 나가버릴 때면 혼자 남겨지는 것 같아서 무섭고 두려웠어. 나는 당신이 우리 가정을 끝까지 버리지 않고 언제나 지켜주리라는 확신을 하고 싶어. 내가 화를 내는 날이 있더라도 집을 나가거나 자리를 피하지 말고 내 곁에 있어 주었으면 좋겠어. 그래서 끊임없이 당신을 시험해보는 거야. 이래도 날 떠나지 않으리라는 확신을 얻기 위해서 말이야."

공민 씨의 내면 아이는 수경 씨에게 이렇게 말하고 싶습니다. "여보, 나는 어렸을 때 내가 대답하기 어려운 질문을 하고 자기 마음에 들지 않으면 무섭게 야단치는 아버지가 힘들었어. 그래서 당신이 나에게 왜 그러냐고 말을 해 보라고 할 때면 가슴이 답답하고 자리를 피하고 싶어. 그러니 당신도 일방적으로 나를 몰아붙이지 말아줘. 내 아버지처럼 내가 어떻게 해야 하는지 알려주지 않은 채 질문만 퍼부으면 나는 당신 마음을 알아맞힐 수 없어. 나에게 생각할 시간을 주고 내 의견을 존중해줘. 나는 당신과 함께 대화하고 싶어."

수경 씨와 공민 씨는 자신이 원하는 바를 상대에게 솔직하게 말할 수 있어야 합니다. '내가 원하는 것은 바로 이것이야!'라고요. 이는 창피하고 자존심 상하는 일이 아닙니다. 자기 마음을 숨기는 게 성숙하다고 생각하는 것이야말로 엄청난 착각입니다. 오히려 자기 마음을 솔직하게 표현할 수 없는 사람이 관계 부분에서는 아직 자라지 못한 미성숙한 상태인 것입니다.

이처럼 공민 씨와 수경 씨가 상대에게 자신의 두려움을 솔직히 고백하고 상대방에게 받고 싶은 것이 무엇인지 대화한다면 재부모화 re-parenting 관계를 경험할 수 있습니다. 서로가 서로에게 어릴 적 받고 싶었던 긍정적인 부모님에 관한 경험이 되어주는 것이지요. 물론 이런 부분을 부모님께서 해주신다면 더할 나위 없이 좋겠지만, 나의 부모는 내가 원하는 모습대로 잘 변하지 않습니다. 또한 나 자신도 부모님에게 내 마음을 솔직하게 이야기할 수도 없습니다. 왜냐하면 어른이 되어도 부모란 여전히 사랑이 끊길까 봐 두렵고 절대적인 존재이기 때문입니다.

하지만 부부는 동등한 관계입니다. 게다가 나의 무의식이 찾아준 내게 딱 맞는 짝이기에 서로에게 재부모화 경험을 줄 수 있는 최적의 상대이지요. 내 부모와 맺었던 부정적인 관계를 긍정적인 상태로 다시 경험할 수 있는 최고의 파트너입니다. 이 과정을 통해 내 부모와 제대로 맺지 못한 애착을 다시 형성하고 상처받아서 고착되었던 관계의 문제를 치유할 수 있게 됩니다.

저주 같은 결혼 생활을 축복으로 바꾸는 열쇠가 있다고요?

부모님과 맺은 안정적인 애착은 좋은 땅에 뿌려진 씨앗과 같습니다. 다른 사람과 나눌 수 있을 만큼 풍족하고 맛있는 열매를 맺을 수 있는 조건을 갖춘 것이라고도 할 수 있어요. 인간관계에서 생길 여러 어려움을 잘 풀어갈 수 있는 자신감을 갖출 수 있기도 하고요.

하지만 내가 어렸을 때 부모님과 안정적인 애착을 맺지 못했더라도 실망하실 필요가 없습니다. 어른이 된 나 자신이 이를 자각하고 자기 결핍과 상처를 돌보면서 지금부터 다시 애착을 맺어갈 수 있거든요. 나의 불안한 요소들을 무작정 덮어두지 마세요. 처음에는 서툴지만 불안한 것을 표현하기도 하고 타인에게 도움을 요청하거나 사람들과 관계 맺는 방식을 바꾸어보는 연습 등을 해보며 안정적인 관계를 맺는 경험을 점점 늘려갈 수 있습니다.

힘들다고, 외롭다고 말해도 괜찮아요. 유아기의 내가 살아남기 위해 획득했던 방어기제들을 알게 되면 안타깝고 눈물겹기까지 합니다. 부모에게 붙어 있기 위해 나 자신의 욕구를 이 모양 저 모양으로 찢어 재단하고 때로는 자신에게 없는 욕구를 갖다 붙이기도 합니다. 나는 이런 욕구를 느끼지 않는다며 내 욕구를 상자에 넣어 다락방 깊숙한 곳에 갖다 놓기도 하고 때로는 나를 조금이라도 받아주는 사람이 있다면 그 사람에게 매달리기도 합니다. 혹은 버려질까 먼저 가혹하게 상대를 끊어버리기도 하는 등 자신을 지키기 위해 무의식이 여러 가지 방어기제들을 만들어내기도 합니다.

어린 나를 지키기 위해 나의 무의식은 다양한 방어기제를 만들어냈지만, 성인이 된 나는 더는 그럴 필요가 없습니다. 어린 시절에는 부모님이 사랑을 주지 않으면 받을 수 없었지만 어른이 된 나는 나 자신에게, 배우자에게 그리고 아이에게 사랑을 줄 수 있으니까요. 이제는 과거로 돌아가는 것을 멈추고 안정 애착을 스스로 만들어낼 수 있습니다.

그러니 이제는 배우자가 나의 결핍을 채워주지 않는다고 비난하는 것을 멈추고 내 마음속 내면 아이가 내 부모에게 외치고 있는 가여운 목소리에 귀 기울이지 않으실래요? "무섭게 말하지 말고 다정하게 이야기해주세요." "무서워요. 안아주세요." "무서운 표정으로 나가버리지 말고 내 옆에 있어 주세요." 내 마음속에서 외치는 그 목소리를 찾았다면 이제는 용기 내어 배우자에게 솔직히 말해보세요. 배우자와 함께 애정을 주고받으며 어린 시절 풀지 못했던 과제를 함께 풀어갈 수 있을 거예요.

물론 배우자와 함께 서로의 결핍과 상처를 채워주며 성숙한 관계를 만들면 가장 좋겠지만 만약 배우자와 이런 마음을 나눌 수 없다면 내가 나에게 새로운 부모님이 되어주셔도 좋습니다. "가은아, 지금 외롭구나. 이제 내가 어른이니까 나 스스로 어린 가은이의 마음을 달래줄 수 있어!"라고 나 자신을 다독여 줄 수 있습니다.

또한 슬픔의 동굴에서 빠져나오는 방법도 연습할 수 있습니다. 어릴 때는 누군가가 손을 내밀어주어야 나올 수 있었지만 이제는 나도 어른입니다. 내 문제를 충분히 풀 힘이 생겼어요. '난 어른이야. 슬프지만 이 문제를 어떻게 풀어야 할지 생각해보자. 전에도 이런 감정을 느꼈을 때 해결해본 적이 있잖아'라고 자신을 격려하며 해결하는 경험을 할 수 있습니다. 어려움을 잘 헤쳐 나온 나에게 스스로 칭찬도 해줄 수 있습니다. '나는 이제 이런 문제쯤은 잘 해결할 수 있어. 나 좀 멋진데!' 하면서요.

우리는 이 책 『우리 아이 기질 맞춤 양육 매뉴얼』의 가장 처음에 있는 '양육 로드맵'을 그리는 여정을 시작할 때 양육이 복잡하게 얽혀 있는 것처럼 보이는 이유에 관해 살펴보았습니다. 실제로 양육은 너무 많은 요소가 복잡하게 연결되어 있습니다. 하지만 의외로 쉽게 풀리기도 합니다. 부부가 서로의 실마리를 가지고 있기 때문입니다. 물론 내가 직접 풀 수도 있지만 혼자서는 객관적으로 내 문제를 보고 이 실마리를 찾기가 어렵습니다. 그래서 상대방과의 마찰을 통해 내가 왜 이렇게 불편한지, 왜 이렇게 화가 나는지, 왜 이렇게까지 슬픈지 등의 여러 감정을 찾아가다 보면 가짜 감정 밑바닥에 숨겨놓은 진짜 나의 마음을 만나게 됩니다. 그래서 오히려 실마리를 쉽게 찾을 수 있게 되는 것이지요.

부부는 서로의 문제를 풀 열쇠를 가지고 있습니다. 그래서 마음이 연결되면 의외로 쉽게 문제를 풀 수 있지요. 공민 씨가 수경 씨에게 "당신은 내가 문을 쾅 닫고 나갔을 때 힘들었구나. 어렸을 때 아버님이 화가 나서 집 밖으로 나가셨을 때 가족을 버리고 가버릴 것 같은 두려움이 들었고 나도 그렇게 할까 봐 두려웠다는 이야기지? 이제는 내가 아무리 화가 나도 당신 옆에서 떠나지 않고 끝까지 지켜줄게"라고 말하며 이 문제에 관해 계속 믿음을 준다면 수경 씨는 공민 씨가 나를 버리고 가지는 않을까에 관한 시험을 하지 않아도 될 것입니다.

그런데 많은 부부가 '당신이 먼저 그 구멍을 보여주고 당신의 약한 점을 인정해. 그렇다면 내 열쇠 구멍을 보여 줄 거야' 하며 자존심을 내세웁니다. 자존심은 자신을 지키기 위해 만든 방패이지만 상대방이 내 마음에 들어오지 못하게 막는 방어벽이 되기도 합니다.

이제는 서로 솔직하게 말해보세요. 나의 어린 시절 상처 때문에 또다시 아프고 싶지 않아 꽁꽁 잠가놓은 자물쇠를 용기 있게 보여주고 상대에게 요청해보세요. "어린 시절 상처로 잠겨 있는 자물쇠에 내가 부모에게 받고 싶었던 사랑의 열쇠를 꽂아 풀어주세요"라고요. 그럼 우리가 동화에서 보았던 장면이 현실에서 실제로 일어날 수 있습니다. 잠자는 숲속의 공주가 왕자를 만나 저주가 풀려 잠에서 깨어나고, 괴물이 된 야수를 있는 그대로 사랑하자 저주가 풀려 다시 왕자님이 되는 기적을요. 그러니 내가 두려워 잠가놓았던 자물쇠를 상대에게 솔직히 보여주세요. 물론 엄청난 용기가 필요하지만 이 자물쇠가 열리게 되면 나의 나무는 이전에는 맺지 못한 달고 싱싱한 열매, 바로 성숙의 열매를 맺게 될 것입니다.

내가 지금의 배우자를 만나지 않았다면 더 나은 인생을 살 수 있었을까요? 그렇지 않습니다. 배우자와의 만남은 저주가 아니라 오히려 이 저주를 풀 축복의 기회입니다. 만일 이 문제를 배우자와 풀지 못하면 다른 사람을 만나도 같은 문제를 반복하게 됩니다. '네가 나를 사랑한다면 꽁꽁 숨겨놓은 실마리를 찾아내 풀어줘'라는 미숙한 마음으로 상대방을 만나면 어떤 사람을 만나도 상대방이 내 문제를 풀어줄 실마리를 찾을 수 없기 때문입니다.

그러니 용기를 내 보세요. 나는 이제 아이가 아닙니다. 내 문제의 실마리를 상대방에게 주고 함께 풀어보세요. 이 길고 끝도 없이 엉켜 있는 듯한 실타래가 풀리기 시작할 것입니다. 저주 같은 결혼을 축복으로 바꾸는 건 바로 나의 내면 아이가 품고 있는 두려움과 결핍을 표현할 용기, 바로 '솔직함'이니까요.

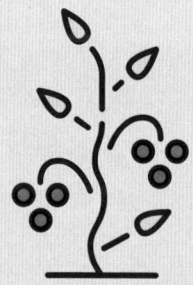

혹시 사과 씨앗을 심은 땅에
올리브가 열리길 바라고 계신가요?
내 아이의 성향이 마음에 들지 않아 고치려고 하면
아이는 부모가 원하는 사람이 되기 위해 필사적으로 노력합니다.
아이가 품은 씨앗,
즉 타고난 기질을 알아야 하는 이유가 바로 이것입니다.
아이의 씨앗을 제대로 알고 있다면
아이가 자신이 맺을 수 있는 가장 크고 맛있는 열매를
더욱더 풍성히 열리게 할 수 있어요.
하지만 부모가 원하는 열매를 맺기 위해 양육을 한다면
아이들은 사과나무인 자기 몸에 올리브 나뭇가지를 억지로 붙여
올리브나무처럼 살려고 할 수도 있습니다.
그러니 내 아이에게 맞는 양육을 해주세요.
아이의 씨앗이 한뼘 한뼘 자라
튼튼한 뿌리를 내린 단단한 나무가 되어
가지마다 가득 열매를 맺을 수 있도록 도와주세요.

PART 3

우리 가정의 새로운 양육 모델 제안하기

6코스

가족이 모두 행복해지는
우리 가정만의 새로운
양육 모델 세우기

〈6코스〉 우리 가족만의 새로운 양육 모델 알기

〈5코스〉 우리는 어떤 부부인지 제대로 알기

〈4코스〉 나는 어떤 부모인지 제대로 알기

〈3코스〉 내 아이 제대로 알기

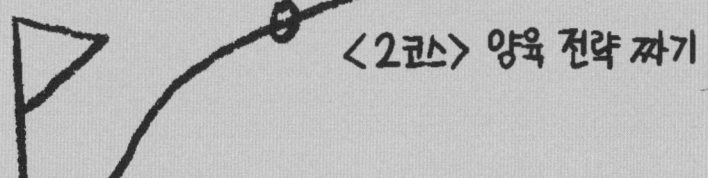

〈2코스〉 양육 전략 짜기

〈1코스〉 현재 양육 상태 점검하기

전문가가 맞춤 양육 솔루션을 제안합니다!

양육의 2가지 축

라영이는 라영이 부모님이 10년 동안 10번이 넘는 시험관 시술 끝에 낳은 아이입니다. 늦은 나이에 어렵게 얻은 딸이다 보니 라영이 부모님은 라영이가 그저 무얼 하든 귀엽고 하고 싶다는 것은 다 들어주고 싶습니다. 그래서 라영이가 하고 싶다고 하면 상황이 어떻든 할 수 있게 해줍니다. 아이가 상처받을까 봐 웬만해서는 안 된다고 하지 않고 요구를 들어줍니다. 라영이 부모님은 아이에게 줄 수 있는 최고의 양육은 애정이라고 생각합니다. 그렇기에 아이에게 사랑한다는 표현을 많이 하고 함께 애정을 나눌 경험을 많이 할 수 있게 노력합니다.

철민이 부모님은 아이가 예의 바르게 크는 것이 가장 좋다고 생각합니다. 그래서 철민이가 버릇없이 군다고 생각하면 이유가 어떻든 야단쳐 고치도록 합니다. 또한 아이는 부모의 뜻에 따라야 하니 아이에게는 선택할 수 있는 권한을 주지 않는 게 좋다고 생각합니다. 본인들도 그렇게 자라 힘들긴 했지만 결과적으로는 그게 옳다고 생각하기 때문입니다. 아이가 잘못된 행동을 했을 때 왜 그렇

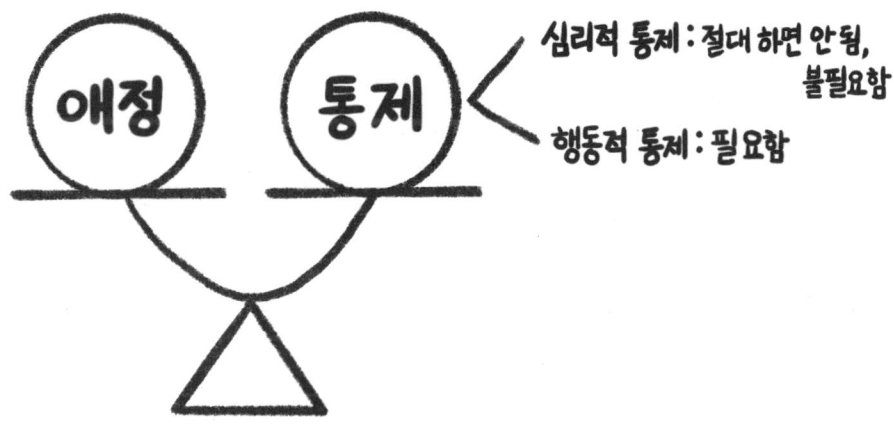

게 행동하면 안 되는지 이유를 설명해 옳고 그름의 기준을 알려줍니다. 철민이 부모님은 아이에게 줄 수 있는 가장 좋은 부모의 역할은 아이가 살아가며 필요한 규칙을 익힐 수 있게 안내하는 것이라고 생각합니다.

양육은 크게 2가지 축을 가지고 있습니다. 바로 '애정'과 '통제'라는 축입니다. 라영이 부모님은 '애정'이라는 축이 많은 편이고, 철민이 부모님은 '통제'라는 축이 많은 편입니다. 아이가 잘 자라려면 어느 한쪽으로 치우치는 양육을 하면 안 됩니다. 2개의 축이 균형을 이루어야 합니다. 아이에게 애정을 많이 주는 만큼 통제 또한 그만큼 있어야 아이가 균형 있게 잘 자랄 수 있습니다.

벼룩 잡으려다 초가삼간 태우는 양육 방법

"한 번만 더 장난감 가지고 싸우면 다시는 장난감을 안 사줄 거야." 부모님이 흔히 하시는 통제 방법입니다. 아이가 친구 혹은 형제·자매·남매와 싸우면 안 된다고 행동을 통제하기 위해 아이에게 불안감을 주어 심리적인 통제까지 함께 하는 것이지요. 이럴 때 아이는 자신이 좋아하는 것을 하지 못할지도 모른다는 불안감에 빠르게 행동이 통제되기는 하지만 자신이 무얼 고쳐야 하는지 방법은 모른 채 억울함만 쌓이게 됩니다. 같은 일이 또 생겨도 자발적인 의지가 없었기에 야단맞았던 그 행동을 또다시 하는 예도 많습니다.

우리는 어릴 때부터 내 부모에게 이러한 통제를 받아왔고 지금도 내 아이를 이렇게 통제하고 있습니다. 그래서 이런 질문을 하는 부모님이 자주 계십니다. "통제가 꼭 필요한가요? 크면 다 알아서 잘할 수 있을 텐데 굳이 이걸 지금부터 마음 상하게 하면서 고쳐주어야 하나요?" 많은 부모님이 자신이 부정적인 통제의 경험이 있었기에 내 아이 역시 기가 죽을까, 상처받을까 걱정이 됩니다.

하지만 아이가 규칙을 알고 좀 더 나은 선택을 하기 위해서는 통제가 꼭 필요합니다. 다만 아이에게 상처를 주는 게 아닌 행동의 조절만 돕는 통제를 해야 합니다.

통제의 2가지 측면이란?

통제에는 2가지 측면이 있습니다. 바로 '심리적인 통제'와 '행동적인 통제'입니다. 부모님이 아이가 좀 더 나은 문제 해결 방법을 찾도록 돕기 위해 해야 하는 통제는 바로 '행동적인 통제'입니다. '심리적인 통제'는 어느 순간에도 하시면 안 됩니다.

심리적인 통제	필요 없음	아이가 부모의 말에 따르지 않을 때 심리적으로 통제하는 방법으로 거부, 무시, 협박 등을 사용해 행동을 멈추게 하는 방식
행동적인 통제	필요함	아이의 행동에 옳은 방향을 제시하는 것으로 역할을 수행하고 사회적 규범을 습득하며 안전에 관한 규제가 필요한 경우 행동을 조절하게 하는 방식

하지만 아이의 행동을 통제할 때 나도 모르게 심리적인 통제를 먼저 합니다. 아이가 자연스럽게 들 수 있는 감정을 강제로 묶어 행동하지 못하게 하는 것이

지요. 이는 마치 "그런 마음이 든 네가 나쁜 아이야!"라고 아이에게 말하는 것과 마찬가지입니다. 재차 강조하지만 아이의 행동이 아직은 좋은 방식으로 표현되지 못하는 것이지 아이의 마음이 나쁜 게 아닙니다.

장난감을 혼자서만 가지고 놀고 싶은 마음이 나쁜가요? 밤이 늦었는데 자지 않고 더 놀고 싶은 마음이 나쁜 걸까요? 장난감이 자기 마음대로 조립되지 않아 화가 나는 마음이 나쁜 건가요? 아닙니다. 그런 마음이 드는 것은 나쁜 게 아니라 자연스러운 것입니다. 어른 역시 무언가가 내 마음대로 되지 않으면 화가 납니다. 다만 어른은 자신이 화가 났다고 해서 물건 등을 던지지 않습니다. 자기 행동을 조절할 수 있으니까요.

하지만 아이는 아직 자기 행동을 스스로 조절하거나 더 나은 방식으로 표현할 수 없기에 자기 마음을 있는 그대로 표현하는 것뿐입니다. 그래서 부모라면 아이가 더 나은 방식으로 자기 행동을 조절할 수 있도록 가르쳐야 합니다.

아이를 심리적으로 통제해 행동을 규제한다면 아이의 마음속에는 이 행동을 고치고 싶은 자발적 동기가 생기기보다는 억울하고 속상하지만 내가 원하는 것을 뺏기지 않기 위해 혹은 내가 원하는 것을 얻기 위해 억지로 참느라 불만이 쌓이게 됩니다. 왜 많은 부모님이 아이의 행동을 통제할 때마다 마음이 불편했는지, 아이가 행동을 통제당했을 때 왜 그렇게 못마땅한 표정을 지었는지 이해되시나요? 바로 아이의 행동을 멈추기 위해 우리도 모르게 아이를 정서적으로 통제하고 있었기 때문입니다.

"벼룩 잡으려다 초가삼간 태운다"라는 말이 있습니다. 작은 것에 신경 쓰다 큰 손해를 보아서는 안 된다는 뜻이지요. 이처럼 아이의 행동 하나를 교정하려다 아이의 감정을 송두리째 태워버릴 수도 있음을 기억하며 적절한 행동적 통제를 하셔야 합니다.

균형 잡힌 양육이란?

우리는 아이를 양육할 때 2가지 축의 균형을 맞추기 위해 노력해야 합니다. 부모인 나의 축이 애정 쪽으로 좀 더 많이 기울어져 있다면 심리적으로 통제하지 않고 아이의 행동에 한계 설정을 통해 올바르게 행동하도록 가르쳐주어야 합니다. 또한 통제 쪽으로 너무 많이 기울어져 있다면 그동안 부족했던 애정 부분에 더욱 무게를 주어 균형이 맞도록 해야 합니다.

나무를 키울 때 그저 영양분만 듬뿍 주고 병충해를 막아주거나 그 나무가 가진 취약한 점을 제대로 보완해주지 않으면 나무는 건강하게 자랄 수 없습니다. 물론 잘 자랄 수 있는 최적의 조건은 만들어주었지만 더욱더 잘 자랄 수 있게 영양분을 주지 않는다면 맛있는 열매를 맺기 어려울 거예요. 양육도 마찬가지입니다. 아이가 잘 자라기 위해서는 애정과 통제가 균형을 이루는 양육을 해야 합니다.

앞서 4코스에서는 '부모로서 나의 양육 태도'를 살펴보았습니다. 내가 통제가 낮고 애정이 높으면 '허용적 부모'라고 할 수 있고, 애정이 낮고 통제가 높으면 '권위적 부모' 혹은 둘 다 너무 낮으면 '방임형 부모'라고 배웠습니다. 부모로서 우리가 양육에서 추구해야 할 방향은 애정과 행동적 통제 2가지 축을 균형 있게 맞추어 아이가 자기 행동을 조절할 수 있으면서도 자존감이 높은 아이로 클 수 있도록 하는 것입니다. 그러니 현재 나의 양육 태도는 애정과 통제 중 어느 쪽이 과하거나 부족한지 확인한 후 균형을 맞추는 양육 방향으로 가셔야 합니다.

좋은 양육이란?

양육의 2가지 축인 '애정'과 '행동 통제'를 균형 있게 받아온 아이는 과연 어떻게 자랄까요? 반대로 그렇지 못한 경우에는요? 이는 아이가 부모로부터 독립해야 하는 시기가 왔을 때 자기 삶을 제힘으로 개척해나가는 모습을 보면 알 수 있습니다.

아기 돼지 삼 형제가 독립해서 집 짓는 과정

아기 돼지 삼 형제 이야기, 기억하실까요? 어느 날 아기 돼지 삼 형제의 부모님은 삼 형제를 독립시키기로 합니다. 부모를 떠난 삼 형제는 자신이 원하는 곳에 자리를 잡고 어떤 재료로 집을 지을지 결정해 자기가 살 집을 직접 짓기 시작합니다. 짚 더미로 집을 지은 첫째 돼지의 집은 늑대가 '후~' 하고 불자 금세 날아가 버립니다. 둘째 돼지는 조금 더 든든한 나무로 집을 만들었습니다. 하지만 늑대가 아주 힘껏 '후~~ 후~~' 하고 불자 역시 날아가 버려요. 막내 돼지는 벽돌을 사용해 튼튼하게 집을 만들었습니다. 늑대가 아무리 '후~~~ 후~~~' 하고 불어도 절대 무너뜨리지 못합니다. 막내 돼지는 형들을 자기 집으로 들여 안전하게 보듬어주며 지혜로 늑대를 물리칩니다.

우리가 아이에게 하는 양육이 이와 같습니다. 아이가 제힘으로 세상을 살아갈 수 있게 기반이 될 재료를 제공하는 것이지요. 첫째 돼지는 왜 볏짚으로 집을 지었을까요? 우리가 흔히 알고 있는 동화에서는 쉽고 빠르게 집을 지을 수 있는 재료로 후딱 집을 지으면 봉변을 당할 수 있으니 게으르지 말아야 한다는 교훈을 주지만 저는 양육 관점에서 이렇게 설명하고 싶습니다.

첫째 돼지는 볏짚으로 집을 지을 수밖에 없는 성격이 형성되었을 듯합니다.

볏짚으로 집을 지으면 금방 무너질 수 있고 외부의 공격에도 취약함을 알지만 '대충 뭐 어떻게 잘 되겠지'라고 생각하느라 그 이상의 노력을 할 수 있는 지혜와 경험이 부족했을 것입니다. 아마 부모님이 많은 것을 제공했기에 굳이 자신이 노력해 무언가를 튼튼하게 만들어보는 경험을 할 필요가 없었을 것입니다.

부모님은 첫째 돼지가 집을 지을 수 있는 재료로 '볏짚'을 생각할 수 있게 키웠습니다. 열심히 나를 희생하며 키웠지만 아이가 자기 힘으로 튼튼한 집을 지을 수 있는 재료를 찾을 방법을 가르쳐준 적이 없을 것입니다. 즉 세상 물정을 너무 모르게 키운 것이지요. 그리고 첫째 돼지는 집이 무너졌을 때 스스로 위기를 극복할 다른 방법을 찾기보다 자기보다 약간 지혜로운 둘째 돼지를 찾아갑니다. 문제 해결력도 양육 과정에서 부모에게 배우지 못한 것입니다.

둘째 돼지는 첫째 돼지보다는 조금 더 튼튼한 재료를 선택해 집을 지었습니다. 집을 지을 때 나무는 좋은 재료이기는 하지만 늑대가 좀 더 힘껏 불었을 때 무너진 것을 보니 잘 만든 집은 아니었을 듯해요. 제 생각에는 굵은 나무를 가져다가 대들보를 세우지도 않았을 것 같아요. 아마 삭정이를 주워 얼기설기 엮어 집을 만들었을 것 같습니다. 변형을 막기 위해 기름칠을 하는 등의 수고도 물론 하지 않았을 거예요.

저의 추측으로 부모님은 둘째 돼지에게 오랜 시간 수고해서 큰 나무를 자르고 나무와 나무를 이어 붙이고 기름칠하는 모습을 보여주지 않으셨을 듯합니다. "얼른 빨리 해!"라고 조급하게 아이를 다그쳐 그럴듯한 재료를 찾아 그럴싸한 모양을 만들어 내는 데 더욱 집중하게 했을 것 같습니다. 그래서 오랜 시간 정성을 들이고 다듬어야 하는 과정을 제대로 경험하지 못한 것 같아요.

'관계'란 바로 이런 것입니다. 아이의 곁에 앉아 무언가를 열심히 하는 모습을 기특하게 바라보고 궁금해하고 끝까지 잘 해낼 수 있게 격려하는 수고를 해야 하는 과정이지요. 선조들은 가구의 변형을 막기 위해 가구에 옻칠하고 말리는 과정을 7번이나 반복했다고 합니다. 이처럼 아이에게도 관대하게 참아주고 다시 기회를 주며 격려해 끝까지 튼튼한 집을 만들 수 있게 함께 시간을 보냈다면 둘째 돼지가 나무라는 좋은 재료를 택했음에도 늑대가 힘껏 불면 무너져버리는 집으로 만들지는 않았을 거예요. 오히려 머무는 사람의 마음마저 편해지는 고풍스러운 가옥을 지어낼 수도 있지 않았을까요?

아기 돼지 삼 형제의 부모님은 삼 형제가 부모 품을 떠나 독립해 스스로 살 집을 지어야 할 시기가 되었을 때야 비로소 알게 되셨을 것 같습니다. 내 아이들이 나중에 집을 지을 수 있는 재료를 만들어주려고 부모인 자신이 열심히 노력하며 교육했지만 결국 아이는 결정적인 순간에는 자기가 가진 재료로 집을 지어야 한다는 점을요. 어린 시절 부모님의 균형 있는 애정과 행동적 통제를 받으며 스스로 집을 짓는 방법을 연마한 아이는 독립한 당시에는 시행착오를 겪겠지만 결국 내가 원하는 집을 지을 수 있습니다.

하지만 내가 어떤 집을 짓고 싶은지 아이디어도 없고 어떻게 해야 하는지도 모르는 아이는 부모님이 준 재료로 집을 지어야 합니다. 이렇게 지은 집은 늑대가 후~ 불면 금세 무너지지요. 이럴 때 아이는 애착이 불안하면 행복하다고 느끼지 못합니다. 통제가 부족하면 집이 무너져 좌절했을 때 다시 일어설 용기를 내지 못하고 무기력한 채로 계속 머물 것입니다.

부모를 떠나 독립하는 첫발을 내디디며 내가 가진 재료로 나만의 집을 짓는 시도를 해보면 아이도 알게 됩니다. 내가 부모에게 어떤 양육을 받았고 그로 인해 무슨 재료를 사용해 어떤 집을 지을 수 있는지를요. 좋은 양육이란 부모가 아이를 한없이 사랑해 무슨 일이든 도와주고 싶어도 아이가 제힘으로 삶을 살아가기 위해 넘어지고 다시 일어나는 과정을 묵묵히 지켜보는 것입니다.

또한 아이의 방법이 틀린 것 같아 부모가 아는 방법을 가르쳐주거나 더 나은 방법을 선택하도록 지도하고 싶어도 한발 물러서는 것입니다. 자기에게 가장 좋은 방법을 스스로 깨우치고 선택할 수 있게 격려하는 것이지요. 결국 양육에서 부모의 역할이란 아이가 어른이 되어 독립하면 제힘으로 자기 삶을 살 수 있도록 도와주는 것입니다.

셋째 돼지는 부모님에게 어떤 양육을 받았는지 동화에서는 나오지 않지만, 결과적으로 튼튼한 집을 짓고 어려움에 부닥친 형제들을 도와주며 그들과 함께 늑대를 물리치는 지혜를 보여줍니다. 이처럼 같은 부모님 아래에서 양육 받았지만, 돼지 삼 형제는 각각 다른 문제 해결 방식을 가졌음을 볼 수 있습니다. 한 사람의 인성은 타고난 기질과 자라온 환경의 조합으로 만들어지기에 타고난 삼 형제의 기질이 부모님과의 상호작용을 통해 오랜 기간 각자의 문제 해결 방식을 만들게 되었기에 서로 다른 삶의 결론을 얻게 된 것입니다.

즉 같은 부모에게서 자랐어도 어떤 아이는 성숙하고, 어떤 아이는 그렇지 못한 성격을 형성할 수도 있지요. 부모는 아이들을 똑같이 대했다고 생각하지만, 아이의 특성에 따라 부모와 아이 각각은 서로 다른 상호작용을 하게 되고 결국은 다른 양육 방식을 보일 수밖에 없으니까요. 따라서 부모님은 아이마다 맞는 애정과 통제를 통해 아이가 성숙한 성격을 형성할 수 있게 양육해야 합니다.

좋은 부모의 역할이란?

해수욕장에 가면 바닷가에 떠 있는 부표를 볼 수 있지요? 이 이상 넘어가면 위험하다는 안전선을 표시한 것입니다. 저는 부모의 역할도 이와 같다고 생각합니다. 지금부터 부모의 역할을 부표에 빗대어 설명해보겠습니다.

아이가 12개월 미만일 때는 안전하게 모래사장에 부표를 설치하셔야 합니다. 그리고 아이 혼자 부표를 넘지 못하게 잘 지켜보며 세상을 소개해주셔야 해요. 모래사장에 앉아서 모래를 느껴보고 바닷바람에 실려 오는 냄새도 맡아보게 합니다. 찰랑거리는 파도 소리도 들어보고 자연의 아름다움을 눈으로도 보고 다채로운 재료 그대로의 맛도 보면서 오감을 통해 경험하는 시기를 가집니다.

이때 훈육도 조금씩 시작해주세요. 넓은 의미로 훈육은 아이가 세상을 살아갈 때 필요한 것을 가르치는 것입니다. 즉 아이가 앞으로 탐색해야 할 세상에 관해 부모가 미리 안내해주는 것이지요.

아이가 아장아장 걸을 수 있는 돌 이후부터 3세 정도가 되면 부표를 바닷가 쪽으로 좀 더 넓게 옮겨주세요. 아이가 바다에 들어갔을 때 바닷물이 무릎 높이 정도로 올라오게 해주시면 됩니다. 여전히 아이 혼자 부표 밖으로 나가면 위험하니 잘 지켜보면서 부모의 손을 잡고 파도의 찰랑거림과 바닷물의 시원함을 느껴보게 해주세요.

어떤 아이는 수심이 좀 더 깊은 바다로 나가고 싶어 합니다. 한계선을 넘으려는 아이에게는 아이가 할 수 있는 한계를 지어주면서 그 안에서 다른 대안을 선택하는 연습도 하게 해주세요. 또 어떤 아이는 얕은 물에서도 두려워합니다. 이때는 아이의 수준에 맞춘 물 높이에서 아이에게 자신감이 생길 때까지 아이를 격려하며 물에 적응해 안심할 수 있도록 다양한 경험을 하게 해주세요.

아이가 4세에서 6세 정도가 되면 부표를 아이의 가슴 높이 정도까지의 깊이로 옮겨주세요. 이제는 아이에게 수영하는 방법을 알려 줄 시기입니다. 처음부터 잘할 수는 없습니다. 아이 자신도 많은 연습이 필요하고 부모님의 도움도 필요합니다. 자율성이 발달하는 시기이기에 아이는 "나 혼자 할 거야! 할 수 있다고!" 하며 떼를 쓰지만 안전을 위해 부모의 손을 잡고 수영해야 하는 점, 수영할 수 있는 장소 등 큰 결정은 부모가 도와주고 수영복을 고르는 것, 수영할 시간을 정하는 것 등 작은 결정은 아이가 스스로 할 수 있도록 존중하며 천천히 수영하는 방법을 알려주세요.

지금까지 아이에게 맞추어 잘 양육했다면 이제는 다른 사람을 배려할 수도 있고 하지 말아야 하는 일도 알고 있으며 자기 욕구를 제대로 충족할 수 없다면 다른 대안을 선택해보는 과정도 경험해보았을 것입니다. 이제 아이가 제힘으로 수영할 줄 안다면 지금부터는 아이를 지지하고 격려하며 더욱더 다양하게 수영하는 방법을 배울 수 있도록 해주시면 됩니다.

물론 파도의 정도와 날씨, 외부로부터 위험이 있는지 계속 주시하면서 아이가 안전한 바운더리 안에서 자유롭게 수영할 수 있도록 해주세요. 아이의 발달이나 기질의 수준에 따라서 조금씩 더 깊은 바다 쪽으로 부표를 이동하면서 조금 더 깊은 물에서도 잘 수영할 수 있게 도와주세요.

이렇게 부모는 아이가 아동기와 청소년기를 거치며 감정의 파도가 밀려올 때, 관계의 어려움이 닥칠 때 그러한 문제들을 스스로 잘 극복하며 성장하도록 돕다가 아이가 어른이 되면 나만의 새로운 세상을 향해 헤엄쳐갈 수 있도록 부표를 거두는 것이 부모의 역할입니다. 언젠가 부모의 바운더리를 벗어나 그동안 경험하지 못한 것들을 경험하고 개척해나갈 수 있게 많이 연습한 아이는 처음에는 긴장이 되겠지만 곧 제힘으로 여러 파도를 헤쳐 나가 항구에도 도착하고 섬에도 가보는 등 다양한 경험을 할 것입니다.

만약 부모가 아이의 기질과 발달에 맞지 않게 부표의 위치를 옮기면 어떻게 될까요? 두려움이 많은 기질의 아이에게 그저 괜찮다고 말하며 처음부터 부표를 아이가 헤엄칠 수준보다 깊은 곳에 두고 수영해보라고 하면 아이의 두려움만

증폭될 것입니다. 모험심이 강한 기질의 아이에게 부모의 염려 때문에 부표를 아이의 무릎 높이의 깊이에 두고 더는 나아가지 못하게 막는다면 아이는 호시탐탐 미지의 세계로 빠져나갈 궁리를 할 것입니다. 대근육 발달이 조금 늦은 아이에게 남들은 다 하는데 왜 너는 못 하느냐고 다그치며 무리하게 수영하도록 하면 아이는 위축됩니다.

수영을 빨리 배운다고 좋은 게 아니고, 수영을 늦게 배운다고 나쁜 게 아닙니다. 아이의 현재 수준에 맞게 충분히 연습하면서 즐겁게 이 과정들을 해나가는 게 가장 좋은 것입니다. 양육의 목적지는 현재 아이의 모습이 아니라 아이가 어른이 된 후 스스로의 힘으로 자신의 세계를 찾아 떠날 때의 모습이니까요.

부부가 양육에 관한 생각이 서로 다르다면 어떨까요? 아빠는 아이가 좀 더 가 보아도 괜찮을 것 같아서 더 깊은 바다 쪽으로 부표를 두고, 엄마는 위험해서 안 된다며 모래사장과 더 가까운 곳에 부표를 두면 아이는 혼란스럽습니다. 아빠 쪽으로 가자니 엄마가 야단을 치고, 엄마의 뜻을 따르자니 아빠가 겁쟁이라고 합니다. 혼란스럽겠지요. 혹은 어떤 날은 부모가 기분이 좋아서 바다 쪽으로 부표를 확 옮겼다가 화가 나면 절대 바다 쪽으로는 나갈 수 없다며 부표를 모래사장 쪽으로 당겨버리면 아이는 부모의 일관적이지 않은 태도에 무기력해집니다.

또한 너무 바빠 양육에 관심을 두기 어려워서 혹은 우울증이 있거나 부부 사이가 좋지 않아서 등 여러 가지 이유로 부모 중 한 명만 부표를 붙잡고 있으면 어떻게 될까요? 아이가 위험에 빠질 일이 더 많을지도 모릅니다. 물론 그럴 수밖에 없는 편부모 가정도 있으실 듯합니다. 그럴 때는 주변의 도움을 받아 아이가 받아야 하는 사랑을 최대한 채워주되, 부모 역시 번아웃 되지 않도록 본인의 육체적, 정서적 연료통도 채우셔야 합니다.

양육은 참으로 많은 것을 요구합니다. 아이가 온전하게 자라기 위해서는 아이의 수준에 따라 안전한 바운더리 안에서 자유롭게 수영할 수 있도록 많은 연습과 인내의 시간이 필요하고, 무엇보다도 그 과정을 부모가 한마음으로 호흡을 맞추어가며 해야 하는, 아주 장시간에 걸친 프로젝트이기 때문입니다. 마치 2인 3각처럼 파트너와 호흡이 맞지 않으면 안 되는 과정이기에 무엇보다도 부부가 같은 목표를 향해 함께 나아가는 것이 중요합니다.

고칠 수 있는 것과 고칠 수 없는 것

양육 코칭 전문가에게 처음 양육 코칭을 의뢰하시면 양육 코칭 전문가는 부모님에게 그동안의 양육에 관한 정보를 받게 됩니다. 그중 제가 가장 중요하게 생각하는 항목은 '부모님이 상담받으러 오게 된 동기'입니다. 여기에는 내 아이에게 문제가 있다고 생각하는 점과 상담을 통해 도움받기를 원하는 점 등을 씁니다. 그리고 뒷장을 넘기면 '상담을 종료하고 나면 무엇이 달라져 있기를 원하십니까?'라는 항목을 쓰시게 됩니다. 대부분 부모님이 이 항목에 "차분히 앉아서 할 일을 끝까지 해냈으면 좋겠습니다." "자기가 하고 싶은 것을 용기 있게 해냈으면 좋겠어요." "다른 사람들과 자기 것을 나누는 넉넉한 아이가 되었으면 좋겠습니다" 등 자기가 생각하는 이상적인 아이의 모습을 쓰십니다.

양육하다 어려움을 겪는 부모님 대부분이 지금 당장 어려움을 없애고 싶어 상담소를 방문하십니다. 하지만 양육 코칭은 부모님이 원하는 아이로 뚝딱 만드는 과정이 아닙니다. 말 안 듣는 아이가 말을 잘 듣게 되고, 공부를 안 하던 아이가 공부를 잘하게 되는 게 목표도 아니고요. 양육 코칭의 목표는 현재 아이의 문제 행동에 있지 않습니다. 앞으로 아이가 어떤 사람이 될 것인가에 초점이 있습니다.

부모님이 문제 행동이라고 생각하는 아이의 모습 중에는 발달상 혹은 기질 특성상 당연하게 나타나는 것이 많습니다. 즉 타고났기에 아무리 야단쳐도 고쳐지지 않습니다. 대부분 부모가 아이가 달라졌으면 하는 내용으로 아이를 훈육하지만 야단쳐도 늘 같은 문제가 반복된다면 부모님은 양육에 좌절감을 느끼고 아이는 계속 억울함만 쌓이게 될 것입니다.

그렇기에 부모님이 원하는 이상적인 아이의 모습이 내 아이가 갖고 태어난 기질이나 발달상에서는 기대하기 어려운 모습이라면 지금 당장 부모가 원하는 모습으로 아이를 고치려고 하시면 안 됩니다. 오랫동안 시간을 들여 균형 있는 애정과 행동적 통제를 통해 다듬어져야만 한다는 것을 말씀드리고 싶습니다.

저는 양육 코칭 전문가가 되고 싶은 많은 선생님에게 저희 센터에서 연구 및 개발한 양육 코칭 방법을 가르치고 있습니다. 슈퍼비전supervision 활동을 할 때 초보 양육 코칭 전문가가 흔히 하는 실수에는 '부모님이 상담 후 아이가 달라졌으면 하는 점'을 상담 목표로 잡는 점입니다. 엑셀형 기질을 가진 아이를 부모님이 원하는 대로 차분히 앉아 있는 아이가 되도록 훈육 목표로 잡게 되면 센터에서 상담받을 때는 잠깐 좋아지는 것 같지만 집에 가면 전혀 달라지지 않았음을 보게 됩니다.

부모님으로서는 귀한 돈과 시간과 에너지를 썼는데도 달라지지 않는 아이를 보며 실망하게 되지요. 애초에 이는 오랜 시간을 두고 조절해야 하는 것이지 지금 당장 고칠 수 있는 문제가 아니었기에 당연한 결과입니다. 오히려 부모님이 생각하는 이상적인 모습은 지금 당장은 될 수 없는 모습임을 알려드리고 꾸준히 아이의 기질을 조절할 수 있도록 장기적인 양육 코칭을 하는 편이 훨씬 효과적입니다.

현재 한국에 있는 상담센터 대부분이 아이와 선생님이 40분 정도 상담하고,

남은 10분 정도에 부모 상담을 진행하는 구조인데요. 사실 기질과 발달, 인지적인 능력 같은 타고난 부분은 1주일에 1번 40분 정도 상담하고 치료한다고 해서 갑자기 달라지지 않습니다. 오히려 내 아이에 관해 부모님이 제대로 알아 아이가 균형 있는 발달을 이루게 도울 수 있도록 장기간에 걸쳐 부모님이 아이에게 양육 코칭 전문가가 되셔야 합니다.

그래서 저는 양육 코칭을 의뢰하는 가족에게 처음부터 양육 종합 검사를 진행하여 부모님에게 고칠 수 있는 것과 고칠 수 없는 것, 즉 아이의 기질 중 받아들여야 하는 점과 조절해주어야 하는 점을 정확하게 구분하여 장·단기적인 양육 플랜을 짜 드립니다. 물론 자신이 아무리 노력해도 내가 원하는 이상적인 모습의 아이가 될 수 없다는 말에 충격을 받으시긴 하지만 부모라면 내가 원하는 모습의 아이가 아닌 아이가 가진 씨앗대로 열매를 맺도록 도와주셔야 합니다. 그래야 내 아이가 행복하게 자랄 수 있으니까요.

칭찬해야 할 것과 칭찬하지 말아야 할 것

우리는 '칭찬'을 마냥 좋은 것으로 생각합니다. 우리가 어릴 때 했던 많은 일의 동기를 살펴보면 칭찬받고 싶어 했던 예가 많습니다. 특히 칭찬에 인색했던 우리 세대의 부모님에게 잘했다고 칭찬받고 싶어 노력했던 기억들이 어렵지 않게 떠오르실 거예요. 하지만 칭찬이 아이에게 독이 될 수도 있다는 사실을 알고 계시나요? 특히 부모인 자신이 아이에게 하는 칭찬 중 아이가 타고난 기질, 지능, 발달, 외모 등에 관한 게 많다면 더욱 하시면 안 됩니다. 부모님이 무심코 한 칭찬에 아이는 자기 행동에 제약이 걸리는 예가 많거든요.

저는 어렸을 때 어른들에게 "착하게 생겼다" "착하구나"와 같은 말을 많이 들었습니다. 그래서 '도대체 어떻게 생기면 착한 거지? 나는 진짜 착한가?' 싶은 고민이 참 많았습니다. 칭찬이니까 그렇게 보이고 싶어 노력했던 적도 있었고 어떤 때는 그러한 말이 부담스럽고 싫어 못된 아이처럼 살아보고 싶다고 생각하기도 했습니다.

하지만 저는 정서적 연료통이 매우 큰 아이였기에 이런 칭찬이 저의 정서적 욕구를 채워주는 것처럼 느껴졌습니다. 그래서 더 많이 칭찬받으려고 더욱더 노력했고 이는 제 성격 발달에도 많은 영향을 미쳤습니다. 자기 수용보다 타인 수용이 높은 성격이 형성된 것이지요. 그리고 거절하거나 요구하는 데도 어려움을 느꼈습니다. 착한 아이라는 칭찬이 철회될 수도 있다는 두려움도 생겼지요.

이렇듯 자기도 모르는 사이에 아이에게 하면 안 되는 칭찬을 하는 부모님이 많습니다. 앞에서도 말씀드렸지만 타고난 것은 노력으로 바꾸기 어렵기에 "이번 시험에서 100점 맞았네. 천재구나!" "어쩜 그렇게 착하니!" "너무 예쁘다!" 같은 칭찬을 들으면 당장은 기분이 좋겠지만 아이는 불안감을 느낍니다. 왜냐하면, 지능이나 외모, 기질 등은 타고난 것이기에 노력한다고 해도 잘 바뀌지 않는데 칭찬받으면 계속 그렇게 해야 할 것 같은 부담을 느끼기 때문입니다.

지능에는 한계가 있는데 천재라는 칭찬을 들은 아이는 더욱더 잘하려고 애쓰지만 잘되지 않을 때 좌절을 느낍니다. 타인을 수용할 수 있는 성격은 후천적으로 형성되어야 하는데 사회적 민감성이 높은 아이는 나를 위해 거절 혹은 거부해야 하는 순간에도 이러한 칭찬이 철회될 것 같아 "그래, 알았어"라고 말하는 경우가 많지요.

기억해주세요. 부모라면 아이의 타고난 기질, 발달, 지능, 외모 등과 같이 변하기 어려운 부분과 행동에 관한 결과 및 성과에 관한 칭찬은 하지 않는 편이 좋습니다. 오히려 우리가 해야 할 칭찬은 아이가 했던 노력과 과정, 존재 자체 등입니다. 이를 '격려'라고 하지요. 그러니 아이의 성장을 위해 이렇게 말해주세요.

"너는 어떤 경우라도 사랑하는 내 아이야."
"실수해서 속상했구나. 이 과정을 통해 중요한 점을 배웠구나."
"이만큼 노력해서 마음에 드는 결과를 얻었구나. 우리도 이렇게 기쁜데 이를 이루어낸 너는 얼마나 자랑스럽니?"
"네가 얼마나 고생하며 만들었는지 우리가 지켜봤잖니. 정말 대견하다."
"너를 믿어. 네게 무엇이 가장 좋을지 결정할 수 있는 사람은 너 자신이야."

하지만 우리가 아이에게 하는 칭찬 대부분은 "잘했다!" "우와~ 멋지네!" "예쁘다~" "다 정답이야? 훌륭한데!"처럼 짧은 결과에 관한 칭찬입니다. 왜 이런 칭찬을 하게 될까요? 아이가 하는 과정에는 관심이 없기 때문입니다. 그림을 그릴 때 얼마나 고심해서 색깔을 골랐는지, 어떤 경험을 떠올렸는지, 자기 자신을 그릴 때 어떤 마음이 들었는지 관심이 없기에 잘 모릅니다. 그렇기에 아이가 자랑하고 싶어 "이것 좀 보세요!" 하며 가지고 달려온 스케치북의 결과만 보게 됩니다. 그러니 결과를 칭찬할 수밖에 없겠지요.

무심코 하는 잘못된 칭찬으로 아이가 자신이 바꿀 수 없는 타고난 기질과 지능, 외모 등의 한계를 바꾸기 위해 불안해할 수도 있음을 기억하셨으면 좋겠습니다. 그저 아이가 무언가를 하는 과정을 흐뭇하게 지켜보며 격려와 지지를 보내고, 성취한 것을 함께 기뻐하는 부모가 되었으면 좋겠습니다.

'격려'라는 뜻을 지닌 영어 단어 'encourage'의 어근인 'courage'는 '용기'를 뜻합니다. 이 단어는 심장을 의미하는 라틴어인 'cor'에서 유래했습니다. 이처럼 누군가를 격려하는 일은 심장을 주는 것, 즉 용기를 주는 것입니다. 격려받으면 나의 행동에 좀 더 자신감을 가지고 도전할 수 있게 되고, 나의 역량을 스스로 신뢰하게 됩니다. 그래서 부모에게 격려를 많이 받고 자란 아이는 셋째 돼지처럼 자기를 믿으며 튼튼한 집도 짓고 그 안에 다른 사람들까지 품을 수 있는 어른으로 성장할 수 있습니다.

자존감 높은 아이로 키운다는 것은?

성난 목소리로 "이거 왜 이렇게 했니?"라는 선생님의 질문에 민교는 '선생님이 무언가 오해하신 걸까?'라고 생각하며 "선생님, 무엇 때문에 그러세요?"라고 물어봅니다. 선생님이 어떠한 일 때문에 그러시는지 들어보고 이를 해결하려는 마음을 가집니다.

반면 선생님에게 똑같은 질문을 들으면 민용이는 '내가 무얼 잘못했다고 나만 가지고 야단이야'라는 불만이 먼저 올라옵니다. 혹시 선생님이 나를 싫어하고 미워해서 그러는 건 아닐까 걱정도 됩니다. 선생님이 뭐라고 하실지는 모르겠지만 우선 핑곗거리를 생각해봅니다.

아이가 어떻게 컸으면 좋겠느냐고 물어보면 부모님 대부분이 다른 여러 가지 중요한 것도 많지만 우선 자존감이 높은 아이로 컸으면 좋겠다고 이야기하십니다. 자존감이 높다는 것은 무엇일까요? 사전적인 의미의 자존감은 '스스로 품위를 지키고 존중하는 마음'이라고 합니다. '나는 가치 있는 존재야. 존재 자체만으로도 사랑받을 수 있어. 나는 어떤 어려움이 닥쳐도 맞서서 이겨낼 수 있는 능력이 있어. 그리고 내가 노력하면 성취할 수 있어!'와 같은 자기 확신에 관한 것이지요. 실제로 자존감이 높은 사람은 살면서 어려움이 닥쳐도 잘 이겨내고 쉽게 무너지지 않습니다.

많은 사람이 '자존감'과 비교하는 말로 흔히 '자존심'을 이야기합니다. '자존감'과 '자존심' 모두 '자기 자신을 존중하는 마음'이라는 뜻이 있습니다. 하지만 이 둘은 존중의 대상이 누구인가에 따라 완전히 다른 의미가 됩니다. '자존감'은 자신을 스스로 사랑하고 존중하는 마음이지만 '자존심'은 타인으로부터 자신의 권위와 가치, 품위와 체면 등을 지키려는 마음입니다.

그래서 자존감이 높은 사람은 타인의 말이나 평가에 따라 나를 좋거나 혹은 좋지 않게 여기지 않고 여전히 자신을 존중하는 마음을 갖습니다. 그렇기에 문제에 부닥쳤을 때 좀 더 객관적으로 생각하고 판단할 수 있어 잘 헤쳐 나갈 수 있습니다. 하지만 자존감이 낮고 자존심이 높은 사람은 자기 가치를 타인을 통해 찾으려는 마음이 크기 때문에 다른 사람에게 좋지 않은 평가를 받으면 나를 지키기 위해 방어하거나 공격하는 마음을 가지게 됩니다.

그럼 내 아이가 자존감이 높은 사람이 되려면 어떻게 해야 할까요? 많은 부모님이 내 아이의 자존감을 높여주기 위해 노력하시는데요. 대부분 아이가 공부를 잘하거나 똑똑해서 선생님에게 인정받으면 자존감이 높아지리라고 생각해 억지로 공부시키는 경우가 정말 많습니다. 공부를 잘해서 1등을 하면 자존감이 확 높아질까요? 물론 자주 칭찬받으면 자신감이 올라가 자기 확신이 높아질 수는 있지만 자존감은 행동에 관한 평가보다 더 중요한 형성 과정이 있습니다.

우리는 앞서 1~4코스를 거치며 내 아이는 어떤 아이인지, 나는 어떤 부모인지, 우리는 어떤 부부인지에 관해 살펴보았습니다. 우리 부부가 아이를 잘 키우는 부모가 되기 위해서, 그리고 우리 가족이 한 팀을 이루어 같은 방향을 향해 나아가기 위해 가장 필요한 것은 바로 '서로를 있는 그대로의 모습으로 받아주는 것'입니다. 이러한 수용은 자존감과 아주 밀접한 관계가 있기에 수용을 제대로 받지 못하고 자란다면 자존감이 높은 사람이 되기 어렵습니다.

그럼 상대의 있는 그대로의 모습을 수용한다는 것은 무엇일까요? 아이의 타고난 씨앗인 욕구를 수용하는 것입니다. "너는 하고 싶은 게 있으면 앞으로 달려가고 싶구나" "너는 무엇을 시작하기 전에 한참 생각하고 천천히 시동을 거는 아이구나" "무언가 시작하기 전에 잘되지 않을 것 같은 불안감이 들어? 당연히 그럴 수 있지" "우리가 함께해주었으면 싶어? 네가 도움을 요청하면 우리는 언제든지 도와줄 거야" 등 이렇게 자기가 타고난 기질을 부모가 인정할 때 아이는 자신이 충분히 존중받을 만한 사람이라 여기고, 자기가 살아갈 세상이 안전하다고 생각하게 됩니다. 이렇게 충분히 부모에게 자기 기질을 수용 받은 아이는 자기 기질을 점점 더 나은 방향으로 조절할 수 있게 됩니다.

반면 내가 타고난 기질을 부모에게 제대로 수용 받지 못한 아이는 어떨까요? 자신은 무언가 시작하기 전에 불안감이 큰데 부모는 그게 뭐가 무섭냐고 말하면 자신은 잘못된 아이인지 고민합니다. 나는 다른 사람들에게 내 마음을 이야기하기 싫은데 부모는 답답하게 입만 꾹 다물고 있지 말고 무슨 말이든 좀 하라고 재촉하면 자신이 나쁜 아이인지 생각합니다.

즉 나는 이렇게 타고났기에 자연스럽게 할 수밖에 없는 행동인데도 부모가 자꾸 좋지 않다고 말하면 아이는 내 행동은 나쁘니 고쳐야 한다고 생각합니다. 하지만 타고난 기질은 노력한다고 잘 바뀌지 않습니다. 이러한 상황이 반복되면 아이는 점점 좌절하게 되고 나에 관한 신뢰가 떨어집니다.

부모가 아이의 모습을 있는 그대로 수용하기란 생각처럼 쉽지 않습니다. 그 모습으로는 아이가 사회에 적응하거나 살아가기 힘들 것이라고 생각하기 때문입니다. 하지만 아이의 모습을 있는 그대로 존중하고 존재 자체로 귀하게 여겨

준다면 아이는 성장하며 점점 더 나은 방식으로 자신의 모습을 만들어갈 것입니다. 즉 부모가 아이를 있는 그대로 수용해주는 것, 그것이 바로 자존감 형성의 기초입니다. 내 아이의 기질을 수용하면서 조절하게 하는 방법은 이후 훈육 파트(p.234 참조)에서 자세히 다룰 것입니다.

아이를 잘 키우려면 밟아야 하는 코스

첫째 아이가 초등학교에 입학했을 때 저 역시 초등학교에 다시 입학한 기분이 들었습니다. 부모 없이 처음으로 아이 혼자 통과해야 하는 관문으로 들어가는 모습을 지켜보는데 걱정도 되고 기대도 되었지요.

지금까지 아이가 세상이 위험하지 않다고 안심할 수 있도록 안전한 울타리가 되어주었고, 자율성이 생기는 시기에 명확히 한계를 설정하여 그 안에서 자유롭게 자신이 하고 싶은 것을 할 수 있는 시기도 거쳤습니다. 그 후에는 주도적으로 자기 행동을 조절하도록 연습하는 단계도 보냈습니다. 그리고 이제 아주 큰 바다는 아니지만 시냇물 정도 되는 세상으로 나간 내 아이가 잘 해낼 수 있을지, 그동안 우리 부부가 아이를 잘 키운 것인지 객관적으로 볼 수 있는 때이기에 더욱더 기대되었습니다.

미국의 정신분석학자 에릭 에릭슨Erik Homburger Erikson이 주장한 사회적 발달 8단계에 의하면 0~1세에는 세상이 안전한지, 나는 부모님을 믿을 수 있는지에 관한 신뢰가 형성되는 시기이기에 이때 부모가 아이의 욕구를 명확하게 채워주지 않으면 세상에 관한 불신이 생겨납니다.

1~3세에는 아이가 세상을 탐색하는 시기인데, 이때 자유롭게 탐색하고 충분

히 경험하며 성취감과 자율성을 느껴야 합니다. 하지만 부모가 지나치게 행동 등을 통제하며 못 하게 하거나 무서운 것이라고 겁을 주게 되면 아이는 '나는 이런 호기심을 가지면 안 되는 존재인가' 싶어 나라는 존재에 관한 의심과 수치심을 가지게 됩니다.

3~5세에는 아이에게 주도성이 생기는 시기입니다. "내가 할 거야!"라는 말을 가장 많이 하는 때이지요. 또래와 경쟁도 해보고 자기가 원하는 것을 적극적으로 주장해보기도 하는데 이때 부모가 "그렇게 하면 나빠!"라고 말하며 주도성에 관한 아이의 욕구를 침해하면 아이는 죄책감을 느끼게 됩니다.

이처럼 유아기에 탐색과 주도성에 관해 연습해본 아이는 이제 새로운 세상을 경험할 준비가 되어 있습니다. 바로 작은 사회, 초등학교입니다. 이때 두 부류의 아이가 이 작은 사회에 처음 발을 내딛습니다. 하나는 신뢰와 자율성, 주도성을 가진 아이이고 다른 하나는 불신과 수치심, 죄책감을 가진 아이입니다. 처음 경험하는 세상 속에서 이 두 유형의 아이가 보이는 반응은 완전히 다릅니다.

전자의 아이는 긴장되기도 하지만 세상에 관한 신뢰가 있습니다. '이 세상은 나를 방치하거나 내가 힘들 때 모른 척하는 세상이 아니야. 해볼 만한 곳이야'라고 생각합니다. 어려운 일이 있을 때도 주도적으로 해본 경험이 있기에 용기 있게 시도해볼 수 있습니다.

반면 후자의 아이는 이곳이 안전한 곳인지, 자신이 잘못해도 수용해줄 수 있는 곳인지 불신이 듭니다. 처음 해보는 많은 일에 자기가 주도적으로 해도 되는지 걱정도 됩니다.

이처럼 아이는 유아기에 반드시 거쳐야 하는 코스를 차근차근 밟아야 다음 단계로 자신 있게 나아갈 수 있습니다. 이 시기에 아이에게 신뢰와 자율성, 주도성의 계단을 만들어주지 못한 부모님이라면 아이가 이 단계를 지금부터라도 안전하게 밟아보는 경험을 할 수 있게 해주셔야 합니다.

부모님과의 신뢰 관계 안에서 그동안 이런 발달 단계를 차근차근 밟아온 아이라면 초등학교에 입학함으로써 근면성의 단계를 거치게 됩니다. 이 시기는 아이가 외부의 새로운 영향과 압력에 노출되고 자기에게 주어진 일을 가정과 학교에서 완성함으로써 얻어지는 성취감을 느끼고 다른 사람들에게 인정받기 위해 부지런히 활동하는 시기입니다.

하지만 우리나라의 부모님 대부분이 이 시기에 아이에게 잘못된 경험을 주는 예가 너무나 많습니다. 바로 "너는 공부만 해. 나머지는 우리가 알아서 해줄게!"가 그것입니다. 이 시기의 아이는 스스로 책가방도 싸보고 숙제도 하며 준비물을 챙기는 등 사소한 것이라도 제힘으로 목표를 정해보고 자기에게 주어진 일을 성실히 하여 완성해보는 경험을 꼭 해보아야 하는데 6년 동안 그저 부모님이 시키는 일정대로 보낸 아이는 오히려 열등감을 느끼게 될 수도 있습니다.

"저도 아이가 스스로 하면 좋죠. 그런데 잔소리하지 않으면 숙제도 안 하고 공부도 안 하는데 잔소리를 안 할 수가 없어요"라고 하시는 부모님이라면 우선 아이가 밟아야 할 신뢰-자율성-주도성의 계단에서 부모가 차근차근 밟을 수 있게 도와주지 않은 계단이 있는지 점검한 후 그 단계를 아이와 다시 차근차근 밟은 다음 아이가 자율적으로 자기 행동을 스스로 해내는 경험을 할 수 있도록 도와주어야 합니다. 그래야 그다음 시기인 사춘기 때 아이가 정체성에 혼란을 느끼지 않고 존재 그대로의 나를 인정하는 어른으로 자랄 수 있습니다.

아이의 문제는 아이가 풀도록 하는 것

상담센터에 오신 부모님 중 다음과 같이 말씀하셨던 분들이 계십니다.

"우리 도영이는 친구에게 자꾸 자기가 소중히 아끼는 물건을 줘요. 어떻게 하면 좋죠?"

"수호는 받아쓰기 시험 전날 집에서 수십 번 연습해서 다 아는 문제인데도 꼭 시험에서 하나씩 틀려요. 어떻게 하면 될까요?"

"집에서는 곧잘 말하는데 학교에서 선생님이 발표시키면 꿀 먹은 것처럼 입을 꾹 다물어요. 어떻게 하면 되나요?"

아이에게 문제가 생기면 부모는 이 문제의 소유자가 누구인지 파악해야 합니다. 왜냐하면, 문제는 문제의 소유자가 풀어야지 다른 사람이 대신 풀어줄 수 없거든요. "도영이가 친구에게 물건을 주고 오는 것은 누구의 문제인가요?"라고 질문하면 선뜻 대답하지 못하는 부모님이 많습니다.

"도영이 문제죠. 하지만 제가 답답해서 견딜 수가 없어요"라고 대답하면 이 문제의 소유자는 도영이가 아니라 도영이 부모님에게 있습니다. 이 문제를 해결해야 하는 당사자는 도영이인데 부모님이 자기 문제처럼 아이에게 "감 놔라 대추 놔라" 하고 계신 거예요. 이 문제는 당사자인 아이가 풀어야 합니다.

둘째 아이가 처음 어린이집에 갔을 때였어요. 어느 날 시무룩하게 집에 오더니 저에게 어린이집에 가기 싫다고 말했습니다. 무슨 일이 있었느냐고 물으니 한 책상을 친구와 둘이 함께 쓰는데 친구가 자꾸 자기 자리로 넘어온대요. 자기 물건을 자꾸 쳐서 떨어뜨리고 곁에 다가와 말을 걸고, 건드리는 게 불편했대요.

둘째 아이는 브레이크형에 작은 정서적 연료통을 가진 아이입니다. 지금은 후천적으로 형성되는 성격에서 연대감 기술이 많이 발달하여 또래와 잘 놀지만 어릴 때는 엄마 외에는 곁을 주지 않는 아이였어요. 가족 사이에서는 아주 유명한 일화가 있는데, 이 아이가 4살쯤 할머니 댁에서 엄마 무릎인 줄 알고 할머니 무릎에 앉았어요. 이게 무슨 대단한 일이냐 싶으시겠지만 자주 보는 가족에게도 잘 가지 않는 아이였기에 우리 가족에게는 신기한 광경이었습니다. 가족 모두 눈이 휘둥그레져서 서로 눈을 맞추며 웃었어요.

하지만 자기만 이런 상황을 모르고 있다가 잠시 후 엄마 무릎이 아님을 알고 화들짝 놀라서 저에게 뛰어드는 아이의 모습을 보며 자주 보는 할머니에게도 잘 가지 않는 기질이 있다는 게 참 신기했던 기억이 있습니다. 이렇듯 이 아이는 다른 사람들과 가까이 붙어 있기보다 거리를 두는 게 더 편한 성향을 타고났습니다. 그리고 자신만의 규칙과 설정해놓은 거리감이 깨지는 걸 힘들어하지요. 오랫동안 생각하고 느리게 행동하는 특성을 가진 아이입니다.

이러한 성향을 타고났기에 자꾸 자신의 자리로 넘어오고 자기를 건드리는 친구가 불편했던 거예요. 그래서 어떻게 했느냐고 물어보니 그냥 참았답니다. 아이가 이런 상황이라면 어찌시겠어요? 이런 경우 많은 부모님이 자기 일처럼 걱정하며 어떻게 해결해야 할지 고민하십니다. 선생님에게 짝꿍을 바꾸어 달라고 요청하실 건가요? 어린이집에서 그 아이를 만나면 대신 "친구야. 성운이가 불편하대. 넘어 오지 말아 줄래?"라고 말해주실 건가요? 아님 아이에게 "친구에게 넘어오지 말라고 이야기해!"라고 말씀하실 건가요?

사실 이는 아이 문제지 부모가 해결할 문제가 아닙니다. 이러한 일은 위험 회피가 높고 사회적 민감성이 낮은 이 아이에게 계속 일어날 수 있는 일이기에 그때마다 부모가 나서서 해결해줄 수 없습니다. 아이가 자기 힘으로 해결할 방법을 찾아 계속 시도해보아야 합니다. 이때 부모님께서 해주실 일은 아이가 가장 좋은 방법을 찾을 수 있게 함께 고민하고 지지하며 격려하는 것입니다. 물론 해결 방법은 아이가 스스로 결정해 직접 시도해보아야 합니다. 그래서 저는 아이와 다음과 같이 이야기를 나누어보았습니다.

"그랬구나. 친구가 자꾸 넘어와 밀쳐서 불편했어? 그래서 성운이 물건이 자꾸 떨어져서 힘들었구나. 그럼 그럴 때 성운이는 어떻게 할 수 있겠어?"

"엄마 집에 지우개 몇 개 있어요? 지우개를 갖고 가서 책상 가운데다가 쭉 세워볼래요."

"그렇게 하면 성운이의 불편한 점이 없어질 것 같아? 그럼 그렇게 해보자."

다음날 성운이는 집에 있는 모든 지우개를 들고 어린이집에 갔습니다. 어떻게 되었을지 내심 궁금했는데 집에 돌아온 아이가 후기를 들려주었어요.

"엄마. 지우개를 책상 가운데에다 쭉 놨는데도 친구는 모르는 것 같아요. 계속 지우개까지 넘어와서 더 불편했어요."

"그래? 지우개로 선을 만들어 친구에게 성운이가 불편하다는 걸 알려주려고 했는데 친구가 몰랐구나. 지우개까지 넘어와서 더 불편했어? 그럼 어떻게 하면 성운이가 불편하지 않을까?"

"엄마, 혹시 자 있어요?"

그래서 그다음 날은 자를 들고 어린이집에 갔습니다. 자를 세 개나 붙여 책상 위에 놓아두었는데도 친구는 몰랐답니다. 그다음 날도, 그다음 날도 친구에게 자기 자리로 넘어오지 말았으면 좋겠다는 표현을 할 수 있는 도구를 가지고 갔는데도 친구는 여전히 눈치채지 못했던 것 같아요. 그래도 저는 계속 아이의 힘든 마음에 공감하고 아이가 이 문제를 풀 수 있도록 격려했어요.

저는 아이가 제힘으로 문제를 해결할 수 있도록 응원해주고 스스로 결정한 해결 방법이 위험하거나 다른 사람들에게 피해를 주지 않는다면 지지하는 편입니다. 그래야 자기에게 닥친 문제를 어떻게 하면 풀 수 있을지 많이 고민해보고 그중 가장 좋은 방법도 찾아낼 것이니까요.

속마음은 아이에게 "친구에게 넘어오지 말라고 말해!"라고 하고 싶지만 할 수 있었으면 벌써 했겠죠. 하지만 언젠가 아이가 스스로 그렇게 말할 수 있을 때까지 기다려주고 믿어주면서 계속 아이의 도전을 격려해주었습니다.

한 2주쯤 지났을까요? 어느 날 성운이가 "엄마~~~!" 하고 엄청나게 큰 소리로 저를 부르며 얼굴은 상기되고 콧구멍은 씰룩거리며 하원 했어요. 좋은 일이 있었대요. 무슨 일이 있었는지 물어보았더니 자기가 할 수 있는 모든 방법을 해보아도 친구가 자기 의도를 알아차리지 못해 며칠 동안 연습하다 드디어 친구에게 귓속말로 "친구야, 불편하니까 내 쪽으로 너무 넘어오지 마"라고 말했대요. 그랬더니 친구 역시 귓속말로 "알았어 성운아"라고 말했대요. 물론 그 친구는 그다음 날도 계속 넘어왔지만 이제 성운이는 옹알이처럼 입에 맴돌던 말인 "넘어오지 마"를 할 수 있었기에 괜찮았대요.

저는 그날 성운이 표정을 잊을 수가 없습니다. 아이가 자기 기질을 뛰어넘어 본 경험을 한 것이니까요. 그래서 저는 그날 조각케이크에 초를 꽂아 파티를 열었어요. 성운이 역시 자신을 얼마나 대견스럽게 생각하던지요. 엄마인 저도 이렇게 성운이가 자랑스러운데, 용기를 내어 친구에게 하고 싶은 말을 한 성운이 자신은 얼마나 스스로 자랑스러웠을까요.

파도를 혼자 넘는 아이가 안쓰럽고 걱정되시겠지만 아직은 부모님이 지켜보는 가운데 이 작은 파도 같은 시험을 계속 스스로 풀어보아야 아이는 자신의 첫 번째 사회생활인 초등학교에 잘 적응할 수 있습니다. 물가에 내놓은 아이처럼 불안하여 아이의 문제를 부모가 대신 풀어주면 살면서 마주칠 정말 큰 시험 앞에서 아이는 자기에게 이 문제를 풀 만한 실력이 없다는 사실에 좌절하게 됩니다. 물론 아이가 제힘으로 해결하기 어려운 아주 큰 문제들은 부모님이 도와주셔야 하지만 아이가 견딜 수 있는 작은 파도는 스스로 넘어보는 연습을 할 수 있도록 아이에게 권리를 넘겨주셨으면 좋겠습니다.

일관적인 양육

"내 눈에 흙이 들이가기 전에는 절대 안 된다!" 주말 드라마에서 자주 듣던 대사지요? 드라마에 나오는 이런 부모님, 보면서 어떻게 느끼셨나요? 존경스럽고 강단 있고 카리스마 있는 듯이 보이시나요? 하지만 이러한 부모님에게서 자란 아이는 무기력을 배울 수밖에 없습니다. '내가 무슨 말을 해도 우리 부모님은 한번 안 되면 절대 안 되는구나. 내가 다른 마음을 먹은들 무슨 소용이 있겠어…'라는 생각이 체화되거든요.

이는 엄밀히 말하면 심리적 협박입니다. 아이의 행동을 교정하기 위해 평소 협박을 많이 하시면 아이가 부모에게 신뢰감을 가지기 어렵습니다. 부모가 하는 협박에는 "네가 이렇게 하면 이렇게 해주고, 이렇게 하지 않고 저렇게 하면 안 해줄 거야!"라는 목적성이 있습니다. 이는 부모보다 약한 아이를 조종하는 것과 같아요. 이럴 때마다 아이는 얼마나 무기력함을 느낄까요. 지금은 부모보다 힘이 없으니 부모 뜻에 따르겠지만 부모를 마음 깊이 존경하기는 어려울 거예요.

이러한 부모님에게서 자란 아이는 자기 스스로 무언가 결정을 내리거나 자기 결정이 옳다고 믿고 밀고 나가기가 쉽지 않습니다. 이런 일이 반복되면 어차피 내 결정은 옳지 않고 상대방도 내 의견에 따라주지 않으리라고 사고하게 될 것입니다.

"일관적인 부모가 되어야 한다!"라는 이야기는 많이 들어보셨을 거예요. 그렇다면 여기서 '일관적이다'라는 것은 무엇일까요? 한번 아니라고 하면 눈에 흙이 들어오거나 목에 칼이 들어와도 안 되는 것일까요? 아이는 그저 장난감 하나가 갖고 싶었을 뿐인데 부모님이 내 목숨 혹은 네 목숨을 걸라고 하면 어디 무서워서 살겠습니까?

'일관적'이라는 것은 '행동의 일관성'이 아닌 '가치의 일관성'을 말합니다. 즉 육아에서는 아이가 어떻게 자라야 하는지에 관한 절대적인 기준이 일관성이 되어야 하는 것이지요. 이 기준은 부모가 아니라 아이에게 두어야 합니다. 내 아이의 씨앗은 어떤 씨앗이고 어떻게 자라야 가장 행복할지에 관한 기준을 세우고 그 기준에 맞게 영양분을 주고 문제를 해결할 수 있도록 바로잡아주어야 하지요.

양육하는 과정마다 보이는 아이의 반응이나 문제 해결 과정에서 일어날 수 있는 다양한 상황에 관해서는 일관적이기 어렵습니다. 그때마다 아이가 배워야 하는 게 다를 수도 있고, 무언가를 배우기 위해 그동안 지켰던 규칙을 수정할 수도 있습니다. 예를 들어, 아이가 마음이 힘든 날이라면 매일 하루 한 장씩 꼭 풀기로 약속한 학습지를 하루 정도는 하지 않아도 괜찮아야 합니다. 아이와 축하하고 싶은 일이 생긴 날은 평일에는 보지 않기로 한 영화를 한 편 볼 수도 있고요.

숙제를 끝내지 않으면 절대 책상에서 일어나지도, 좋아하는 놀이도 전혀 못 하게 막아야 하는 것이 아닙니다. 스스로 숙제를 잘하는 아이가 되도록 하는 것을 목표로 하고 부모와 아이가 함께 그 목표를 향해 나아갈 수 있는 다양한 방법을 배워 나가야 합니다. 아이는 계속 변하며 자라기에 육아에서 한번 정해지면 절대 변하지 않는 규칙과 방법만 고수하면 안 됩니다.

> "본질적인 것에는 일치를
> 비 본질적인 것에는 자유를
> 모든 것엔 사랑을."
> – 루퍼투스 멜데니우스 (Rupertus Meldenius)

위의 말은 제가 삼 남매를 키우며 제 안에 새기고 있는 기준입니다. 저는 부모님들이 아이들의 비본질적인 것, 즉 오늘 당장 밥을 안 먹고 숙제를 안 하고 친구를 때리는 등의 지금 모습을 두고 아이와 씨름하지 않으셨으면 좋겠습니다. 물론 아이에게도 이러한 행동이 좋지 않다는 것을 배워야 하는 시간과 과정이 필요합니다. 하지만 우리의 양육 목표는 오늘 안에 아이가 숙제를 끝마치는 데에 있지 않습니다. 자기에게 주어진 일을 즐겁게 하고 새로운 일을 배우는 걸 즐거워하며 다른 사람과 적절한 거리를 유지하며 자기 삶을 자율적으로 살아가는 어른이 되는 것이 우리가 추구해야 할 육아의 가치입니다.

부모가 아이의 오늘 보인 행동에 일희일비하며 지적하고 야단치는 것에서 벗어나 아이가 되어야 하는 먼 미래의 모습에 가치를 두어 그러한 사람으로 성장하도록 양육하는 것에 목적을 둔다면 아이가 지금 당장 내가 원하는 행동을 하지 않아도 괜찮습니다. 아이들은 점점 더 나은 모습, 가치 있는 모습으로 성장해 나갈 테니까요.

아이가 상황에 적응할 수 있게 돕기

타고난 기질상 안전 욕구가 높은 브레이크형 아이는 아이가 안전하다고 느낄 때까지 부모님이 튼튼한 바운더리가 되어주며 그 안에서 어려움을 스스로 극복하는 연습을 함께해주시면 좋습니다. 정서적 연료통이 큰 아이 역시 부모님과 함께 정서적으로 유대 관계를 단단하게 맺는 시간이 많으면 좋겠지요.

하지만 상황적으로 그러기 어려운 때도 있습니다. 부모가 맞벌이거나 부모 중 한명만 육아를 해야 하는 상황이거나 주 양육자가 우울증이 심한 경우 등 여러 가지 이유로 부모가 아이의 모든 욕구를 채워줄 수 없을 때도 있습니다.

그런 경우 모든 상황을 아이에게 맞출 필요는 없습니다. 물론 아이에게 맞추어 양육하는 편이 가장 좋지만 그러기 어렵다면 아이에게 죄책감을 가지실 필요가 없습니다. 아이의 욕구를 수용하면서 각 가정의 상황에 맞게 적응해가도록 하면 됩니다.

수지 어머님은 수지와 집에서 함께 하는 시간이 즐겁습니다. 수지가 낯선 사람을 무서워하고 낯선 환경에 적응하는 데 시간이 걸리는 아이임을 알기에 수지가 천천히 적응하도록 도와주며 아이와 여유 있는 시간을 보내는 것이 보람 있고 좋습니다. 하지만 부모가 너무 끼고 있어 아이가 또래와 어울릴 기회가 적어 더욱더 소심해지는 듯하다고 주변에서 걱정하는 소리를 들으면 내가 아이에게 나쁜 영향을 주고 있는 건 아닌지 걱정됩니다.

송희 어머님은 워킹맘입니다. 송희는 어린이집에 가야 할 때마다 눈물을 글썽이며 가기 싫다고 부모님에게 매달립니다. 막상 들어가면 잘 지낸다고는 하는데, 그래도 아이와 20분 넘게 실랑이하다 결국은 선생님에게 던지다시피 송희를 맡기고 뛰쳐나올 때마다 송희 어머님은 일하는 엄마 때문에 송희에게 정서적 상처가 생길까 걱정됩니다.

　자신이 어릴 때 무관심한 부모님 때문에 섭섭한 적이 많았기에 자기는 아이에게 최대한 관심을 기울이며 키우고 싶습니다. 하지만 자신이 평생 꿈꾸어온 일을 아이 때문에 포기하기도 어렵습니다. 그래서 매일 이렇게 우는 아이를 떼어놓고 출근할 때마다 일을 그만두어야 하는지 고민이 됩니다.

　두식이 어머님은 두식이와 있으면 스트레스가 심합니다. 두식이는 에너지가 넘치는 아이이지만 자신은 그 힘을 감당할 만한 체력이 되지 않습니다. 스트레스를 받다 보니 우울한 감정도 많이 생겨 혼자 쉬고 싶은 마음이 가득합니다. 하지만 불안이 높은 기질인 두식이 어머님은 어린이집 학대 뉴스를 보거나 아이는 엄마가 키워야 한다는 주변 사람의 말을 들을 때마다 불안해 두식이를 어린이집에 보낼 수 없습니다. 하루에도 몇 번씩 아이에게 소리 지르고 가끔 두식이의 엉덩이를 때리는 자신이 혐오스럽지만 이도 저도 할 수가 없습니다.

　영유아는 주 양육자가 전담해 키우는 게 가장 좋습니다만 그러기 어렵다면 환경과 상황에 따라 아이가 적응할 수 있게 양육하시면 됩니다. 상담하러 오시는 부모님 중 "아이를 어린이집에 언제 보내는 게 가장 좋나요?"라고 질문하는 분이 많습니다. 질문의 의도에 따라 대답이 다르긴 하지만 상황이 어쩔 수 없어 어린이집에 보내야 하는 부모님이라면 아이가 어린이집에 갔을 때 가장 상처를 덜 받을 시기를 알고 싶으실 것이고, 또래보다 뒤처질까 걱정하시는 부모님이라면 아이가 교육받는 데에 가장 적절한 시기를 알고 싶어 질문하시는 걸 거예요.

　아이와 상황에 따라 대응하는 방법이 다르지만 전문가로서 다음과 같은 가이드는 드릴 수 있습니다. 가장 좋은 경우는 수지 어머님처럼 아이의 타고난 기질과 발달에 맞추어 즐겁게 아이를 키울 수 있는 부모가 아이를 집에서 돌보는 것입니다. 특히 수지처럼 아이가 안전 욕구가 높고 적응하는 데 오래 걸리는 브레이크형 아이는 가정에서 충분히 안전에 관한 욕구를 부모에게 수용 받으며 조금씩 낯선 환경에 적응하는 훈련을 하는 게 좋습니다.

이럴 때 또래 관계를 경험해보지 못해 아이의 사회성이 부족해질까 걱정하는 부모님도 계시지만 저는 어른과의 관계에서 충분히 상호작용 관계를 익히지 못했는데 기관까지 보내면 더욱더 어렵다고 말씀드리고 싶어요. 어른과의 상호작용보다 또래와의 상호작용이 훨씬 어렵기에 어른과의 상호작용이 어려운 아이는 어린이집에 갔을 때 또래와 함께 어울려 놀기 어렵습니다. 오히려 가정에서 부모님과 충분히 시간을 보낸 후 기관에 보내는 편이 또래 관계에 도움이 됩니다.

반면 가장 좋지 않은 경우는 두식이 어머님처럼 아이와 함께 있는 시간을 감당하기 힘들어 아이에게 화를 내며 아이의 타고난 기질과 발달에 맞는 양육을 할 수 없는 부모가 아이를 집에서 돌보는 것입니다. 이런 경우에는 기관 등에 아이를 맡기고 부모는 상담받거나 휴식하여 아이가 하원한 후에는 좋은 컨디션으로 아이를 돌보는 편이 좋습니다.

아이를 꼭 부모가 집에서 키우는 게 최선이라는 말이 아닙니다. 상황에 따라 그럴 수 없다면 아이의 욕구는 수용하되 아이가 그럴 수 없는 상황에 적응하도록 도와주는 편이 더 좋다는 말입니다. 송희 어머님처럼 어린이집에 보내야 하는 상황이지만 아이가 매달릴 때마다 "회사 가지 말고 송희랑 있었으면 좋겠어?" 하며 여지를 남기고 안타까워하면 아이는 그러한 부모의 반응 때문에 더 불안해지고, 결국은 선생님에게 자기를 떼어놓고 도망치듯 가는 부모의 행동 때문에 더욱더 혼란스럽습니다.

부모가 불안한 모습을 보이면 아이는 그 불안을 고스란히 느낍니다. 부모의 부정적인 감정이 드러나는 순간 아이는 이 상황에서 어떻게 해야 할지 몰라 갈피를 못 잡고 허우적거릴 수 있기에 부모라면 어떤 순간에도 아이에게 침착하고 단단한 모습을 보이는 편이 좋습니다.

물론 그렇다고 아무 문제가 없다는 듯 거짓말하거나 속이는 것은 오히려 아이에게 왜곡된 사고를 갖게 합니다. 예를 들어, 배우자와 서로 싸우고 냉전 중인데 아이가 "두 분 싸우셨어요?"라고 물어보면 아이가 걱정할까 "아무 일도 없었단다" 하고 이야기하는 것, 부모님의 사업이 부도가 나 채권자들이 집에 찾아오는데도 "별일 아니야. 걱정 마"라고 하는 것은 오히려 아이를 혼란스럽게 합니다. 아이가 상황을 인지하고 있는데 부모가 사실이 아니라고 하면 아이는 자신이 판단한 게 맞는지 틀린지 스스로를 믿을 수 없게 되기 때문입니다.

이럴 때 아이는 자기가 생각하기보다 부모의 요구대로 자신의 판단을 덮어버리기에 자기 결정에 불안감을 느끼기 쉽습니다. 아이에게 어른의 불편한 사정과 감정을 알려주지 않으려 한 행동이 오히려 아이가 스스로 감정을 느끼거나 생각할 수 없도록 부정당했기에 자기감정에 확신을 느끼기 어려운 것입니다.

있는 그대로의 상황을 아이의 수준에 맞추어 설명하고 안심하게 하는 편이 더 좋습니다. "두정이도 친구랑 싸우면 기분이 좋지 않지? 엄마랑 아빠도 지금 의견이 서로 달라 감정이 상했지만 곧 잘 해결하고 다시 사이가 좋아질 거야. 두정이도 친구랑 화해하면 더 재미있게 놀고 기분이 좋아지잖아. 엄마 아빠도 다시 그럴 거야" 하며 안심하게 하고 문제를 해결하는 모습을 보여주시면 좋겠습니다.

송희가 꼭 어린이집에 가야 한다면 부모님도 단단한 마음으로 보내시는 게 좋습니다. 어린이집을 가고 가지 않고는 부모가 결정할 일이지 아이가 결정할 일이 아닙니다. 양육에서 아이에게는 작은 선택을 하게 하고 커다란 선택은 부모가 해야 합니다. 아이가 가기 싫다고 우는 순간 "우리 송희 어린이집 가기 싫어?"라고 묻는다는 건 부모가 해야 할 선택의 주도권을 아이에게 넘겨버리는 것과 같기 때문입니다.

부모가 맞벌이라 아이를 어린이집에 보내야 한다면 "송희는 어린이집에 가고 엄마 아빠는 회사에 갈 거야. 엄마 아빠도 회사에서 열심히 일하고 송희도 어린이집에서 재미있게 놀다 저녁에 우리는 다시 만날 거야. 그러니 우리 송희가 어린이집에 즐겁게 가려면 어떻게 하면 좋을까?" 이렇게 어린이집에 가는 큰 선택은 부모님이 하고 어린이집에 재미있게 갈 방법을 찾는 작은 선택은 송희가 하도록 해야 합니다.

물론 처음에는 가기 싫다고 울며 떼를 쓸 테지만 부모님이 단단하게 버텨주며 반복적으로 다음과 같이 아이에게 말해주면 분명 아이는 점점 더 괜찮아집니다.

"송희는 어린이집에 가고 엄마 아빠는 회사에 갈 거야. 우리는 다시 만날 수 있어. 엄마 아빠는 우리 송희가 어린이집에 잘 다녀왔으면 좋겠는데, 어떻게 하면 즐겁게 갈 수 있을까? 엄마 아빠랑 집에서 조금 일찍 나가 어린이집 앞에 있는 놀이터에서 그네 다섯 번 타고 들어가면 어떨까? 아니면 가위바위보로 다섯 걸음, 열 걸음 걸으며 누가 먼저 유치원에 도착하는지 내기하며 갈까? 송희가 계속 울기만 하면 엄마 아빠랑 재미있게 유치원에 갈 수 있는 시간이 다 지나버려서 그냥 갈 수밖에 없어. 송희가 가장 좋은 방법을 선택해. 엄마 아빠는 송희와 즐겁게 어린이집까지 가고 이따가 신나게 만나고 싶어."

부모가 어떤 순간에도 안정되어 있으면 아이는 그 상황 안에서 충분히 적응할 수 있습니다. 좋지 않은 상황에도 부모가 아이에게 솔직하게 인정하고 그 안에서 아이가 잘 적응할 방법을 건강하고 안정감 있게 알려준다면 아이는 분명 잘 이겨낼 수 있으니까요.

플러스(+)보다 마이너스(-)에 집중해야 하는 양육

아이를 키우는 부모님에게 "육아는 '많은 노력'이 필요한 과정입니다"라고 말하면 반응이 두 부류로 나누어집니다. 첫 번째 유형은 의욕적으로 의지를 보이며 "네, 선생님. 그럴게요. 어떻게 노력하면 될까요? 알려주세요. 제가 열심히 해보겠습니다!" 하는 분들입니다. 두 번째 유형은 "하… 제가 또 무슨 노력을 더 해야 하나요?" 하며 한숨을 길게 쉬시는 분들입니다. 이러한 부모님들에게 제가 드리는 솔루션은 다음과 같습니다.

"우리가 많이 노력해야 한다는 건 플러스(+)가 아니라 마이너스(-)를 줄이는 것입니다."

새로운 양육 방법을 배워 아이에게 무엇을 더 해주려고 하기보다 지금까지 했던 부정적인 양육 태도를 하지 말아주세요. 그게 훨씬 좋은 방법입니다. 새롭고 획기적인 방법을 또 배워 아이에게 해주려는 것보다는 〈4코스, 나는 어떤 부모인지 제대로 알기〉에서 체크한 잘못된 양육 모습과 훈육 태도(p.141/p.143 참조)가 있다면 그것들을 멈추는 일이 가장 우선이 되어야 합니다.

예전에 가족과 함께 놀이공원에 갔다가 어떤 장면을 보게 되었습니다. 7살쯤 보이는 여자아이가 모형 물고기를 잡는 체험관에서 재미있어하며 놀고 있었어요. 여자아이의 부모가 "이제 가자"라고 하니 아이는 "가기 싫어!"라고 하며 짜증을 내었습니다. 아이의 부모는 아이를 몇 번 설득하시더니 이내 무서운 표정으로 "이러면 다음에는 절대 안 데리고 온다고 했지! 너는 어쩜 무얼 해 줘도 고마워하지 않고 네 멋대로 하니?" 하며 한참을 비난의 말을 쏟다가 "너 혼자 여기서 살아" 하면서 아이를 두고 가버리셨어요. 아이는 너무 놀라 눈물을 흘리면서 부모님을 쫓아 나갔지요.

　아마 아이의 부모님은 좋은 마음으로 아이를 놀이공원에 데리고 오셨을 거예요. 하지만 이 아이의 기억에는 부모가 나를 좋은 곳에 데리고 갔다는 고마움보다는 무섭게 야단맞고 비난받은 억울한 감정과 슬픈 분위기만 남을 것입니다. 아이와 함께 좋은 시간을 보냈다는 추억에 플러스(+)를 하려다 결국 아이의 감정에 마이너스(-)를 만든 셈입니다. 이처럼 아이에게 새로운 것을 가르쳐주려고 학원에 보내거나 학습을 시키려는 것도 좋은 의도로 시작했지만 오히려 관계의 마이너스(-)를 만드는 경우가 많습니다.

　여러 가지 좋은 교육과 경험을 아이가 하게 하는 일은 중요합니다. 하지만 내가 아이에게 노력해서 하는 어떤 이벤트나 좋은 프로그램보다 일상에서 하는 말이나 행동, 표정 등이 내 아이에게 훨씬 더 큰 영향을 줄 수 있음을 기억해주세요.

　아이에게 했던 비난의 말, 무섭게 바라보는 시선, 짜증 섞인 화나는 말투부터 멈추어주세요. 아이는 부모가 백번 잘해주는 것보다 한번 무섭게 화내는 데에 더 큰 영향을 받습니다. 이러한 상황이 반복되면 스트레스에 취약한 뇌가 되는 것이지요. 아이가 잘 크기 위해서는 특별한 이벤트를 해주지 않아도 됩니다. 오히려 아침에 편안한 상태에서 눈을 뜨고 평온한 상태에서 밥을 먹고 안전한 상태에서 생활하도록 돕는 것이 아이에게 더 좋은 영향을 준다는 걸 기억하시길 바랍니다.

내 아이의 모습을 그대로 수용하고 조절하도록 하는 맞춤 양육

우리는 양육 로드맵 <3코스, 내 아이 제대로 알기>에서 내 아이가 가지고 태어난 씨앗은 무엇인지, 어떤 환경에서 자라야 튼튼한 나무가 되어 좋은 열매를 맺을 수 있는지 그리고 내 아이가 타고난 기질에 따라 어떤 양육 전략으로 키워야 하는지 살펴보았습니다. 아이는 저마다 타고난 성향이 있지만 아직 완성된 모습이 아닙니다. 지금은 어리고 작은 나무이지만 훗날 어른이 되었을 때의 모습을 상상하며 그러한 사람이 될 수 있도록 부모님이 도와주어야 합니다. 즉 아직 자라는 중인 아이를 부모의 기준대로 판단해 미숙하고 마음에 안 든다고 부모님 마음대로 이 나무를 재단하면 안 됩니다.

분재는 누군가에 의해 모양이 만들어진 나무입니다. 보기에 참 아름답지요. 분재를 정성스럽게 가꾸는 사람들은 오랜 시간 나무를 디자인하고 수형을 다듬습니다. 가지에 철사를 감기도 하고 희생지를 자르기도 합니다. 잘라낸 희생지에서 받은 새 가지를 다시 도장하기도 하며 본인이 원하는 모양의 나무로 만듭니다. 보기에는 참 아름답지만 나무로서는 본인이 자라고 싶은 의지와는 상관없는 모습으로 자란 셈입니다.

만약 아이를 이렇게 키운다면 어떨까요? 다른 사람 눈에는 아이가 분재처럼 반듯해 보이니 "자식 농사 참 잘 지었네요! 아이가 참 번듯합니다!"라고 칭찬받을지도 모르겠네요. 하지만 아이는 좀 다를 수 있습니다. 자신이 뻗고 싶었던 가지는 잘려버리고 원하지 않는 곳에 자른 가지를 접붙이는 동안 아이는 무기력해집니다. 어느새 자신이 어디로 어떻게 자라야 하는지 생각조차 하지 못하게 될 수도 있어요. 가지를 뻗어봤자 부모의 마음에 들지 않으면 꺾이거나 잘릴지도 모른다는 불안이 아이를 무기력하게 합니다. 부모 자신도 모르는 사이에 부모가 보기에 아름다운 나무를 만들겠다고 아이를 정서적으로 학대하고 있는 셈입니다.

아이는 있는 그대로의 모습을 받아주며 어떤 방향으로 자랐을 때 아이의 나무가 가장 멋진지 그리고 좋은 열매를 맺을 수 있는지 스스로 납득할 만한 가치를 심어주면 그러한 모습이 될 수 있도록 노력합니다. 왜냐하면, 아이도 자기 에너지가 분명히 어딘가 한 방향으로 흐르고 있음을 알고 있거든요.

또한 사람이라면 누구나 자기가 맺을 수 있는 가장 아름다운 열매를 맺고 싶어 하는 열망이 있습니다. 물론 이 여린 싹이 잘 뿌리내리고 튼튼한 나무가 되려면 부모님의 도움이 꼭 필요합니다. 아이가 성숙해지기까지 기다리며 앞서 '좋은 부모의 역할이란?'에서 설명한 한계선을 나타내는 부표(p.198 참조)처럼 부모의 안전한 바운더리 안에서 아이 스스로 많은 선택을 하며 연습할 수 있도록 부모님께서 도와주신다면 말입니다.

내 아이가 잘 자랄 수 있도록 앞서 배운 2가지 전략(내 아이에게 맞는 욕구 수용과 문제 해결 방법 안내)을 잘 활용한다면 아이는 자기 속도와 방법대로 내 마음속에 있는 나침반을 쫓아 잘 살아갈 수 있을 것입니다.

기질의 한계성은 야단치기보다 조절하여 강점으로 만들 것

어른이 되면 태어날 때부터 가지고 있던 기질과 살면서 만들어진 성격이 합쳐져 그 사람만의 인성을 만들어냅니다. '인성'이란 다른 사람들과 구분되는 지속적이고 일관된 독특한 심리 및 행동 양식을 말합니다. 즉 비슷한 기질을 타고났더라도 그 사람의 성장 배경에 따라 전혀 다른 행동을 할 수 있지요. 어떤 어른은 자신 기질을 잘 다루어 장점으로 활용하고, 어떤 어른은 자기 기질에 눌린 채 살거나 자기 기질을 바꾸려고 애쓰며 살기도 합니다.

저는 액셀형에 정서적 연료통이 매우 큰 기질을 타고났습니다. 그리고 완벽주의와 성취에 관한 열망에 대한 기질적 욕구도 매우 높습니다. 호기심이 많고 새로운 아이디어를 찾아 다른 사람들과 함께해보기를 좋아합니다.

또한 제게는 무절제 충동성이라는 기질도 있습니다. 하고 싶은 게 있으면 지금 당장 하고 싶어 에너지와 시간 절제가 잘되지 않습니다. 내일 오전에 상담이 있으니 오늘 밤에는 잠을 잘 자야 하는데 무언가에 꽂히면 밤을 새우기 일쑤입니다. 특히 사람들과 관련되면 저의 이런 기질이 폭발적으로 발휘됩니다. 도움을 요청하는 사람이 있다면 저의 컨디션과 상황에 상관없이 돕고 싶기도 합니다. 그리고 이 모든 것을 완벽하게 잘 성취하고 싶습니다.

이러한 저의 욕구대로 살면 불편한 점이 많습니다. 저는 삼 남매를 양육하고 있고 상담센터를 운영하며 그 외에도 맡은 일이 많기에 시간을 제 마음대로 쓰기가 어렵습니다. 관계도, 일도 모두 잘 해내고 싶지만 충동적이고 무절제한 기질도 있어 지금 당장 완벽한 수준으로 해내고 싶어 조급해집니다. 그리고 그렇게 하지 못할 것 같으면 무기력해집니다.

20대 때는 이런 저의 기질을 잘 다룰 줄 몰라 에너지를 끝도 없이 쓰고 번 아웃 되는 경우가 많았습니다. 그러한 기질 덕분에 서른 살에 박사 과정도 수료하고 임상 수련도 마치는 등 엄청난 속도로 달렸지만, 지금은 그렇게 할 수 있는 환경도 체력도 안 됩니다. 그래서 이제는 이러한 기질을 조절하려고 노력합니다. 다이어리에 해야 할 일을 시간대별로 써서 체크하고, 만날 수 있는 사람들의 시간을 분배합니다. 그렇지 않으면 우선순위가 자꾸 바뀌고 밀려나 복잡하게 되기 때문입니다.

동물들이 사방에서 복잡하게 몰려오던 아이의 모래 상자 사진(p.87 참조)을 기억하시나요? 그 아이처럼 저 역시 여전히 머릿속으로 한꺼번에 많은 정보가 들어오고 수많은 아이디어가 가득 차 있습니다. 저는 어렸을 때 제 머릿속에 우주가 들어 있는 게 아닐까 생각했었던 기억이 납니다. 이런 저의 기질을 제대로 다루지 못했다면 저는 지금 머릿속에 가득 찬 정보를 우선순위에 따라 줄을 세워 꺼내 보지도 못하고 생산적이지 못한 곳에 에너지를 쏟거나 혹은 한곳에 에너지를 너무 쏟아 다른 일을 하지 못하고 시간에 쫓겨 살고 있었을지도 모릅니다. 혹은 한 번에 너무 많은 일을 벌여놓아 정신없이 살고 있었을 수도 있지요.

이처럼 저는 심사숙고하거나 절제하는 기질을 타고나지 않았기에 그렇게 할 수 있도록 계속 노력했습니다. 저의 타고난 액셀형 기질을 장점으로 활용하면서 나에게 없는 브레이크를 내 의지대로 활용하도록 해서 균형을 맞추었지요.

저는 제 기질의 장점을 활용해 새로운 아이디어를 잘 정렬하고 조직화할 수 있는 훈련을 한다면 많은 사람에게 제 전문 분야의 지식을 나눌 수 있는 사람이 될 것입니다. 그러기 위해 전략을 짜고 계획을 만들어 체계화하는 훈련을 계속해야 합니다. 어쩌면 이 책『우리 아이 기질 맞춤 양육 매뉴얼』은 제가 가진 다양한 양육 아이디어를 정렬해 만든, 저의 타고난 기질과 노력해서 만들어진 성격의 합작품이 아닐까 생각합니다.

저와는 기질이 반대인 제 둘째 아이는 브레이크형으로 무언가를 선택할 때 시간이 오래 걸립니다. 안전에 관한 욕구가 높기에 이건 이래서 잘 안 될 것 같은데 어쩌지 싶은 염려가 많습니다. 특히 불확실성에 관한 두려움이 높고 심사숙고하는 기질이 강해 그다음에 자신이 무엇을 해야 할지에 관한 아이디어가 없으면 순간 '얼음'이 되어버립니다. 또한 오래 생각해 신중히 결정하고 싶어 하는 특징이 있습니다. 그래서 그럴 때 저는 아이 스스로 '땡' 하고 움직일 수 있는 아이디어를 생각할 수 있도록 돕습니다.

예를 들어볼게요. 우리 집은 아이들과 함께 한 달에 한두 번 정도 아이스크림만 파는 가게에 가는데요. 아이들이 정말 기다리는 날입니다. 이때 각자 바구니를 하나씩 들고 자기가 먹고 싶은 아이스크림을 정해진 금액에 맞게 골라옵니다. 첫째와 셋째는 새로 나온 아이스크림이나 평소에 좋아하는 아이스크림을 거침없이 골라 담았다가 정해진 금액이 넘으면 골랐던 것을 다시 빼기도 하는 등 가게 안을 한 바퀴 돌 동안 최종적으로 선택할 아이스크림을 모두 결정합니다.

그런데 심사숙고 기질을 가진 둘째는 아이스크림을 골랐을 때 만족도의 경우의 수를 다 생각하며 천천히 고릅니다. 충동성과 무절제 성향을 가진 저로서는 아이스크림 몇 개 고르는 게 이렇게 오래 걸릴 일인가 싶지만 이 아이에게는 무척 중요한 일임을 아이의 진지한 표정을 보면 알 수 있습니다. 이때 이미 다 고른 두 아이가 얼른 고르라고 재촉하기 시작하면 둘째는 당황해서 어쩔 줄 모르고 울음이 됩니다. "어쩌지? 어쩌지?" 하며 조급해하지요.

그래서 저는 둘째에게는 어릴 때부터 어디에 가기 전에 무엇을 할 것인지 미리 생각해보는 훈련을 시켰습니다. 특히 한글을 익힌 후에는 메모하는 연습을 하게 했어요. 위의 예처럼 아이스크림 가게에 갈 때는 "성운아. 우리 6시에 아이스크림 가게에 갈 거야. 오늘은 1인당 5천 원어치 정도 살 건데 가기 전에 어떤 아이스크림이 먹고 싶은지 미리 한번 적어볼래?"라고 아이에게 미리 말합니다.

심각하게 고민하지만 결국 새로운 아이스크림은 거의 고른 적이 없고 자기가 좋아하는 아이스크림만 늘 사는 아이를 위해 제가 새로운 아이스크림을 몇 개 더 사 "엄마 아이스크림 한 입만 먹어볼래?" 하면서 새로운 맛을 경험하게 합니다. 아이에게 그 자리에서 새로운 맛의 아이스크림을 사라고 강요하지 않습니다. 본인의 결정을 존중하며 새로운 경험을 조금씩 할 수 있도록 도와주지요.

이제 11살이 된 성운이는 미리 생각할 시간을 주면 새로운 일 앞에서도 당황하지 않고 잘 선택할 수 있는 것이 많아졌습니다. 스스로 새로운 것에 도전해보는 횟수도 많아졌지요. 손잡고 아이스크림 가게에 가면서 "오늘은 무슨 아이스크림 먹고 싶은지 생각해봤어?" 하고 물어보면 "엄마가 지난번에 먹었던 바나나 아이스크림 맛있던데, 그거 먹어볼 생각이에요!"라고 말합니다.

이렇게 자기 기질을 장점으로 잘 활용하여 조절할 수 있는 어른으로 자란다면 이 아이는 치밀한 계획을 통해 실수 없이 다른 사람들까지도 안전하게 할 수 있는 무언가를 만들어 낼 것입니다.

기질은 좋거나 좋지 않다고 판단할 수 없습니다. 자동적인 반응이기에 이것을 바꾸려고 하거나 누르면 오히려 자신의 자동적인 정서 반응과 이성적으로 누르는 힘이 충돌하기 때문에 혼란을 겪을 수밖에 없습니다. 자기 자신을 계속 부정하게 되는 것이지요. 내 아이에게 맞는 양육 방법은 자기 기질을 장점으로 잘 활용하도록 살려주면서 나에게 없는 반대 기질을 배워 균형을 맞추도록 하는 것입니다.

스스로 사랑받을 만한 존재라고 생각하는 것

저는 아이가 셋이라 아이 한 명과 단둘만 있을 시간이 별로 없습니다. 주방이든 방이든 꼭 둘 이상은 붙어 있거든요. 그래서 아이가 혼자 있는 순간에는 놓치지 않고 항상 이야기해줍니다. "아 맞다. 영운아, 엄마가 영운이 사랑하는 거 아니?" 이 질문에는 패턴이 있어 제 아이들은 이를 하나의 놀이처럼 생각합니다. 아이가 "네, 알아요"라고 대답하면 저는 정말 놀라는 표정과 말투로 "어떻게 알았어?"라고 대답하지요. 그러면 어디선가 다른 아이도 나타나 합창합니다. "엄마가 맨날 이야기해주잖아요!"라고요. 이 모습은 정말 볼 때마다 너무 예쁩니다. 어느 날은 막내에게 습관처럼 "아 참, 엄마가 정운이 사랑하는 거 아니?"라고 물어봤는데 늘 하던 대답이 아니라 좀 새로운 대답을 했어요. 순간 코끝이 찡해졌답니다.

"그럼요. 어떻게 이렇게 사랑스러운 아이를 사랑하지 않을 수가 있겠어요."

저는 어렸을 때 나 자신이 너무 사랑스러워 부모님이 나를 사랑하지 않을 수가 없으리라고 생각해본 적이 없었던 것 같거든요. "그렇구나. 정운이가 얼마나 사랑스러운 아이인지 아는구나. 정말이야. 엄마는 정운이가 너무 사랑스러워서 사랑을 안 할 수가 없네. 이렇게 사랑스러운 아이가 엄마 딸로 태어나줘서 고마워!"라고 하며 아이를 꼭 안아주었어요. 이 정도면 되지 않을까요? 자기 스스로 사랑받고 존중받을 만한 아이라고 여기며 살아간다면 아이는 자신을 소중하게 여기며 가치 있는 것을 잘 선택하며 살아가는 사람이 될 것입니다.

전문가가 맞춤 훈육 솔루션을 제안합니다!

훈육이란?

상담하다 보면 "이럴 때는 야단쳐야 하는 거죠?" "이럴 때는 좀 참아야 할까요?" "몇 번까지 참다가 혼내면 되나요?"와 같은 질문을 여전히 많이 받습니다. 훈육은 아이를 혼내거나 처벌하기 위한 게 아닙니다. 오히려 아이에게 좋은 행동을 가르쳐주는 양육 방법이에요. 물론 처음부터 아이를 야단치겠다고 생각하는 부모는 많지 않습니다. 좋은 말로 몇 번 이야기해도 아이가 말을 듣지 않으면 결국 야단치게 되시죠. 하지만 야단친다고 해서 아이의 행동이 변하지는 않습니다. 부모님이 무서워 잠깐은 말을 들을 수 있지만 여전히 행동에 변화가 없는 이유는 부모가 자기 행동을 조절하는 방법과 옳은 행동을 했을 때 느껴지는 가치를 가르쳐주지 않았기 때문입니다.

만일 아이가 부모님에게 "나는 요즘 자꾸 나쁜 마음이 들어요. 친구들이 뭐라고 하면 때려주고 싶고 동생이 약 올리면 걷어차 버리고 싶어요"라고 말한다면 대부분 부모님이 "그렇다고 다른 사람을 때리는 건 나쁜 거야"라고 말해주실 듯합니다. 다른 사람을 때리거나 걷어차 버린다는 행동에 초점이 맞추어지는 것이지요. 그러니까 그러한 행동은 좋지 않으니 하지 말라고 말하게 됩니다.

하지만 훈육의 목적은 아이의 행동만 교정하는 데에 있지 않습니다. 아이가 왜 그러한 마음이 들었는지를 살펴보고 그럴 때 어떻게 행동하면 자신과 타인에게 가장 좋은지 그 방법을 찾아 다음번에 다시 같은 마음이 들었을 때 좀 더 나은 방식으로 문제를 해결하도록 돕는 것이 훈육의 목적입니다.

훈육의 사전적 의미는 '규칙에 따라 행동하도록 가르치고 기름'입니다. 하지만 훈육이라는 뜻을 가진 영어단어 discipline의 어원은 2가지 방식으로 해석할 수 있습니다. 우선 어원인 disciple(추종자, 복종, 가르친다)의 뜻에서 찾는다면 '권위 있는 사람에게 복종하는 것을 가르친다'라는 의미가 있습니다. 부모가 훈육의 의미를 여기에서 찾는다면 일방적으로 아이의 행동을 부모에게 복종시켜 본인의 뜻에 따라 아이를 맞추려고 할 것입니다.

하지만 아이가 자기 선택에 따라 가치 있는 삶을 살 수 있게 도와주고 싶다면 두 번째 의미의 훈육을 마음에 새기셔야 합니다. 바로 라틴어 disco(나는 배운다)의 어원에서 훈육의 목적과 방법을 찾는 것입니다. 이때는 규범적 행동을 자기 스스로 규제할 수 있도록 교육적·발달적 방법을 알려줌을 뜻합니다.

첫 번째 의미는 훈육의 주도권이 부모에게 있습니다. 일방적이고 지시적이며 복종적이지요. 이런 경우 아이가 부모의 말을 듣지 않으면 야단을 맞을 수밖에 없습니다. 또한 부모가 아이와 기 싸움을 하면서까지 아이의 고집을 꺾으려는 이유는 훈육의 주도권을 이처럼 부모가 가져야 한다고 생각하기 때문입니다. 두 번째 의미는 훈육의 주도권이 아이에게 있습니다. 아이가 자기 기질에 맞게 문제를 풀 수 있도록 부모가 도와주는 역할을 하기에 능동적이고 선택적이며 상호적입니다.

잘못된 훈육 동기 vs 올바른 훈육 동기

아이가 느끼는 감정은 나쁜 것이 아니기에 아이가 느끼는 감정에 관한 심리적인 통제는 어떠한 순간에도 하시면 안 된다고 앞에서 언급했었습니다(p.192 참조). 부모가 아이의 행동은 물론 감정까지 통제하게 되면 아이는 어른이 되어서도 자기가 가지는 감정이 나쁘다고 생각해 감정을 억압하거나 혹은 어떻게 다루어야 할지 몰라 자기감정을 제대로 통제하지 못한 채 감정의 파도에 이리저리 휩쓸려 다니게 됩니다.

그렇다면 우리는 어떤 목표를 두고 아이를 훈육해야 할까요? 앞서 훈육의 주도권이 부모에게 있는 경우를 살펴보았습니다. 이럴 때 훈육의 목표는 부모가 문제라고 생각하는 아이의 행동을 통제해 부모의 뜻에 따르게 하는 데 있습니다. 이는 잘못된 훈육의 동기입니다.

올바른 훈육의 동기는 아이에게 가치를 전달하는 것입니다. 무엇이 옳은지, 그른지 아직 잘 모르는 아이에게 좀 더 나은 가치를 가지고 문제 해결 방법을 선택하도록 도와 자기에게 주어진 문제를 잘 해결하는 게 목적입니다. 즉 문제를 해결할 방법을 자신의 경험을 통해 선택하는 것이지요.

제가 부모님에게 훈육에 관해 코칭하며 가장 중요하다고 말씀드리는 점은 3세 아이는 3세 수준으로 문제를 해결하면 되고, 5세 아이는 5세 수준으로 문제를 해결하면 된다는 것입니다. 부모님이 아이에게 하시는 조언을 들어보면 어른도 하기 어려운 수준을 대안으로 제시하는 예가 많습니다.

예를 들어볼게요. 이제 세 살인 아이에게 자기보다 더 어린 동생이 자기 물건을 빼앗았을 때 때렸다면 "동생과는 사이좋게 지내는 거야!"라고 알려주고 같은 행동을 다시 반복하면 "동생은 잘 모르니까 형아가 참아야지!" 하며 야단치는 경우를 자주 보게 됩니다. 네가 나이가 더 많으니 참아야 한다고 말하는 건 세 살 아이에게는 너무 어려워요. 나이가 더 많은 게 운명이니까 참고 받아들여야 하는 건가요? 이는 아이가 앞으로 살아갈 때 자칫 족쇄가 될 수 있는 무서운 프레임을 씌우는 것과 같습니다.

사이좋게 지내는 건 어떤 걸까요? 머릿속에 그림이 그려지시나요? 그럼 부모님께서는 내 영역을 침범하거나 내 물건을 자꾸 빼앗아 가는 사람과 사이좋게 지낼 수 있으신가요? 이처럼 아이에게 막연하게 훈육하고서는 부모 말을 듣지 않는다고 혼을 내시면 안 됩니다. 동생이 자꾸 내 영역을 침범해 불편한 아이에게 해야 하는 훈육은 '어떻게 하면 나를 불편하게 하는 동생과의 관계에서 이 문제를 해결할 수 있는가?'를 목적으로 두어야 합니다.

훈육의 초점이 동생을 때리는 행동에 있으면 아이를 야단칠 수밖에 없지만 동생으로 인해 힘들어하는 아이가 좀 더 나은 방법으로 동생과 잘 지내도록 하는 것에 목적이 있다면 우선 아이의 속상한 마음에 공감하고 다음번에 동생이 또 장난감을 빼앗았을 때 어떻게 하면 좋을지 선택할 수 있게 도우며 그러한 선택이 어떤 결과로 이어지는지 경험해보도록 해주세요. 그래서 다음번에 다른 방법을 시도해보았을 때 결과가 좋으면 아이가 더 나은 해결 방식을 배웠음을 격려하고, 결과가 좋지 못해 여전히 동생과 갈등이 있다면 또 다른 방식으로 문제를 해결할 수 있게 생각해보고 선택해보는 과정을 한 번 더 함께해주시는 것이야말로 우리가 추구해야 하는 훈육입니다.

"아이들은 싸우면서 크는 거야" 하며 아이들의 싸움을 중재하지 않고 방관하는 부모도 있습니다. 하지만 그렇지 않습니다. 싸우면서 크는 거겠거니 하며 그냥 두면 싸우면서도 그 갈등 안에서 다음번에 똑같은 일이 다시 반복되었을 때 무엇이 잘못되었는지 몰라 여전히 다른 사람들과의 관계에서 갈등이 있을 때 해결하지 않고 그냥 덮어두거나 관계를 끊는 식의 미숙한 방법으로 문제를 해결하려고 할 수밖에 없습니다. 아이가 싸우면서 해야 하는 일은 다음번에 같은 갈등이 일어났을 때 무엇을 어떻게 해야 서로에게 가장 좋은 방법으로 갈등을 해결할 수 있을지 생각해보고 다음번에 그렇게 직접 해보는 것입니다.

요즘 부모님은 참 바쁩니다. 그래서 아이들 사이에 어떠한 갈등이 생겼을 때 가장 쉬운 방법으로 즉시 해결하려고 하며 그 갈등 상황에 오래 머물러 있기 힘들어하시는 듯합니다. 갈등을 해결할 가장 손쉬운 방법은 아이를 못 하게 막고 혼내는 것입니다. 왜냐하면 아이에게 갈등 원인을 물어보고 어떻게 하면 좋겠느냐고 들어보며 가장 좋은 해결 방법을 찾아가는 과정은 에너지도 많이 들고 너무 복잡하게 느껴지기 때문입니다.

그렇지만 혼내고 하지 못하게 하는 식의 일방적인 훈육을 하면 초등학교 고학년이 되고 중학생 혹은 그 이상의 나이가 되어서도 갈등을 겪을 때면 여전히 유아처럼 문제를 해결하려 해 부모가 나서야 하는 일이 생길 수 있습니다. 15세, 30세가 되었다고 해서 제 나이의 수준에 맞게 문제를 해결하지는 않습니다. 갈등이 일어났을 때 문제를 해결해 본 경험이 없다면 나이를 먹어도 여전히 3세, 5세 수준으로 대처할 수 있습니다.

훈육은 장기전입니다. 지금 당장 눈앞에 보이는 아이의 행동에 집중하지 않아도 된다는 뜻입니다. 오늘은 조금 미숙한 방식으로 문제를 해결했지만 내일은 좀 더 나은 방식으로, 십 년 이십 년 후에는 성숙하고 세련된 방식으로 자기감정을 처리하고 눈앞의 어려움을 해결할 수 있게 되면 됩니다. 그러기 위해서는 아이의 문제점을 야단치고 지적하는 태도에서 벗어나 아이와 눈을 맞추며 진지하게 아이의 이야기를 들어주세요. 무엇에 그렇게 화가 났는지, 왜 그렇게 행동할 수밖에 없었는지, 더 나은 방법으로 이 문제를 풀 수는 없는지 등을요.

	잘못된 훈육	올바른 훈육
훈육의 의미	권위 있는 사람에게 복종하도록 가르치는 것	규범적 행동을 자기 스스로 규제할 수 있게 도와주는 것
훈육의 초점	아이의 문제 행동	가치 전달
훈육의 목적	아이의 욕구를 통제	아이의 문제를 해결
훈육의 방법	지시와 복종	선택과 경험

 내가 만약 아이의 문제를 어떻게 대해야 할지 모르겠다면 어릴 때 이런 문제 앞에서 내 부모가 나를 어떻게 도와주었으면 좋았을지 생각해보시길 바랍니다. 아마 나 역시 지금 내 아이처럼 야단맞거나 극단적인 방식의 훈육을 받고 싶지는 않았을 것입니다. 흔들리지 않는 부모님의 든든함으로 내 앞에 있는 어려움을 해결할 지혜를 알려주고 격려받고 싶지 않았을까요? 내 아이도 마찬가지입니다. 자신이 무엇을 해야 할지 방법을 알려주지 않은 채 야단만 치는 훈육이 아니라 살아가는데 필요한 문제 해결 방법을 배우고 싶을 거예요.

장기적 훈육 vs 즉시 훈육

 그럼 모든 훈육이 오랫동안 아이의 행동을 조절해주어야 하고, 잘못된 행동을 제지하면 안 될까요? 물론 아이의 감정을 수용하며 더 나은 방법을 선택하도록 오랜 시간 지켜보며 돕는 때와 즉시 단호하게 훈육해야 할 때는 다릅니다. 기질, 발달 등과 같이 타고난 것들은 지금 당장 훈육으로 바꾸어줄 수 있는 것들이 아닙니다. 타고난 브레이크가 커서 두려움을 많이 느끼는 것, 정서적 연료통이 작아 동생의 마음에 공감하지 못하는 것 등은 타고난 기질이기에 더 나은 방식으로 표현하는 방법을 계속 알려주고 그렇게 할 기회를 주어야겠죠. 언어 기능이나 운동 기능, 자조 행동, 사회적 행동 등처럼 발달 수준에 따라 바로 바꿀 수 없는 것도 오랜 시간을 두어 조절하고 가르쳐야 합니다.

그럼 즉시 훈육해야 할 때는 언제일까요? 다음과 같은 상황에서는 아이를 단호하게 통제해야 합니다. 물론 이때도 심리적인 통제는 절대 하시면 안 되고 행동을 통제하셔야 합니다.

① 아이의 행동이 위험할 때 : 높은 곳에서 뛰어내리거나 거리에서 좌우를 살피지 않고 뛰어가는 행동 등 안전을 해칠 수 있는 행동 등
② 아이의 행동이 다른 곳에서 용인되는 행동이 아닐 때 : 남의 집에 방문해 옷장이나 냉장고 등을 동의받지 않은 채 열어보거나 소파에서 뛰는 등 집이 아닌 다른 곳에서 제지받을 수 있는 행동 등
③ 아이의 행동이 다른 사람에게 피해를 줄 때 : 다른 사람에게 불쾌한 말장난을 하거나 음식점에서 자리에 앉아 있지 않고 돌아다니며 물건을 만지는 행동 등

이런 경우에는 아이의 감정을 받아주시면 안 됩니다. 듣기 좋은 말로 받아주면 아이는 혼란스러워합니다. 이때는 아이의 감정을 받아주거나 여지를 주게 되면 다음번에 부모가 제지했을 때는 강한 거부감을 드러내며 반발심을 가지기에 위와 같은 행동은 하면 안 되는 행동임을 단호하게 알려주실 필요가 있습니다.

예를 들어, "밖에 나왔을 때는 엄마 아빠 손 놓고 뛰면 절대 안 돼. 엄마 아빠 손 꼭 잡고 걸어가는 거야!"라고 알려주신 후 정말 손을 꼭 잡고 다니셔야 합니다. "엄마 아빠가 손잡고 있는 게 답답해서 손 놓고 뛰고 싶었어?"라고 아이에게 공감하는 순간 아이는 부모가 내 감정을 수용해준다고 생각하는데 뒤이어 "하지만, 위험해서 안 돼!" 하며 이야기하면 오히려 아이는 헷갈립니다.

그러니 아이의 행동을 앞으로도 계속 허용할 게 아니라면 처음부터 명확하게 알려주셔야 합니다. 통제가 필요한 상황인데도 애매하게 대응하다 뒤늦게 훈육하기 시작하면 아이가 부모의 말과 행동을 신뢰하기가 어렵습니다.

훈육의 공식

위와 같이 즉시 훈육해야 하는 상황이 아니라면 아이 스스로 더 나은 행동을 선택할 수 있게 다음과 같은 공식에 대입하여 훈육할 수 있습니다.

① 욕구 수용
② 문제 해결 관점에서 대응
③ 더 나은 대안 방법 선택

특히 기질과 관련된 아이의 행동은 오랫동안 조절하여 더 나은 방식으로 행동할 수 있게 만들어주는 것이 목표이므로 위의 공식을 적용하면 좀 더 나은 방식으로 행동할 수 있게 합니다.

첫 번째, 아이의 행동을 조절하기 위해 부모가 가장 먼저 해야 하는 일은 아이의 욕구를 있는 그대로 수용하는 것입니다. 액셀형 아이의 욕구는 하고 싶은 게 생기면 지금 당장 전속력으로 달려가 하고 싶어 합니다. 아이의 그러한 기질을 있는 그대로 받아주는 게 부모님이 가장 먼저 보여야 할 반응입니다. 예를 들어, "민원아, 지금 당장 놀이터에 가고 싶어? 우리 민원이 그네 타는 거 너무 좋아하는데 놀이터에 가서 씽씽 그네 타고 싶구나" 하고 아이가 하고 싶은 그 마음을 있는 그대로 수용하시는 게 훈육의 첫 번째 시작입니다.

그리고 두 번째로 부모가 해야 하는 일은 문제 해결 관점에서 대응하는 것입니다. 이는 아이의 행동을 통제하는 게 아니라 문제 해결 관점에서 아이의 욕구를 해결할 수 있게 도와주는 것을 말합니다. 만약 욕구를 수용해줄 수 있는 상황이라면 즐겁게 들어주세요. 그럴 수 없는 상황이라면 이 문제를 아이와 함께 해결의 관점에서 풀어보세요. 예를 들어, "민원아, 그런데 지금 밖에 비가 많이 와서 놀이터에 갈 수가 없는데. 우리 민원이 씽씽 그네를 타고 싶은 마음은 엄마가 충분히 알겠어. 우리 놀이터에는 나갈 수가 없는데 어떻게 하면 민원이가 그네를 타는 것처럼 재미있게 놀 수가 있을까?"

세 번째, 부모가 문제 해결 관점에서 아이에게 더 나은 문제 해결 방법이 있음을 알려주었다면 마지막 단계로 자기가 원하는 걸 할 수 없는 상황일 때 다른 것으로 자신의 욕구를 해소할 수 있는지 생각해보고 스스로 대안을 선택할 수 있도록 해야 합니다. 그래야 어른이 되었을 때 성숙한 방식으로 자기 욕구를 다룰 수 있기 때문입니다. 어른이 되어도 타고난 기질은 변하지 않습니다. 그렇기에 자기가 원하는 것을 할 수 없을 때 욕구를 조절하고 대안찾기를 못한다면 그저 욕구를 누른 채 참다가 결국 폭발하게 됩니다. 자신의 욕구를 성숙한 방법으로 다루어 좋은 에너지로 활용하기 위해서는 여러 가지 선택적 경험을 통해 자기에게 가장 좋은 방법을 찾아야 합니다.

예를 들어, "민원아, 지금 당장 나가서 놀고 싶은 마음은 충분히 이해할 수 있지만, 비가 와서 나갈 수 없는데, 비누 거품 목욕하면서 빗방울이 떨어지는 것처럼 샤워기로 놀아보면 어때?" 식으로 아이가 어리다면 부모님이 매력적인 대안을 제시하고 아이가 선택할 수 있도록 해보세요. 만약 아이가 자기 의견을 잘 이야기 할 수 있는 나이라면 본인이 선택한 방법으로 지금 상황에서 좌절된 욕구를 채울 수 있는 대안을 스스로 찾도록 격려해보세요.

만약 아이가 꼭 그것만 하겠다고 고집을 피우면 "지금 나갈 수 없는데 왜 그렇게 고집을 피우니?" 하며 아이와 감정 싸움하지 마시고 다음과 같이 담백하게 이야기해주시면 됩니다. "민원아, 지금 비가 와서 나갈 수 없어. 엄마와 집에서 네가 좋아하는 거품 놀이는 할 수 있어. 하지만 나가는 건 안 돼. 네가 계속 나가겠다고 떼 부리는 동안에도 시간은 계속 지나가서 잘 시간이 되면 거품 놀이도 할 수 없어"라고 해보세요. 물론 아이가 밖에 나가 놀고 싶은 마음을 대체할 수 있는 매력적인 대안이어야 합니다.

이때 아이도 계속 고집을 피우기보다 거품 놀이가 더 낫다고 생각해 그것을 선택해보는 경험을 하게 됩니다. 그리고 아이가 선택한 대안에 긍정적인 피드백을 해주세요. "비가 와 나갈 수 없었지만, 민원이가 선택한 거품 놀이를 해서 너무 즐겁다!" 하며 아주 신나게 놀았던 경험을 하게 해주세요. 이러한 과정을 통해 아이는 '내가 원하는 걸 하지 못하면 절대 안 될 것 같았는데 다른 것을 해도 괜찮네!' 하는 것을 깨닫고 다음번에도 더 나은 선택을 할 수 있게 됩니다.

이때 부모님이 하셔야 할 문제 해결 관점에서의 대안 선택에 관해 좀 더 구체적인 훈육 방법을 알려드리겠습니다. 만약 아이에게 무언가를 지시했을 때 싫다고 하거나 아이가 무언가를 요구했는데 들어줄 수 없을 때, 예의와 규범 및 규칙에 관해 가르칠 때는 각기 다른 방법을 가지고 훈육하는 것이 필요합니다.

① 아이가 부모의 지시를 거부할 때는 자기 행동을 스스로 선택하게 한다

장난감 정리, 숙제하기, 취침 시간 등 부모가 무언가를 지시했을 때 아이가 부모의 말을 거부한다면 '선택권을 주는 방식'으로 대응해보세요. "무조건 정리해!" "빨리 숙제해!" "들어가서 자!" 하는 식으로 하면 아이는 반발심이 들기 때문

에 더욱더 행동하기를 거부할 수 있습니다. 이럴때는 결국 해야 하는 일이지만 부모의 강요에 의해 억지로 했다고 생각하기보다 자기 의지대로 선택했다는 주도적인 마음을 가질 수 있게 선택권을 주는 것입니다.

예를 들면, "주언아, 지금 잘 시간이 되었는데 좀 더 놀고 싶어? 하지만 약속된 시각이 되었잖아. 엄마랑 침대에서 누워서 책 2권 더 읽고 잘 수도 있고 아니면 지금 바로 불 끄고 자야 하는데 주원이는 어떻게 할까?" 하는 식으로 평소 아이가 좋아하는 것을 선택사항에 넣어 아이 자신이 선택한 방법으로 취침하도록 유도하는 것입니다.

그래서 아이가 자기가 선택한 방법으로 취침했다면 "주언이가 책 2권 읽고 자자고 해서 책 읽고 누웠더니 기분이 정말 좋다. 좋은 선택을 해주어서 고마워!"라고 말해주세요. 기억해주세요. 아이가 해야 하는 것을 거부할 때는 부모가 억지로 하게 하는 것보다 어차피 해야 하는 그 행동을 스스로 선택하였다는 생각이 들도록 해주시는 게 더 지혜로운 방법임을요.

② 아이가 원하는 것을 요구하면 허용할 수 있는 범위를 알려준다

스마트폰으로 영상을 보여달라고 하거나 밥 먹기 전에 간식을 먹으려는 등 아이가 요구할 때 무조건 그 행동을 못 하게 막으면 아이는 이에 집착하게 됩니다. 이럴 때는 무조건 못하게 하기보다 어떻게 하면 그것을 할 수 있는지, 언제 할 수 있는지 허용할 수 있는 범위를 알려주시는 편이 효과적입니다.

예를 들어, "엄마가 밥 먹기 전에 간식 절대 못 먹는다고 했지!"라고 하면 아이는 오히려 간식에 집착하게 됩니다. 이때는 "우리 맛있게 밥 먹고 간식 먹자. 밥 잘 먹고 간식 먹을 친구 손 들어보세요!" 하는 식으로 아이의 요구를 들어준다는 점을 강조해야 합니다.

이때 포커스는 '밥을 먹고 간식을 먹을 수 있다'에 있어야지 '밥을 먹지 않으면 간식도 없다'에 맞추어지면 아이는 자신의 요구가 부모에게 거부당했다고 생각해 떼를 부립니다. 그러니 이럴 때 문제 해결 대응은 '간식을 먹을 수 있다'에 초점을 맞추셔야 합니다.

③ 예의, 규범, 규칙에 관한 것은 경험을 통해서 알려준다

차례 지키기, 게임에서 이기고 싶은 마음, 친구와 장난감을 함께 가지고 노는 것 등 타인과 관계를 형성하는 일은 아이가 경험을 통해 배울 수 있도록 해야 합니다. '차례를 지키니까 좋은 일이 일어나는구나.' '게임에서 졌지만 즐겁게 놀 수 있구나.' '친구와 장난감을 함께 가지고 노니까 더 재미있고 더 많은 장난감을 가지고 놀 수도 있네!' 등의 경험을 통해 타인과 좋은 관계를 맺는 방법을 알아가도록 해주세요. 규칙만 알려주고 그렇게 하지 않으면 야단치는 방법으로는 아이에게 타인과의 관계 안에서 자발적으로 규칙을 지키고 싶은 동기가 생기지 않습니다.

내 아이가 부모 말을 잘 듣도록 하는 2가지 방법

아이가 부모 말을 듣지 않는 이유는 간단합니다. 나는 하고 싶은데 부모는 하지 못하게 하거나 혹은 나는 하기 싫은데 부모는 하라고 하니 따르기 싫은 것입니다. 좋아하는 것을 하라고 하면 말을 듣지 않을 이유가 없습니다. 밥 먹고 양치질하는 일은 아이로서는 그렇게 신이 나는 일이 아닌데 그 일로 부모에게 매일 혼나면 당연히 하기 싫습니다. 그러니 아이가 꼭 해야 하는 것이라면 즐겁게 하

도록 도와주는 편이 좋습니다. 언제까지 그래야 하냐고요? 아이가 습관적으로 그 일을 할 수 있을 때까지 그래야 합니다.

우리는 양육 로드맵을 따라 걷는 이 긴 여정 동안 아이마다 독특한 자기만의 기질을 가지고 있고 부모가 이를 조절할 수 있게 돕는 과정이 양육임을 계속해서 반복하고 또 반복하며 익혔습니다. 특히 아이마다 맞는 사용설명서가 있기에 그에 맞는 플레이 버튼을 누르지 않고 부모 마음대로 지시하면 오작동을 일으킨다는 것도 살펴보았습니다.

아이가 부모의 말에 잘 따르면 좋겠지요? 그렇지만 아이는 한두 번 말해서는 잘 듣지 않습니다. 그렇기에 부모님 대부분이 자기도 모르게 아이의 약점을 잡으려고 합니다. 그것이 바로 기질이고요. 아이에게 기질은 생존 욕구이기에 이를 이용해 부모 말을 듣게 하면 아이는 어쩔 수 없이 들을 수밖에 없습니다. 부모님도 알고 있습니다. 이러한 방법은 결국 아이의 자율성을 떨어뜨리리라는 것을요. 하지만 이러한 방법이 좋지 않음을 알아도 이 방법이 아니면 아이가 부모 말을 듣지 않으니 계속 협박과 설득을 통해 아이가 하기 싫어하는 일을 하도록 하거나 하고 싶어 하는 일을 하지 못하도록 제지할 수밖에 없습니다.

물론 사람은 하고 싶은 일만 하며 살 수 없습니다. 이는 아이에게 결코 유익하지 않습니다. 그래서 우리는 앞에서 아이의 욕구를 수용하면서도 더 나은 것을 선택하도록 가르치는 과정을 배웠습니다. 아이가 선택과 경험을 통해 자기 스스로 가치 있는 것을 선택하는 방법을요. 지금부터는 아이가 부모의 지시에 잘 따르고, 부모와 아이가 협력 관계가 되는 방법을 배워보도록 하겠습니다.

아이가 부모의 지시에 따르도록 하는 방법에도 2가지가 있습니다. 첫 번째 방법은 아이의 타고난 기질을 이용해 아이를 협박 및 회유하는 것입니다. 즉 기질을 좋지 않게 이용하는 것이지요. 두 번째 방법은 아이의 타고난 기질을 격려해 아이 스스로 할 수 있게 도와주는 것입니다. 이 2가지 방법 모두 똑같이 아이의 기질을 이용하지만 자존감 높은 아이로 키우고 싶은 부모라면 긍정적인 두 번째 방법으로 아이가 자기 행동을 선택할 수 있게 도와주셔야 합니다.

기질의 '악' 이용 vs 기질의 '선' 이용

부모가 "그렇게 늦장 부리면 안 데리고 간다"라고 말하면 정서적 연료통이 큰 아이나 브레이크형 아이 중 예기불안이 높은 아이는 화들짝 놀라 부모의 뒤를 따라나섭니다. 이는 부모가 아이의 기질을 좋지 않게 이용하는 것입니다. 안전 욕구가 큰 아이에게 안전을 철회하는 방법이나 관계에서 정서적 접촉이 중요한 아이에게 정서적으로 통제하는 방법을 사용하면 부모가 원하는 행동을 아이가 빠르게 하도록 할 수 있습니다.

하지만 아이로서는 부모에게 행동적인 통제와 함께 심리적인 통제까지 당하게 되므로 불안하고 불만족스러울 수밖에 없습니다. 어쩔 수 없이 따르기는 하지만 자발적인 의지가 없기에 이러한 지시를 받고 자란 아이는 초등학교 고학년이 되어도 자기가 할 일을 스스로 찾아 하지 못해서 부모가 계속 잔소리하며 챙겨주어야 하는 경우가 아주 많습니다. 물론 어른이 되어서도 자신이 해야 할 일을 스스로 찾아 하는 게 쉽지 않습니다.

그렇다면 타고난 기질을 좋은 방향으로 활용해 아이 자발적으로 행동할 수 있도록 하는 훈육 방법은 무엇일까요? 바로 부모님과 아이가 협력 관계가 되는 것입니다. 협력 관계란 일방적으로 부모의 말을 따르도록 하는 것이 아니라 아이가 부모의 의견에 동의해 그 의견에 따르도록 만드는 상호적인 관계의 지시를 말합니다. 아이의 기질을 이용해 부모와의 협력 관계를 만들어 아이 스스로 문제를 해결을 할 수 있게 그 과정을 함께 해주시는 것이지요.

여기서 가장 중요한 점은 부모가 평소에도 아이에게 신뢰를 주는 상태여야 이 방법이 통한다는 것입니다. 평소 강압적이고 심리적으로 통제하는 부모에게 바로 즐거운 마음으로 협력하는 아이는 없습니다. 우리 역시 회사에서 똑같은 일을 하더라도 어떤 상사가 지시하느냐에 따라서 내가 그 일을 즐겁게 하거나 하기 싫은 일을 억지로 해야 하는 것과 마찬가지입니다.

내 아이가 부모의 말에 잘 따르도록 하는 협력의 공식

훈육으로 부모와의 협력 관계를 만들어내는 일 역시 문제 해결 관점에서 바라보면 좋습니다. 아이가 자기에게 일어난 일을 제힘으로 해결하기 위해 부모와 아이가 팀워크를 만드는 것이지요. 여기에는 공식이 있습니다.

협력의 공식

$$협력 = \frac{반응}{지시} \times 100$$

부모님은 송솔이에게 인제 그만 불을 끄고 잠자리에 들라고 말했습니다. 송솔이는 알겠다고 대답했지만 그러지 않았어요. 부모님이 10번이나 같은 지시를 했지만 송솔이의 반응은 0이었습니다. 부모님의 지시를 따르지 않은 것이지요. 그렇다면 송솔이의 행동은 다음과 같은 공식으로 표현할 수 있습니다.

$$송솔이의\ 협력 = \frac{0}{10} \times 100 = 0$$

이 때문에 송솔이 부모님은 송솔이가 부모의 말을 듣지 않는 아이라고 말합니다. 부모님이 10번이나 지시했는데도 송솔이는 결국 한 번도 부모님의 말을 듣지 않았기 때문입니다.

의찬이는 읽던 책은 제자리에 꽂아놓으라는 부모의 지시에 "네"라고 대답하며 바로 정리했습니다. 그럼 의찬이의 협력 점수는 100점입니다. 한 번의 지시에 바로 따랐기 때문이에요.

부모님이 아이에게 원하시는 건 의찬이와 같은 반응입니다. 한 번 지시했을 때 아이가 바로 부모의 말을 들으면 야단 칠 일도, 잔소리할 일도 없을 것입니다. 물론 의찬이처럼 기질적으로 부모의 말에 순종적인 아이도 있지만 대부분은 그렇지 않습니다. 그렇다면 이 공식에서 협력을 높이는 방법은 무엇일까요? 바로 지시를 낮추거나 반응을 높이는 것입니다. 하지만 아이는 한 번 지시했을 때 바로 반응하지 않습니다. 그렇다면 부모가 지시를 낮출 수가 없습니다. 그러다 보니 아이에게 무섭게 대하거나 아이의 기질을 누르는 방법으로 반응을 끌어올리게 됩니다.

이제 지시를 낮추고 반응을 높여서 협력을 끌어낼 수 있는 마법 같은 공식을 배워볼까요? 바로 '내 아이의 기질에 맞는 방법으로 지시'하시면 됩니다.

아이가 부모의 말에 잘 따르도록 하는 협력의 공식

$$협력 = \frac{반응}{(내\ 아이에게\ 맞는)\ 지시} \times 100$$

　내 아이의 기질에 맞는 방법이란 앞서 〈3코스, 내 아이 제대로 알기〉에서 배운 아이의 타고난 기질에 따라 욕구를 수용하는 지시를 하는 것입니다. 예를 들어, 액셀형 아이는 자극에 빠르게 반응하기에 재미있는 방법으로 지시하면 좋습니다. 아이는 지금 하는 레고 놀이가 한참 재미있어서 놀이에 액셀을 밟고 있었는데 부모님이 숙제하자며 브레이크를 밟아버리면 그 지시에 따르려고 하지 않습니다. 이럴 때 부모님은 아이가 재미있는 것을 멈추기 싫은 감정은 충분히 받아주되 그래도 숙제는 꼭 해야 하는 것임을 알려주며 아이가 최대한 재미있게 숙제를 시작할 수 있도록 도와주셔야 합니다.

　저도 퇴근 후 잔업을 해야 하거나 강의 준비를 해야 하지만 하기 싫을 때가 있습니다. 그럴 때는 일단 책상 앞에 앉기 위해 좋아하는 간식이나 커피를 준비하고 음악을 틉니다. 분위기를 잡고 앉아 있다 보면 집중할 마음이 들기에 무언가 하기 싫은 일을 시작할 때는 나에게 이처럼 보상을 주는 방법을 사용합니다. 액셀형 아이에게는 이 방법이 매우 중요합니다. 재미있는 것을 빼앗길 것 같으면 반항적인 마음이 들어 액셀을 밟아 반대 방향으로 도망가버리거든요. 그렇기에 다른 일에 최대한 흥미를 느낄 수 있도록 마중물이 필요합니다. 혹은 숙제를 끝마친 후 재미있는 것을 할 수 있다는 기대감을 주는 것도 좋은 방법입니다.

　훈육의 목표는 아이가 숙제를 끝마치는 데 있지 않습니다. 자기 할 일을 책임감 있게 하고 학업의 기초를 쌓아 자신이 하고 싶은 분야가 생겼을 때 필요한 것을 찾아 자발적으로 할 수 있는 자기주도적인 사람이 되도록 하는 것입니다. '자기주도'란 아이더러 모든 것을 알아서 하라고 방임하는 것도 아니고, 부모가 모든 것을 다 해주고는 아이에게 공부만 하라는 것도 아닙니다. 아이 스스로 자기 기질인 액셀 혹은 브레이크를 잘 다루어 자기에게 주어진 일을 주도적으로 수행하도록 하는 것입니다.

아이가 하기 싫어하는 일을 하도록 하거나 하고 싶은 일 혹은 하고 있는 일을 멈추어야 할 때 아이의 타고난 기질을 잘 활용해 그 일을 시작 또는 멈추도록 돕는 지시를 하면 아이는 처음에는 힘들지만 부모의 지시에 점점 반응하게 됩니다. 왜냐하면 아이도 하기 싫지만 해야 하는 것을 알고 있거든요. 다만 시작하기가 힘든 것입니다. 부모가 아이의 기질과 욕구를 잘 수용하며 아이에게 맞는 격려를 해 스스로 할 수 있는 경험을 주면 아이는 이를 통해 성취감을 느낍니다.

저는 액셀형 기질이라 여러 가지 외부 자극에 쉽게 산만해질 수 있습니다. 그렇기에 일의 우선순위를 자꾸 놓치게 되거나 여러 가지 일을 한꺼번에 벌이는 경우가 많습니다. 그래서 제가 저의 기질을 조절하기 위해 사용하는 방법은 저의 모든 일과를 기록하는 것입니다. 해야 하는 일을 거의 시간 단위로 적어 체크합니다. 그렇게 하지 않으면 중요한 일을 깜빡 잊고 놓치거나 시간이 부족한데도 무리하게 일을 많이 잡아 탈진할 수도 있습니다. 일과를 마치고 다이어리에 형광펜으로 그어진 완료된 일을 보면 스스로 얼마나 뿌듯한지 모릅니다. 이처럼 자기 기질을 조절하는 데 성공하는 경험이 쌓이면 자신에게 엄청난 자신감을 가져다줍니다.

인생을 살아가는 데는 2가지 유형의 사람이 있습니다. 바로 인생에 끌려가는 사람과 주도적으로 인생을 끌고 가는 사람입니다. 이는 자기 기질을 얼마나 조절할 수 있느냐에 따라 차이점이 있습니다.

자기 기질을 조절하지 못하는 사람은 자신의 기질이 만족스럽지 않기에 계속 바꾸려고 하지만 타고난 기질은 바뀌지 않기에 많은 에너지를 쓰고도 자기 인생을 조절하지 못해 끌려다닐 수밖에 없습니다. 브레이크형 중에서도 누군가는 예기불안의 기질을 자기 인생을 안전하게 만드는 장치로 잘 활용해 실수 없는 플랜을 짜서 잘 살아가고, 누군가는 불안을 통제하지 못해 계속 걱정만 하며 사는 사람도 있습니다. 결국 인생을 주도적으로 끌고 가는 사람은 자신의 기질을 잘 조절해 장점으로 만들어 자기 인생의 날개로 달아 쓰는 사람입니다.

퇴화하게 하는 잘못된 훈육 vs 성장하게 하는 올바른 훈육

짜증 내는 아이를 달래고 문제를 대신 해결해주는 것은 당장의 불편함을 해결하는 데 도움이 될 수 있지만 올바른 훈육 방법은 아닙니다. 아이의 타고난 기질을 잘 수용하며 아이 스스로 문제를 해결할 수 있도록 도와주는 방향으로 훈육하셔야 합니다.

예를 들어, 액셀형 아이가 흥분해 한참 뇌에서 액셀을 밟아 속도를 내고 있을 때 부모가 "안 돼! 하지 마!" 하며 행동을 제지해 강제로 급브레이크를 밟게 하면 이는 잘못된 훈육 방법입니다. 그럼 어떻게 될까요? 사고가 나지요. 그래서 아이는 더욱더 폭발적으로 화를 낼 수밖에 없습니다.

이러한 액셀형 아이에게 가장 좋은 훈육 방법은 평소에도 흥분하기 전에 자기 기질을 조절할 방법을 부모님과 많이 연습해보는 것입니다. 아이에게 맞는 지시 방법과 격려로 만족을 지연시키는 연습을 하고 무절제한 에너지를 생산적인 활동에 몰입하도록 해보면서 자신감을 얻도록 그 과정을 함께 해주는 것이 훈육입니다. 아이가 흥분했을 때 야단쳐 멈추게 하는 것은 타고난 아이의 기질을 누르

는 옳지 않은 훈육 방법임을 기억하셨으면 좋겠습니다.

내 아이가 어떤 씨앗을 가졌는지 알면 타고난 아이의 기질의 한계성을 잘 조절해 장점으로 만들 수 있습니다. 그럼 자기 기질을 강점으로 가진 좋은 열매를 많이 맺는 아이로 성장할 것입니다. 그러기 위해 우리는 아이를 훈육하는 것입니다.

문제 해결에 초점을 맞추는 훈육

저는 평소 집에서 볼 수 있는 부모님과 아이의 문제 상황을 촬영한 홈비디오를 보며 문제점을 파악하고 솔루션을 제공하는 일도 하고 있습니다. 이 일을 시작한 지 벌써 20여 년이 되었으니 그동안 얼마나 많은 가족의 상황을 보았을까요.

그런데 훈육에 실패하는 부모님 대부분에는 공통된 원인이 있습니다. 바로 아이에게 가르쳐야 할 본질보다 그 외의 것에 집중하느라 아이와의 대화에서 말꼬리를 잡는 등 끝도 없이 서로의 감정을 상하게 하는 것입니다. 부모가 아이를 훈육하는 이유는 아직은 미숙한 방법으로 문제를 해결할 수밖에 없는 아이에게 다음에는 더 나은 방식으로 문제를 해결할 수 있도록 알려주는 것인데 이러한 본질에서 벗어나 규칙이나 약속, 예의에 집중하면 제대로 된 훈육이 이루어지지 않습니다.

화가 나서 친구를 때렸다면 왜 그렇게 화가 났는지 이유를 들어보고 다음에 화가 났을 때는 다른 방식으로 화를 표현하도록 연습할 수 있게 하는 것이 훈육의 목표인데 왜 그런 행동을 했느냐고 따지기 시작하면 아이는 억울합니다. 자신도 화가 난 상황인데 부모님은 아이의 행동에만 초점을 맞출 뿐 자기 마음을 알아주지 않으면 억울할 수밖에 없습니다. 예를 들어볼게요.

"친구를 또 때리면 어떻게 한다고 했어. 너도 똑같이 맞아볼 거야?"

(아이의 표정이 굳어지며 친구를 째려봅니다.)

(그럼 부모는 그러한 아이의 태도에 대해 또 따집니다.)

"뭘 잘했다고 친구를 째려봐."

"쟤도 저한테 장난감 집어 던졌어요."

"누가 다른 사람 핑계 대래. 엄마가 지난번에 친구 때리지 말라고 한 약속을 안 지켜서 야단맞고 있잖아!"

"엄마는 왜 나만 가지고 그래. 미워!"

"누가 예의 없이 소리를 지르니?!"

이런 식으로 본질에서 벗어나 계속 말싸움을 하게 되면 문제는 절대 해결되지 않습니다. 결국 부모님은 강압적으로 이 문제를 마무리할 수밖에 없습니다. 그러니 아이에게 꼭 가르쳐야 하는 부분만 가지고 훈육하셔야 합니다. "친구를 때릴 만큼 화가 났던 거야? 화가 났다고 친구를 때리는 행동은 나쁜 거야. 화가 난 그 마음은 알겠지만 때리는 것 말고 다른 방법으로도 해결할 수 있어. 어떻게 하면 좋을까?" 하는 식으로 아이와 문제 해결 관점에서 그 문제만 가지고 훈육하셔야 합니다. 이때 부모님이 방법을 가르쳐줄 수도 있고 자기 의견을 표현할 수 있는 아이라면 함께 표현할 방법을 찾아보는 것도 좋은 훈육 방법입니다.

일관적인 훈육이란 앞으로 아이가 살아가며 지켜야 할 가치를 전달하는 것입니다. 화가 났을 때 다른 사람을 때리지 않아야 하는 건 맞지만 이보다 더 중요한 점은 앞으로 아이가 다른 사람들과의 갈등을 어떻게 풀어가야 할지 스스로 방법을 터득하는 것입니다. 친구와 화해도 해보고 경계도 그어보고 협상도 해보면서 좋은 관계를 만들어가는 과정을 겪어보아야 합니다. 그 과정에서 부모님의 역할은 심판도, 변호사나 판사도 아닙니다. 그저 옆에서 코칭하며 아이가 점점 더 나은 방식을 선택하도록 도와주는 역할을 하셔야 합니다.

양육은 장기 프로젝트

해야 할 일도 많은 바쁜 현대 사회에서 매일 매일 아이에게 일어나는 여러 가지 문제 때문에 지치고 힘드시죠? 많은 부모님이 아이에게 일어나는 갈등을 보는 게 힘드니 지금 당장 끝났으면 좋겠다고 바랍니다. 하지만 아이는 인생의 희로애락을 경험하며 적응하고 성숙해지는 과정을 끊임없이 겪어야 합니다. 이는 부모님이 대신 해줄 수 없습니다. 부모는 그 과정을 격려하며 함께 뛰는 코치 역할을 해야 합니다.

양육은 장기 프로젝트입니다. 부모는 지금 당장 아이의 행동에 일희일비할 필요가 없어요. 문제가 생겼을 때 어떻게 할지 함께 생각해보고 다음에는 이렇게 하겠다고 다짐도 했지만 여전히 숙제를 제때 끝내지 못했고 친구에게 또 장난감을 집어 던졌더라도 부모의 훈육이 실패한 것은 아닙니다. 우리는 여전히 인내심을 가지고 아이에게 또 가르쳐주고 더 나은 선택을 할 수 있도록 격려하며 함께 성장해나갈 것입니다. 아이가 더 나은 가치를 선택할 수 있도록 하는 것이 우리의 목표이기에 오늘 아이가 옳지 못한 선택을 했더라도 좌절할 필요가 없습니다.

내 아이가 튼튼하고 싱그러운 푸른 나무가 되는 상상을 해보세요. 땅속 깊이 뿌리가 내리고 몸통과 가지가 튼튼하며 먹음직한 열매가 가득 열리는 아름다운 나무, 본인뿐만 아니라 다른 사람에게도 좋은 영향력을 주는 존귀한 나무가 되는 상상을요. 아이의 지금 행동을 보면 그럴 수 없을 것 같지만 그렇지 않습니다. 아이들은 한 명도 빠짐없이 모두 소중하고 독특한 존재니까요.

모든 아이의 씨앗에는 가장 빛나는 자신만의 독특한 보물이 있습니다. 이를 잘 활용하며 빛나게 사는 사람도 있고 자신을 미워하느라 이 보물을 꺼내 쓰지 못하는 사람도 있습니다. 이 보물은 바로 '있는 그대로의 자기 자신'입니다. 자기 모습을 잘 발휘하면 저마다 아름다운 열매를 맺을 수 있습니다.

물론 어떤 사람은 사과를 맺고 어떤 사람은 감자를 맺을 수도 있습니다. 이는 부모님이 결정하는 게 아닙니다. 부모는 아이가 자기가 가진 보물을 소중히 여길 수 있도록 있는 그대로의 아이의 모습을 수용하며 자기의 기질을 잘 조절할 수 있도록 도와주는 역할을 하시면 됩니다. 그러면 아이는 틀림없이 자신을 자랑스럽게 여기며 각자의 위치에서 가장 빛나고 필요한 존재가 될 것입니다. 부모님이 있는 그대로의 아이 모습을 사랑한다면 아이도 자기 자신이 가장 마음에 들고 만족스러울 거예요. 그게 바로 진정한 나이니까요.

전문가가 맞춤 부모 솔루션을 제안합니다!

나 역시 받고 싶은 사랑이 있는 아이였다

혹시 〈3코스, 내 아이 제대로 알기〉를 밟을 때 내 아이에 관해 알아보며 혹시 나는 어떤 씨앗을 품고 있었을지 생각해보셨나요? 부모 역시 내 아빠, 엄마에게 받고 싶은 사랑이 있었던 아이였습니다.

우리도 어린 시절 지금의 내 아이와 마찬가지로 타고난 기질이 있었고 내 욕구를 여러 가지 방법으로 표현했을 거예요. 때로는 짜증을 내보기도 하고 입을 꾹 다물고 대답하지 않은 채 눈을 꼭 감아버릴 때도 있었을 거예요. 울어도 보고 "왜 나한테만 그러는데!" 소리치며 억울함도 표현해보았을 것입니다. 하지만 이런 나의 표현이 부모님에게 모두 수용되지는 못했을 거예요. 다른 사람의 모든 감정을 수용할 수 있는 완전한 사람은 없으니까요.

지금 당신은 살아가며 어디에다가 자기 마음의 에너지를 쓰고 있나요? 다른 사람들이 나를 어떻게 평가할지에 관해 온 신경이 쓰이나요? 무언가 잘못될까 봐 확인하고 또 확인하는 데 에너지를 쓰나요? 배우자의 표정을 살피며 집안 분위기가 나빠지지 않는 데 신경을 쓰나요? 일에서 남들보다 성과를 내 인정받으려고 벅차도록 노력하고 있나요?

지금 자신이 힘에 벅차도록 에너지를 쏟는 분야가 있다면 이는 나의 결핍 및 상처와 관련이 있습니다. 내가 받고 싶었던 사랑을 다 받지 못해 생긴 정서적인 허기짐을 채우려고 하는 것이지요. 그런데 아무리 노력해도 채워지기는커녕 오히려 무언가 뚫린 기분이 든다면 내가 받고 싶은 사랑을 표현했지만 온전히 수용 받지 못한 경험 때문에 정서에 구멍이 생겼기 때문입니다. 이런 구멍이 많다면 아무리 에너지를 쏟아도 채워지기가 어렵습니다. 그렇기에 외부에서 사랑을 받아 채우는 수고가 아닌 내 마음속 구멍을 막아야 하는 일이 먼저입니다.

이 구멍을 막기 위해서는 나는 어릴 때 어떤 아이였는지 잘 생각해보고 느껴보세요. 어릴 때 기억이 잘 떠오르지 않으시다면 어릴 적부터 스스로 정서적 억압을 많이 하셨을 듯합니다. 그럴 때는 나를 잘 아는 사람들에게 물어보는 것도 좋고 기질 검사를 통해 타고난 내 기질이 무엇인지 알아보고 그 욕구들을 잘 수용 받고 자랐는지 살펴보는 것도 좋은 방법입니다.

우리에게 딱 맞는 새로운 가족 모델을 만들기 위해서는 내 아이가 어떤 아이이고 무슨 문제가 있는지 알아보는 것도 중요하지만 부모인 나 역시 어떤 아이였고 어떤 사랑을 받았어야 했던 사람이었는지를 찾아야 합니다. 그래서 결핍이나 상처로 인한 정서적인 구멍이 있다면 그 구멍을 메워야 합니다. 그래야 내 안에 좋은 것이 쌓이고 넘쳐 내 아이와 주변 사람에게도 흐를 수 있겠지요.

부모 자신의 문제를 해결하는 것

"상담하기 가장 어려운 사람은 어떤 사람인가요?"

이런 질문을 받은 적이 있었습니다. 저는 개인적으로 자신에게 문제가 없다고 생각하는 사람이 가장 상담하기 어렵습니다. 본인에게 문제가 없다고 생각하는 사람에도 2가지 유형이 있는데 첫 번째는 자신에게 문제가 있는지 모르는 사람입니다. 자신에게 어떤 문제가 있는데도 이를 의식 혹은 무의식으로 통제해 힘든지조차 인식하지 못하는 사람이지요. 자기는 괜찮다고 생각해 자신의 문제를 들여다보지 않거나 외면하기에 문제가 터지면 이미 다루기 힘든 수준까지 가버리는 경우가 많습니다.

두 번째는 자신에게 문제가 있는데 그 문제의 원인을 타인에게서 찾는 사람입니다. 가족이나 다른 사람들이 본인 때문에 고통받고 있는데 본인만 모르는 경우이지요. 이런 사람은 늘 억울하다고 분노를 터뜨리는데 정작 본인 때문에 힘든 사람들은 보지 못하고 자기 프레임에 갇혀 있는 사람입니다. 이 2가지 유형의 사람을 한마디로 요약하면 '자기 자신을 모르는 사람'입니다. 가족은 유기적으로 연결되어 있기에 구성원 중 누군가가 힘들어한다면 가족 전체가 함께 현재 상황을 점검해보아야 합니다. 서로가 서로에게 영향을 주고받기 때문에 나 또한 가족 문제에서 벗어날 수 없으니까요.

순영 씨는 어렸을 때 또래 관계에서 왕따 당한 경험이 있습니다. 하지만 부모님에게 그 사실을 이야기할 수는 없었어요. 맞벌이라 바쁘시기도 했지만 아이의 이야기를 시간을 내어 다정하게 들어주시는 분들도 아니셨습니다. 가끔 너무 힘들어 순영 씨가 용기 내 이야기하면 오히려 "네가 얼마나 만만해 보였으면 그랬겠니?"와 같은 비난을 들었기에 혼자 외로운 마음을 삼켜야 했습니다. 그래서 자신은 아이를 낳으면 아이가 힘들어하기 전에 미리 알아주고 함께 고민하는 부모가 되어주고 싶었습니다.

그런데 막상 아이를 낳고 그 아이가 자라 또래 사이에서 문제가 생겨 심통이 난 얼굴로 시무룩하게 앉아 있으니 무언가 모르게 불편한 감정이 올라옵니다. 아이의 모습이 못마땅하고 못나 보여 "엄마가 입 다물고 있지 말고 너도 하고 싶은 말 있으면 하라고 했잖아. 네가 얼마나 만만해 보였으면 친구들이 너한테 그렇게 하니?"라는 말을 뱉어버립니다. 물론 이 말이 자기가 어릴 적 내 부모에게 들었던 말임을 인식하지 못합니다.

화가 난 아이는 동생에게 가서 괜히 신경질을 냅니다. "이거 내 거잖아. 왜 허락도 없이 만져?" 하며 동생이 가지고 있던 장난감을 빼앗습니다. 동생은 갑자기 소리를 지르는 형제를 보니 놀라기도 하고 억울해서 울음을 터뜨립니다. 그 모습을 바라보고 있던 아빠도 화가 납니다. "너는 장난감도 많으면서 동생한테 그거 하나 못 빌려주니? 그렇게 못되게 굴면 다시는 장난감 같은 거 절대로 안 사줄 거야!" 아빠 역시 어릴 때 자신에게 무섭게 대했던 손위 형제의 모습이 첫째 아이의 행동을 통해 무의식적으로 떠올라 화가 난 것이지만 이를 인식하지는 못한 상태입니다.

아이들은 울고 배우자는 화가 난 이 상황이 순영 씨는 너무 힘듭니다. 무언가 불편한 감정이 올라오긴 하는데 정확한 이유는 모르겠고 아이에게 화를 냈다는 죄책감이 들지만 아이를 달래고 싶지 않습니다. 그리고 이러한 상황에서 나를 위로하거나 아이들을 중재하지 않고 오히려 불같이 화를 내서 가족 전체의 분위기를 얼려버리는 배우자에게도 화가 납니다.

순영 씨는 우리 가족의 무엇이 문제인지 모르겠습니다. 이 패턴이 계속 반복되지만 어디서부터 해결해야 할지 모르겠습니다. 순영 씨는 아내인 자신의 마음을 위로하지 않고 화만 내는 배우자와 자신을 힘들게만 하는 첫째 아이에게 문제가 있다고 생각합니다. 순영 씨의 배우자 역시 툭하면 아이에게 짜증을 내는 아내와 매번 동생과 갈등 상황을 만드는 첫째 아이에게 문제가 있다고 생각합니다. 그래서 순영 씨 부부는 첫째 아이를 데리고 상담센터에 찾아왔습니다. 이 아이가 문제가 있다고 말입니다.

가족 안에서 일어나는 문제 해결 방법을 내가 아닌 다른 사람에게서 찾으려고 하면 절대로 답을 찾을 수 없습니다. 가족 문제 대부분이 자신의 결핍 및 상처와 관련이 있기 때문입니다. 결국 내 문제와 연결되어 있다는 뜻이지요. 내가 어릴 적 나의 부모님이 미숙하여 내게 상처와 결핍을 주었을 수도 있습니다. 하지만 이제 우리는 어른이 되었기에 미숙한 모습으로 그 문제 앞에서 여전히 심통이나 있을 이유도, 불만족스러웠던 어린 시절로 돌아갈 필요도 없습니다.

오늘날의 심리학에서는 "사람들이 불행을 만드는 행동을 반복하는 이유는 그 불행을 극복하려는 노력의 일환이다"라고 규명하였습니다. 불행을 극복하기 위해 무의식적으로 이러한 상황을 반복해서 만들어낸다는 것이지요. 하지만 많은 사람이 여전히 그 시절로 돌아가면 또다시 위축되어 무언가를 하려 하지 않습니다. 저항하거나 새로운 패턴을 만들지 못한 채 그 패턴을 반복한다면 자존감은 사라지고 타인에게 존중받으려는 자존심만 강해집니다. 그러니 이제는 다른 사람에게 문제가 있음을 찾으려는 시도를 멈추고 자기 내면을 정직하게 바라볼 용기를 내셔야 합니다.

저는 순영 씨에게 어릴 적 나와 부모님의 모습을 떠올려보고 그 이미지에 맞는 피규어를 찾아보도록 했습니다. 순영 씨는 사진 속 왼쪽에 쭈그리고 있는 아이와 작은 텐트가 자신의 어릴 적 모습과 비슷한 듯하다고 하며 찾아왔습니다.

　무언가 위축되어 있고 엉거주춤한 모습이 이러지도, 저러지도 못하는 자기 모습처럼 보인다고 했습니다. 부모님에게 비난받다 보면 망치로 두드리면 바닥 아래로 사라지는 게임 속 두더지처럼 자신이 점점 작아져 땅바닥에 붙어버릴 것 같은 생각이 들었다고 했습니다. 작은 텐트는 어딘가로 숨어버리고 싶지만 부모님을 아주 피해버리면 그들의 마음에서 멀어질 것 같아 아주 숨지는 못하는 모습을 표현했다고 했습니다.

　순영 씨는 자신이 어릴 적 부모님의 모습을 떠올려보면 장사를 하셔서 늘 바쁘시던 모습만 떠오른다고 합니다. 억척스럽게 무언가를 열심히 하는 모습과 늘 강해 보이는 모습도 생각나고요. 항상 분주하다 보니 시간을 내어 순영 씨와 도란도란 이야기를 나누어본 경험도 없었다고 해요. 오른쪽 피규어의 손가락을 보면 자기가 고민을 이야기해도 "네 잘못이겠지" 하며 비난하는 것처럼 느껴져 부모님의 이미지와 비슷한 것 같다고 했습니다.

두 피규어를 마주 보게 한 다음 어떤 모습처럼 보이는지 순영 씨에게 물어보았습니다. 아이는 부모를 뚫어지게 쳐다보는데 부모는 다른 곳을 쳐다보며 아이에게 지시를 내리는 듯한 모습처럼 보인다고 했습니다. 순영 씨는 따로따로 찾아온 이 2개의 피규어를 마주 보게 했더니 정말 어린 시절의 자신과 부모님의 모습을 그대로 표현했다며 부모님이 한 번쯤 아이인 자신의 눈높이에서 내가 무엇을 고민하는지 물어봐 주었으면 얼마나 좋았을지 그리고 저 아이는 부모님을 바라보며 하고 싶은 말이 많았을 텐데 아이의 마음에는 관심 없고 부모인 자신이 하고 싶은 말만 하는 부모님에게는 그 어떤 말도 할 수 없었을 것 같다고 했습니다.

지금도 순영 씨의 내면에는 텐트 안으로 완전히 들어가지도, 밖으로 나가지도 못한 채 어정쩡하게 쭈그리고 앉아 누군가가 내 이야기를 따뜻하게 들어주기를 바라는 아이의 모습이 남아 있습니다. 하지만 배우자도 내가 이렇게 의기소침해진 상태가 되었을 때는 나를 보듬어주기는커녕 내 부모님처럼 큰 목소리로 나를 비난하고 지적합니다. 배우자 역시 어린 시절 나를 지적하고 무섭게 대했던 형에 대한 상처와 이를 막아주지 못한 부모님에 대한 원망이 있거든요. 그래서 자기 앞에서 의기소침해 있는 순영 씨를 보면 어릴 적 내 모습이 투사되어 짜증이 올라옵니다.

따라서 부부가 서로 이러한 상처와 결핍을 채워주고 재부모화의 경험을 통해 치유해야 합니다(이는 5코스, 우리는 어떤 부부인지 제대로 알기에서 다루었습니다). 물론 다른 사람의 도움을 받지 않더라도 어른이 된 내가 어린 시절의 나를 도와줄 수도 있습니다. 이제는 어른이 된 내가 상처받은 어린 시절의 나에게 이렇게 물어보세요.

"순영아. 너는 어릴 적 가장 힘들었을 때가 언제였어?"

"분명히 동생이 내가 한 걸 가지고 가거나 망쳐놓고 잘못했는데 엄마는 내가 동생을 배려하지 않고 양보하지 않는다고 나만 혼내셨어. 많이 참았는데 잘한 건 칭찬도 안 해주시고 한번 거절하면 그걸 혼내셨어."

"그때 마음이 어땠니?"

"너무 속상하고 억울했어."

"그랬겠구나. 많이 속상하고 억울했겠다. 네가 엄마에게 듣고 싶은 말은 무엇이었니?"

"엄마, 왜 항상 동생 편만 들어요? 저한테도 잘했다고 칭찬해주고 제가 잘못하지 않은 것은 저한테 뭐라고 하지 마세요."

"그런 말이 듣고 싶었구나. 이제는 어른이 된 내가 너에게 그 말을 해줄게. 넌 정말 좋은 언니이고, 잘 참아주어서 고맙다. 다른 사람이 잘못하면 거절해도 돼. 잘못했다고 말해도 돼. 너의 의견은 중요하고 너의 잘못이 아닌 것까지 인정할 필요가 없단다. 넌 너의 의견을 충분히 말해도 돼. 잘 참고 잘 커서 대견하다."

이제 나는 부모님에게 혼이 나 속상한 어린아이가 더는 아니에요. 과거로 돌아가 나의 상처를 없던 일로 만들 수는 없습니다. 과거의 일은 그대로 받아들이고 나의 상처를 있는 그대로 수용하며 당시 나의 모습을 그대로 느껴보세요. 그때 받은 나의 불행을 해결하겠다고 불행의 패턴으로 들어가 현재의 삶까지 불행의 쳇바퀴로 만들어 무한 반복으로 돌 필요가 없습니다.

불행의 쳇바퀴에서 '열심히' 돌고 있는 사람은 그 누구도 말릴 수 없습니다. 쳇바퀴에서 내려오려면 그저 달리던 것을 멈추고 옆으로 한 걸음만 내디디면 되는데 누군가에게 자신의 불행을 보여주고 싶은 것처럼 그 쳇바퀴를 계속 돌고 있지요. 그 쳇바퀴를 돌며 가장 고통 받는 사람은 자기 자신인데 말이에요.

어릴 적 누군가에게 듣고 싶었던 그 말을 이제 내가 나에게 해주세요. 많은 어려움이 있었지만 나는 지금 어른으로 성장했습니다. 미숙한 부분도 있었겠지만 틀림없이 잘 해낸 부분도 있을 거예요. 어른인 내가 여전히 심통 나 있고 시무룩해 있는 어린 시절의 나에게 말을 걸어보세요. 고개를 끄덕이며 동의하는 것만으로는 약합니다. 직접 입을 열어 말해보고 글로 써 보는 등의 의식적인 행동을 통해 무의식의 변화를 일으켜보세요.

잘못된 가족의 역동은 일단 멈추고, 재조정

이 책 『우리 아이 기질 맞춤 양육 매뉴얼』의 초반에 양육이 힘든 여러 가지 이유를 살펴보았지요? 양육은 여러 가지 문제가 복합적이고 역동적으로 얽혀 있기에 어렵다고 말씀드렸습니다. 하지만 많은 문제가 오히려 서로 꼬리에 꼬리를 물고 영향을 주고 있으므로 실마리를 찾으면 쉽게 풀리기도 합니다. 아이에게 왜 이렇게 화가 나는지 그 이유를 찾아 따라가다 보면 그 끝에 어릴 적 내 상처가 찾아지기도 하고 배우자와 싸우는 패턴에 관해 생각하며 따라가다 보면 내 부모님의 문제 해결 방식과 만나기도 합니다.

이처럼 어디서부터 풀어야 할지 막막하지만 이 문제를 풀겠노라 다짐하고 용기 내어 구불구불하고 복잡한 미로를 걷다 보면 모두 다 한 방향으로 가고 있음을 알게 됩니다. 부모님의 갈등과 그로 인한 상처, 내가 받고 싶었지만 받지 못했던 사랑, 내 아이에게 잘해주고 싶은데 자꾸 화를 내는 나의 양육 태도, 부부간 소통의 어려움 등 모든 시작은 '있는 그대로 내 모습을 수용 받고 존중받고 싶은 욕구'에서 시작하거든요.

　내 부모님도, 내 부모님의 부모님도 그들의 부모에게 받고 싶었던 사랑을 받지 못해 생긴 결핍과 상처로 역기능적인 쳇바퀴 패턴을 만들어냈습니다. 그러한 욕구를 해소하고 싶어 열심히 쳇바퀴를 돌렸지만 결국 해소되지 못했고, 나에게 그 쳇바퀴를 물려주셨어요. 나 역시 이를 거절하지 못한 채 부모님이 돌았던 그 쳇바퀴에 나의 상처와 결핍까지 더해 여전히 쳇바퀴는 돌고 또 돕니다.

　그러다 이 익숙하고도 불편한 상황을 반복할 수 있게 만들어주는 사람을 만나 결혼하면 나의 쳇바퀴에 배우자의 쳇바퀴까지 더해져 더 큰 쳇바퀴가 돌아갑니다. 우리 부부가 이 불행의 쳇바퀴에서 벗어나지 못하면 내 아이에게 이 쳇바퀴를 물려주게 됩니다. 이를 가족 안의 비밀 혹은 신화라고 합니다. 다른 사람들은 모르지만 우리 가족만 알 수 있는 독특한 분위기 혹은 가족이 해체될까 봐 두려워 덮어두고 해결하지 않는 가족 간의 어려움을 말하지요.

　이처럼 양육은 여러 가지 문제가 복합적으로 얽혀 있는 것처럼 보입니다. 본인이 양육 과정에서 겪은 좌절, 심리적인 문제, 틀어진 부부 관계, 건강, 체력, 부모로부터 받은 상처와 결핍 등 여러 문제가 서로 얽혀 있어 도대체 어디서부터 어떻게 풀어야 할지 실마리를 찾기 어렵다고 느껴지지만, 사실 이 모든 문제는 연결된 부분이 있으므로 일단 풀리기 시작하면 다른 문제도 같이 풀리기도 하고 또 어떤 것은 여러 가지 문제가 한꺼번에 풀리기도 합니다.

　또한 역동적이기에 하나가 잘못 돌기 시작하면 다른 요인들도 영향을 받아 잘못된 방향으로 같이 돌게 되어 있습니다. 부부간에 갈등이 커지면 아이의 정서에도 문제가 생기고 이를 해결하지 못하면 건강과 관련된 문제, 시댁과의 갈등 등으로 퍼져나갈 수도 있지요. 어디에서 문제가 생기던지 이를 멈추고 문제를 해결해 선순환의 쳇바퀴로 돌릴 수 있는 가족 간의 문제 해결 능력이 없다면 역기능의 쳇바퀴로 계속 돌 수밖에 없습니다.

이는 마치 시계 속 톱니바퀴와도 같습니다. 시, 분, 초의 톱니가 서로 맞물려 있기에 큰 힘이 한 방향으로 돌기 시작하면 나머지는 그 방향으로 함께 돌 수밖에 없으니까요. 그렇다면 잘못된 방향으로 돌고 있다면 어떻게 할까요? 일단 멈추세요. 그리고 어디가 어떻게 잘못 돌고 있는지 원인을 찾아내 올바른 방향으로 돌도록 해야 합니다.

내 아이가 무언가 계속 불만족스럽고 화가 나 있다면, 나와 배우자가 같은 패턴으로 계속 싸우고 있는데 해결하지 못하고 있다면, 부모님을 보면 이유 없이 볼멘소리가 나오고 무언가 못마땅한 마음이 든다면, 시댁에 갔다 올 때마다 배우자와 마찰이 일어난다면, 내 아이에게 분노를 참지 못하고 계속 쏟아내고 있다면 우리 가족 모두는 톱니바퀴에 끼어 소리 없이 고통의 비명을 지르는 중입니다.

기초가 튼튼하지 못해 기울어진 건물을 지금까지 쌓은 것이 아깝다고 계속 높여가다 보면 언젠가는 무너질 수밖에 없습니다. 우리 가족의 쳇바퀴가 잘못된 방향으로 굴러가고 있다면 반드시 멈추어 서서 어디서부터 잘못되었는지 점검한 후 무너진 곳은 보수하고 기울어진 곳은 허물어 다시 쌓아야 합니다. 조금 오래 걸려도 결국은 이것이 가장 빠른 길입니다.

양육은 효율적으로, 남은 에너지는 부모 자신에게 쓸 것

앞서 양육이 어려운 이유를 계속 살펴보았지요. 그중 비효율적으로 양육하기에 양육이 힘든 거라는 이야기도 했었는데요. 이는 아이가 부모에게 받고 싶은 사랑이 아닌 부모가 아이에게 주고 싶은 사랑을 주기 때문에 아이도, 부모도 힘들다는 내용이었지요.

여기에는 자신이 어릴 적 부모에게 받고 싶었던 사랑을 내 아이도 받고 싶을 거라고 착각해 아이에게 내가 받고 싶었던 사랑을 줌으로써 나는 좋은 부모라고 인정받고 싶은 보상 심리가 숨어 있습니다. 그러니 아이가 부모의 사랑을 감사하게 생각하며 받아들이지 않고 불만을 표현하면 도대체 뭐가 문제냐며 화가 나는 것이지요.

지금까지 양육 로드맵을 한 코스씩 차근차근 밟아 여기까지 온 이유는 결국 이것입니다. 바로 나와 아이를 정서적으로 분리하는 작업을 한 것이지요. 아이는 아이의 인생을, 나는 내 인생을 살아야 합니다. 이제 내 아이가 어떤 아이인지 알았다면 이 아이가 자기가 품은 씨앗대로 잘 성장할 수 있게 있는 그대로의 모습을 수용해주세요. 부모는 문제가 생길 때마다 아이가 안심하며 문제를 해결할 수 있게 든든한 바운더리가 되어주시면 됩니다. 그렇게 내 아이가 받고 싶은 사랑을 주었다면 남은 에너지는 나와 배우자에게 쓰셔야 합니다.

이제 더는 아이가 받고 싶지 않은 사랑에 시간과 돈과 에너지와 감정을 쓰지 말아 주세요. 효율적인 분배를 통해 남은 에너지는 나의 나무에다가 쏟아주세요. 부모가 성숙한 인성으로 삶을 제대로 살아간다면 아이 역시 부모의 모습을 보며 성숙한 인성을 만들고 자기 인생을 제대로 살아갑니다. 부모님이 행복하면 아이도 행복하니까요.

부모-자식의 관계가 출퇴근이 있는 비즈니스 관계라면?

저는 요즘 온라인으로 밤에도 상담이나 강의를 자주 하는데 "육퇴하고 왔어요~"라는 말을 종종 듣습니다. 아이를 먹이고 입히고 씻기고 재우고 나면 육아에서 퇴근한다는 뜻이지요. 저도 그와 같은 생각을 해보았기에 젊은 부모들이 그러한 이야기를 하면 짠한 마음이 들기도 합니다.

육아에서 퇴근했다는 건 육아를 '일'로 대한다는 의미일 테지요. 물론 아이를 기른다는 건 반복되는 노동 같습니다. 저도 3년 터울로 삼 남매를 낳았기에 거의 10년간 기저귀를 갈았습니다. 이를 제가 일로 생각했다면 저는 빨리 아이가 자라 이 지긋지긋한 일에서 벗어나고 싶었을 것입니다. 하지만 저는 마음을 달리했습니다. 이왕 해야 하는 일이면 아이와의 관계를 좋게 하는 시간으로 가지자고요. 단순히 똥 싼 기저귀를 가는 시간이 아니라 아이와 눈을 맞추고 토닥여주고 정성스럽게 씻겨주는 좋은 시간으로 보내리라고 마음을 먹었지요.

만약 부모가 얼른 아이를 재워놓고 육퇴하여 나만의 시간을 가지고 싶은 마음으로 육아한다면 어떨까요? 아이가 자지 않으려고 하면 짜증이 나 야단을 칠 수밖에 없습니다. 그렇게 되면 아이와 실랑이하는 데 더 많은 에너지가 들 테고 그렇게 해서 아이를 재운다고 해도 죄책감과 좌절감이 들 것입니다. 어렵게 얻은 나만의 시간 역시 즐겁지 않을 테고요. 나를 위한 나만의 시간을 가지고 싶어 시작했지만 아이와의 사이에서 이미 감정이 상했기에 이후의 시간은 죄책감을 덮을 비생산적인 일로 시간을 때우며 보내게 될 확률이 높습니다.

부모와 자식 관계는 비즈니스 관계가 아닙니다. 단순히 아이를 키워야 한다는 의무만 있는 관계가 아니라는 것입니다. 아이를 먹이고 입히는 것 이상의 안전과 사랑, 신뢰를 주고받아야 하는 관계입니다. 그러니 육퇴를 꿈꾸며 일 처리하듯이 아이를 대하고 있다면 아이와 천천히 눈을 맞추고 아이의 마음이 어떤지 찬찬히 들여다볼 여유가 없는 것이므로 한 번쯤은 아이와의 관계를 다시 생각해 보아야 합니다.

육아는 훌륭한 경력

'육아에서 퇴근한다'라는 말을 사용할 만큼 힘든 게 육아임을 표현하고 싶은 마음은 알겠지만 그 말의 의미를 바꾸어보면 어떨까요? 저는 끝도 없이 단순노동을 반복해야 하는 육아의 기간을 나의 심리적인 커리어와 스펙을 쌓는 기간으로 삼을 것을 제안하고 싶습니다. 즉 이 기간을 나에게 도움이 되는 시간이 되도록 주도적으로 이끄는 것이지요.

저의 가장 큰 경력은 삼 남매를 키운 것입니다. 그래서 저는 제 이력서에 '삼 남매의 엄마'라는 내용을 꼭 씁니다. 사실 저는 학교에서 배운 지식이나 임상에서 얻은 경험보다 아이 셋을 양육하며 부모가 되어가는 과정이 어떤 것인지 배운 게 더 많습니다. 그리고 아이들을 통해 제가 점점 더 성숙해짐을 느낍니다. 이런 희생적이고 이타적인 경험을 어디서 해볼 수 있을까요?

아이가 울면 자다가도 벌떡 일어나서 안아주고 비위가 약한 사람인데도 밥 먹다가도 아이의 기저귀를 갈아줍니다. 내가 먹고 싶은 것보다 아이가 먹고 싶은 것 위주로 장을 보고 내 옷은 못 사 입어도 아이는 예쁜 옷으로 골라 입히며 아이가 아프면 차라리 내가 아팠으면 좋겠다는 마음이 듭니다. 하고 싶은 일이 있어도 아이를 먼저 생각하느라 기꺼이 포기합니다. 어떤 날은 힘들어 눈물이 난 적도 있었지만 포기하지 않고 지금까지 아이들을 키워낸 자신에 대해 대견함이 있습니다.

혹시 자신이 아이에게 부족한 부모라고 생각하는 분도 지금까지 매일 아이를 먹이고 입히셨잖아요. 그것만으로도 충분히 잘하셨다고 칭찬해드리고 싶습니다. 얼른 아이를 다 키운 후 내 인생을 살겠노라고 생각하면 지금 나의 인생은 그저 소모되는 시간에 불과합니다. 그러지 말아 주세요. 아이를 양육하는 나의 시간은 결코 참고 견디며 흘려보내는 시간이 아닙니다. 이 시간 동안 나의 인생은 아이와 함께 성장하며 보낼 수 있습니다.

저는 총 33년의 육아 경력이 있습니다. 아이 셋의 나이를 합친 숫자입니다. 물론 첫째 아이를 낳은 지 14년이 되었기 때문에 보통의 사회 경력으로 치면 14년이 맞지만 둘째 아이를 키울 때는 첫째 아이와 전혀 다른 아이를 키우느라 새로운 차원의 세계를 경험했고 아이가 하나에서 둘이 되니 풀어야 하는 문제도 더욱더 복잡해졌습니다. 덕분에 이 과정에서 복잡한 갈등을 해결하는 방법을 더 많이 터득했기에 '싸우는 아이 중재하기 1급 자격증'이 생겼습니다. 아이가 셋이 되니 더욱더 복잡한 작은 사회를 경험하게 되었습니다. 편먹기, 서열 가르기 등의 과정에서 '화합을 이루어내는 과정 1급'을 취득했지요.

세 아이를 키우는 동안 짧은 시간 안에 인생을 3번 다시 산 듯 함축적으로 많은 경험을 하고 많은 문제와 갈등을 푸는 연습을 했기 때문에 저는 저 자신에게 33년의 육아 경력을 주었어요. 이제 크고 작은 갈등을 제힘으로 해결하며 세상에서 가장 좋은 선의의 경쟁자이자 동료이자 조력자가 되는 삼 남매를 보면 정말 자랑스럽습니다.

이처럼 육아하는 기간을 내 인생에서 희생하고 버리는 시간이 아니라 나를 더욱더 성숙하게 하는 시간으로 만들어야 합니다. 이 시간을 지나는 동안 좀 더 나은 인생을 살도록 정비하는 기회가 되어야 합니다. 저는 삼 남매를 키우는 동안

30대에는 할 수 없었던 생각들을 하게 되고 세상을 보는 관점이 확장되었습니다. 나와 전혀 다른 사람인 아이 각자를 있는 그대로 보는 훈련을 했고 '왜 그렇게 생각하게 되었을까' 생각해보며 각자 가지고 있는 전혀 다른 세계관들을 경험하게 되었습니다. 인간의 심리에 관해 전공하고 임상에서 많은 사람을 만나 상담했지만 직접 몸으로 부딪치며 한 개인의 독특한 세계를 경험하는 일은 저에게 매우 다른 통찰을 가지게 해주었습니다.

가장 중요한 점은 세 아이가 각자 다른 방식으로 제 무의식에 숨겨져 있던 상처와 결핍을 발견하게 해준 것입니다. 아이의 이 행동이 왜 이렇게 화가 날까 왜 이 말이 이렇게 섭섭했을까 생각해보면 그 끝에는 나의 내면에 있는 상처와 관련된 부분이 있음을 발견하게 됩니다. 그래서 이것을 직면해보고 떠오른 나의 상처를 스스로 보듬어줍니다. 어릴 때는 아무것도 할 수 없었지만 이제 그 문제를 돌파해보는 것입니다. 그 문제를 돌파해보면 나에 관한 자존감과 자신감이 점점 더 높아짐을 느낍니다.

여기서 '돌파'라는 건 이전에 했던 행동과 180도 다른 행동을 해보는 것입니다. 예를 들어, 전에는 아이에게 화가 나면 소리를 질렀는데 이제는 소리를 지르지 않는다면 이는 돌파가 아닙니다. 제로zero, 상태입니다. 처음부터 하지 않았어야 하는 행동을 했다가 안 한 것이니 그냥 제자리로 온 것뿐입니다. 돌파는 아이에게 소리 지르고 싶을 때 오히려 아이를 꼭 안아주는 것입니다. 전에는 화가 나면 입을 꽉 다물었지만 이제는 입을 열어 나의 마음을 표현해 보는 것, 마음에 들지는 않지만 불편한 마음으로 "괜찮아"라고 말했다면 이제는 괜찮지 않다고 거절해보는 것이 바로 무의식을 변화시킬 수 있는 돌파입니다.

이처럼 돌파를 하게 되면 이전과는 다른 방식으로 무언가를 시도할 때마다 조금 더 나은 방식으로 나의 마음을 표현하는 방법을 찾아가게 됩니다. 구원자가 짠! 하고 나타나 이 슬픔에서 나를 꺼내주길 바라던 나의 무의식의 환상을 이제는 깨야 합니다. 동화 속 요정은 나타나지 않습니다. 상처받은 어릴 적 나를 꺼내어 성장하게 할 사람은 바로 자신, 이제는 어른이 된 든든한 나입니다. 이제는 울고 있는 내 어린 시절에 손을 내밀어 꺼내주세요. 어른이 된 나와 아직 미숙한 채 남아 있는 나의 모습이 서로 손을 잡고 성장을 향해 걸어 나갈 수 있습니다.

30배, 60배, 100배의 열매를 맺는다는 것

우리가 부모로서 이 시간을 잘 보내게 되면 우리에게는 어떤 유익이 있을까요? (물론 자식을 위하는 데에 꼭 유익을 바라는 것은 아니지만) 이 시간을 잘 보내고 나면 우리는 엄청난 선물을 받을 수가 있습니다. 바로 '좀 더 성숙해진 나'입니다. 성숙은 육아만 하면 그냥 주어지는 것이 아닙니다. 나의 미숙함을 발견했을 때 이전과는 다른 방식으로 해결해보는 시도를 반복하다 보면 점점 더 성숙한 방법으로 문제를 해결하는 나를 볼 수 있게 됩니다.

아이가 건드리는 나의 불편한 감정을 덮어버리고 아이에게 화를 내는 것이 아니라 스스로 직면해 이 감정의 원인을 찾아보고 다른 방식으로 해결해보는 것, 그래서 가장 좋은 방법으로 나의 행동을 바꾸어보는 것, 바로 이러한 시도를 통해 나는 아이와 함께 어느새 성숙해져 감을 느낄 수 있습니다.

이 성숙의 시간을 거치고 나면 우리는 내가 전보다 훨씬 더 좋은 열매를 더욱 더 빨리 맺고 있음을 발견하게 될 것입니다. 이전에는 30일 동안 할 고민을 하루 만에 끝낸다면 그건 30배의 결실입니다. 100일 동안 해야 하는 일을 하루 만에 할 수 있는 노하우가 생기면 이는 100배의 결실을 보는 것입니다. 전에는 하지 못했던 생각을 하게 되고 용서하지 못했을 일도 용서할 수 있는 관용이 생긴다면 정서적으로 낭비하는 시간도 줄었으니 이 역시 나에게는 플러스입니다.

가족 안에서 개인의 성숙은 개인의 변화에 그치지 않습니다. 가까운 가족이 가장 먼저 긍정적인 영향을 받을 거예요. 부모가 대하는 다정한 태도에 아이의 마음이 유연해질 것이고 아이의 변화는 또래 친구들에게 좋은 영향을 미칩니다. 나아가 더 많은 곳에 더욱더 좋은 영향력으로 흘러갑니다. 내가 아이를 키우며 알게 된 것들을 나누었을 때 10명의 부모가 마음으로 동의하여 아이에게 화를 내는 일을 멈추었다면 10배의 열매를 얻은 것입니다. 만약 양육하다가 길을 잃고 양육의 바다 한가운데서 표류하는 누군가가 이 책 『우리 아이 기질 맞춤 양육 매뉴얼』을 읽고 어디로 가야 할지 그 방향을 찾았다면 저는 한 명이 아니라 그 가족 전체에게 좋은 영향을 준 것입니다.

제가 누군가를 돕고 싶다는 생각을 넘어 구체적으로 누군가를 도울 방법을 써 내려갈 수 있는 것도 바로 삼 남매를 키우며 지의 상처와 결핍이 치유되어 성숙해진 과정에서 생겨난 것입니다. 제가 삼 남매를 키우지 않았다면 저는 여전히 나 혼자 어떻게 하면 더 잘 먹고 잘살 수 있을지를 고민했을 것 같습니다.

하지만 저는 이제 우리 아이가 살아갈 세상이 더욱더 좋아지기를 꿈꾸며 양육이 힘든 부모님들의 손을 잡고 양육의 로드맵을 그려주는 일을 잘 해내고 싶습니다. 제가 아이 셋을 키우며 나의 상처와 결핍을 돌아보며 성숙의 시간을 거쳤기 때문에 가능한 일인 것 같습니다. 제가 걸어본 길이니 다른 사람들을 안내해 줄 수 있게 된 것이에요.

이러한 영향력뿐만 아니라 일과 사람과의 관계에서도 이전보다는 훨씬 더 좋은 방법으로 문제를 풀어나가는 나를 발견하게 됩니다. 이 세상에 내 아이보다 더 까다로운 고객은 없었으니까요. 내 아이와의 관계에서 감정적이지 않고 그 아이의 입장에서 문제를 해결할 방법을 도울 수 있게 되면 이 세상에 어떤 사람들과의 관계가 어려울까요.

Here & Now, 오늘을 사는 것에 대한 축복

아이를 키워 한 명의 어른으로 독립하게 하려면 적어도 20년의 세월이 필요합니다. 다른 동물들과 달리 사람은 양육하는 시간이 매우 깁니다. 이 시간을 지긋지긋한 부모 노릇에서 빨리 벗어나고 싶다고 생각하며 보내는 사람의 인생과 아이와 함께 성숙해지는 시간으로 보내는 사람의 인생은 같을 수 없습니다. 저는 오히려 아이를 키우는 일이 개인의 성장을 위해 훨씬 더 좋은 기회를 많이 준다고 생각합니다.

저는 아이를 낳고 키우느라 경력이 단절된 적이 많습니다. 저의 치료사 경력으로만 보면 아이들을 낳은 일이 손해 같아 보이지만 결과적으로는 그렇지 않습니다. 저는 아이를 낳고 키우는 동안 제 안의 부족한 부분을 많이 다루게 되었기에 지금은 훨씬 풍요롭고 너그러우며 여유로운 삶을 살게 되었습니다.

그중 제가 가장 감사하게 생각하는 점은 바로 '오늘을 살게 된 것'입니다. 만약 제가 아이를 낳지 않았다면 여전히 내일은 무엇을 해야 하는지 미래만 보며 달리고 있을지도 모르겠습니다. 왜냐하면 저는 액셀형 기질이기 때문에 끊임없이 새로운 경험을 추구하며 머물러 있기를 거부하는 성향을 가졌으니까요.

이런 제가 아이 셋을 키우며 집에서 반복된 육아와 살림을 하는 게 얼마나 지루하고 비생산적인 일처럼 느껴졌을까요. 처음에는 내 인생이 발전 없이 소모되기만 하는 것 같아 힘들었습니다. 그래서 양육의 바다에서 길을 잃고 표류한 날도 있었지요. 그런데 아이들을 통해 내 상처와 결핍을 발견하고 치유하는 동안 변화가 일어났습니다.

어느 순간부터 아이들과 눈을 마주 보고 있는 시간이 정말 소중해지기 시작했어요. 함께 밥을 먹을 때도, 아이가 탄 그네를 밀어줄 때도, 잠자리에 누운 아이를 토닥여줄 때 스르르 잠드는 모습을 볼 때도, 그저 아이들이 행복해하는 모습을 보는 것만으로도 내 인생은 충분히 행복하다는 생각이 들었습니다. 그러니 나의 모든 일상 역시 행복해졌어요. 지금, 이 순간 아이들과 함께하는 모든 일상을 온전히 그리고 소중하게 누리며 살게 된 것이지요.

Here & Now, 지금 이 순간 이곳에서 내게 주어진 오늘을 감사하며 행복하게 살아내는 것은 기적입니다. 액셀형의 사람은 자기 기질을 잘 다룰 수 없으면 내일만 바라보며 살아갑니다. 더 나은 내일을 위해 멈추지 않고 달립니다. 브레이크형 사람은 어제를 반복하며 살아갑니다. '이 일은 이렇게 했어야 했는데…' 후회하며 그 일을 곱씹고 또 곱씹지요. 복합형 사람은 어제를 살았다 내일을 살았다 합니다. '어제 이렇게 할걸… 내일은 또 어떻게 하지?' 하면서 말이에요.

오늘을 살 수 있다는 것은 큰 축복입니다. 저는 아이들과 마주보며 앉아 눈을 맞추고 밥을 먹으며 일상의 이야기를 하며 이렇게 오늘을 즐겁고 감사하게 살 수 있다는 게 얼마나 행복한지 모르겠습니다. 오늘 행복하지 않았는데 내일 행복할 수 있을까요? 아이들과 오늘 하루를 온전히 살아내며 내 안의 파도들을 마주하고 걷어내고 하다 보니 비로소 오늘 주어진 하루를 진정으로 감사하게 되었습니다. 저는 아침마다 아이들을 깨울 때 볼을 부비며 이렇게 이야기합니다.

"얘들아! 오늘도 또 만나서 반가워. 엄마의 아이들로 태어나줘서 엄마는 얼마나 고마운지 몰라."

전문가가 맞춤 가정 솔루션을 제안합니다!

구부러진 마음을 펴서 연결되는 방법

우리 가족이 함께 어디로 가야 할지 생각해보고 전략을 세웠다면 이제는 이 여정을 함께 할 팀원들을 정비해볼까요? 양육은 혼자 계획을 세우거나 혹은 혼자 가면 절대로 안 되는 길입니다. 양육은 가족 구성원 모두가 함께하는 여정이거든요.

누구보다 아이를 잘 키우고 싶지만 방법을 몰라서 혹은 여러 가지 상황으로 아이를 돌볼 여력이 되지 않았던 그 시간 동안 내 아이는 여전히 자라고 있습니다. 부모의 상황이 어렵다고 해서 아이의 인생이 그 자리에서 멈춰 부모를 기다려주지 않아요. 인생은 앞으로만 흘러갑니다. 부모님이 육아의 바다에 표류한 이 순간에도 아이의 중요한 시기는 계속 지나가고 있어요. 내 인생도 바다 한가운데에서 곧 가라앉을 것 같아 불안한데 이 배에 사랑하는 내 아이가 함께 타고 있다는 사실이 부모님들을 더욱더 불안하게 합니다.

하지만 다행인 사실이 있습니다. 바로 사람은 나 개인의 문제로 허덕이고 있다고 하더라도 누군가와 함께라면, 특히 가족이 한 팀이 되어 서로 연결되어 있다면 함께 어떤 문제라도 이겨낼 수 있습니다. 비록 그 문제가 당장 해결되지 않더라도 능히 이겨낼 힘이 생긴답니다. 저는 가족이 힘을 합치면 분명 인생의 어려운 순간들을 이겨낼 수 있다고 믿습니다.

상담 현장에 있으면서 사랑하는 사람들이 왜 이토록 연결되는 게 힘든 것인지, 서로 이어지지 않을 듯한 가족 구성원이 어떻게 해야 서로 연결될 수 있을지 참 많이 고민합니다. 왜 가족 구성원들이 서로 이어지는 게 어려운 것일까요? 제가 내린 결론은 이것입니다. 서로 주고받은 상처와 결핍 때문에 '구부러진 마음'이 있기 때문입니다. 그래서 서로 손이 닿지 않아 연결되기 어려운 것이지요.

가족이 서로 연결되지 않으면 어떻게 될까요? 사람은 혼자서는 살아갈 수 없

구부러진 마음 때문에 연결되지 못하는 가족

서로의 마음이 연결된 가족

습니다. 그래서 어떤 것이든 연결되어야 살 수 있어요. 가족과 연결될 수 없다면 친구나 동료, 연인 혹은 사람이 아닌 일이나 휴대전화, 음식, 반려동물 등 다른 곳에 연결됩니다. 부부는 서로에게 연결되고 싶은 열망이 있습니다. 하지만 그렇기에 더욱더 손을 내밀어 연결되지 못합니다. 어린 시절 손을 내밀었다가 상처받은 경험을 다시 할까 두렵기 때문이에요. 그렇지만 이 책 『우리 아이 기질 맞춤 양육 매뉴얼』을 읽는 우리는 지금까지 이 양육 로드맵을 따라 걸어오며 더는 변화하는 데에 망설이지 않고 이전과는 다르게 돌파하기로 다짐했습니다.

누군가와 서로 연결되려면 자신의 몸 밖으로 선이 나와야겠지요. 하지만 큰맘 먹고 구부러진 마음을 어렵게 펴 상대에게 손을 내밀었을 때 상대에게도 구부러진 마음이 있다면 서로 손을 잡을 수 없습니다. 그러면 더욱더 위축되어 더 많이 마음이 구부러지겠지요. 그러다 보니 상대에게 손을 내밀어 잡아보려는 시도조차 더는 하지 않는 가족이 많습니다.

가족이 하나의 팀이 되어 같은 목표를 향해 나아가려면 우선 이 구부러진 마음을 펴 서로 손을 잡고 연결되어 힘을 모아야 합니다. 아프리카 속담에 "빨리 가려면 혼자 가고, 멀리 가려면 함께 가라"라는 말이 있습니다. 삶에는 좋은 일만 일어나지 않습니다. 이 여정 동안 사나운 짐승을 만날 수도 있고 뜨거운 모래사장을 걷느라 지루하고 외로울 때도 있겠지요. 가족 중 누군가가 다칠 수도 있습니다. 그럴 때면 돌보고 어려움이 닥칠 때 함께 힘을 모아 위기를 극복해야 함께 끝까지 갈 수 있습니다.

그럼 구부러진 마음은 어떻게 펼 수 있을까요? 확 잡아당기면 될까요? 사람의 마음은 그렇게 간단하지 않습니다. 상처를 많이 받다 보면 무의식적인 방어기제가 나도 모르게 내 행동을 통제하거든요. 잡아당긴다고 펴지지 않습니다. 그래서 구부러진 마음 그대로 여정을 떠날 거예요. 하지만 양육에 관해, 내 아이에 관해, 내가 부모 됨에 관해, 우리 부부에 관해 알아가며 천천히 이 여정을 따라가다 보면 부모에게서 정서적으로 독립한 성숙한 내가 되어 구부러진 마음이 쭉 펴져 서로의 손을 잡고 있는 우리 가족을 발견하게 되실 거예요.

가족이 건강하게 연결되는 방법

'졸혼'이라는 말이 이제는 익숙한 사람이 많을 듯합니다. '결혼을 졸업한다'라는 뜻인데 이혼하지 않고 혼인 관계는 그대로 유지한 채 부부의 의무와 책임에서 벗어나 각자의 여생을 자유롭게 사는 것을 말합니다. 성인이 된 아이가 결혼하거나 독립하면 그제야 이혼하는 '황혼 이혼'이라는 말도 있습니다. 최소 20~30년을 함께 산 부부가 이제 해야 할 일을 다 마쳤으니 지금부터는 각자의 삶을 살고자 하는 것이지요. 이런 일이 왜 일어날까요?

의무와 책무의 관계만 있다면 진정한 의미의 '부부'라고 할 수 없습니다. 서로의 시간과 공간을 공유하며 삶과 마음을 나누고 공동의 비전을 세워야 진정한 부부라고 할 수 있습니다. 졸혼하는 부부처럼 법적으로 이혼하지 않은 상태로 부부의 의무와 책임을 다하지 않는 것도 부부라고 할 수 없고, 의무와 책임은 다하지만 서로 마음을 나누지 않는 것도 부부라고 할 수 없습니다.

부부란 단순히 행복하게 같이 살려고 만들어진 관계가 아닙니다. 서로의 결핍과 상처를 가장 잘 발견해 부족한 부분을 채워줄 수 있는 사람을 나의 무의식이 중매해 만나게 한 것이기에 이 여정을 함께 하며 서로가 진실로 연결된다면 진정한 나의 성숙을 이루어낼 수 있습니다. 즉 진정한 나를 찾기 위해 부부라는 관계가 꼭 필요한 것이지요.

진정한 나를 찾기 위해 졸혼하거나 황혼 이혼을 한다지만 그렇지 않습니다. 부부가 서로 연결되는 것이 진정한 나를 찾는 훨씬 더 빠른 길입니다. 하지만 계속 시도해보아도 언제나 같은 문제에 부닥치다 보면 어느새 마음이 구부러집니다. 손을 뻗어 잡는 시도는커녕 서로에게 기대조차 없어진 부부는 어떻게 연결될 수 있을까요?

사람 간의 연결은 대화로 이루어집니다. 이는 마치 사람의 몸 구석구석을 누비는 '혈액'과 같습니다. 혈액은 혈관을 따라 이리저리 옮겨 다니며 산소와 영양분을 공급하고 몸속 노폐물 등의 찌꺼기를 걸러내기도 하는 아주 중요한 역할을 합니다. 마찬가지로 대화 역시 사람 간의 관계에서 발생하는 감정과 생각, 서로에 관한 정보와 세계관 등을 옮겨주는 역할을 해요. 그럼 이러한 혈관이 막히면 어떻게 될까요? 서로의 생각도 감정도 알 수 없습니다. 그 사람을 움직이는 세계관 역시 알 수 없어요.

우리가 타국으로 이민 간다고 할 때 가장 먼저 해야 할 일은 '그 나라의 언어를 배우는 것'입니다. 언어를 배운다는 것은 그 나라와 사람들의 문화를 배우는 것이고 삶을 이해하는 것이기 때문입니다. 두 사람이 만나 서로 사랑해서 결혼했지만 우리는 서로를 잘 알지 못합니다. 내가 낳았으니 나만큼 내 아이에 관해 잘 아는 사람이 없을 것 같지만 전혀 그렇지 않듯 부부 역시 상대가 어떤 사람인지 제대로 알지 못합니다. 그래서 그 사람의 언어를 통해 그 사람의 문화와 삶을 끊임없이 이해할 필요가 있습니다.

흔히 건강하지 못한 대화로 '일방적인 대화' '대화하다 화내기' '대화를 가장한 충고나 비난, 욕설, 저주 등'을 말합니다. 저는 가족 상담을 많이 하는데 가족들의 대화를 듣고 있으면 '이 가족은 소통이 안 될 수밖에 없구나' 싶은 가정이 있습니다. 말하는 사람만 있고 듣는 사람은 아무도 없는 경우가 정말 많거든요. 상대방의 이야기가 끝나기도 전에 "아니, 그게 아니라~" "그런데~"로 시작하는 말은 대화가 아닙니다. 상대의 말을 수용하지 않고 내 이야기만 하면 대화는 이어질 수 없습니다.

대화란 주고받는 것입니다. 상대의 말을 반박하는 게 아니라 상대방의 말을 수용할 때 대화가 이어집니다. 일방적으로 말할 뿐 전혀 수용하지 않으면 이는 그저 내 의견을 상대에게 관철하려는 것뿐입니다. 이렇게 서로 수용하지 않는 대화가 계속되면 어떻게 될까요? 점점 소통되지 않아 상처가 생기고 우울과 분노가 쌓입니다. 혈관에 노폐물이 쌓여 막히는 것처럼요. 그렇게 쌓이고 쌓이다 어느 순간 터지겠지요.

우리는 상대의 말이 머리로는 동의할 수 없더라도 그 사람이 그렇게 생각한다면 수용해주며 왜 그렇게 생각하는지 끝까지 들어보는 수고를 해야 합니다. 우리가 한 나라의 언어를 배우려면 최소 몇 년이 걸립니다. 그 언어에 숨은 문화적인 의도를 알려면 수십 년은 그 나라에서 살아보아야 합니다. 이처럼 한 사람의 언어를 이해하기 위해서도 오랜 시간이 필요합니다. 그런데 그 사람의 말을 잠깐 들었을 뿐이면서 내가 상대의 마음을 다 안다고 판단해 더는 들어볼 필요도 없다고 잘라버리면 안 됩니다. 대화는 그 사람의 언어를 이해하고 경청하는 데에서부터 시작해야 하니까요.

그다음에는 건강한 자기표현 방법을 배울 필요가 있습니다. 나의 감정 표현은 호흡과도 같습니다. 호흡하지 못하면 사람은 살 수 없습니다. 건강한 자기표현을 위해 가장 중요한 점은 경계선을 세울 수 있어야 합니다. 즉 상대에게 "No, thank you"라고 할 수 있어야 해요. 그 사람과 나의 경계를 잘 세워야 비로소 우리는 상대방과 건강하게 연결될 수 있습니다.

일방적으로 상대에게 종속된 관계는 나에게도, 상대방에게도 좋지 않습니다.

"당신의 의견은 고마워요. 하지만 나는 그렇게 하는 건 힘들어요"라고 말할 수 있어야 건강한 관계를 유지할 수 있어요. 상대에게 경계를 긋지 않고 계속 나의 경계를 침범하도록 놔두면 언젠가 우리의 숨통을 조여 와 숨을 쉬려면 상대에게서 도망칠 수밖에 없습니다. 나의 경계를 침범하는 상대에게도 물론 잘못이 있지만 내가 경계를 정해주지 않으면 상대는 넘어올 수밖에 없습니다. 그렇게 되면 나는 숨을 쉬기 위해 달아날 수밖에 없기에 건강한 대화를 할 수 없습니다.

그리고 내 의견을 상대방에게 주장할 수 있어야 합니다. 이것은 많은 연습이 필요합니다. 어렸을 때 내 의견이 자주 무시되어 상대에게 의견을 주장할 수 있는 훈련이 되지 않아 자신감이 없을 수도 있지만 어른이 된 후에도 반복해 연습하여 성공한 경험이 쌓이면 자신감 있게 자기 의견을 주장할 수 있습니다. 그러니 나의 무의식이 나에게 맞는 사람을 찾아주었다면 꼭 나의 의견을 말해보는 연습을 해보시기를 바랍니다. 공격이나 비난 없이 나의 감정을 전달하는 좋은 대화 방법이 많으니 그러한 대화 기술을 미리 배워두시는 것도 좋습니다.

마지막으로 가장 중요한 점은 나는 많이 노력했는데도 상대에게 통하지 않았다는 생각이 들 때는 '용서하기'를 해야 합니다. 용서는 상대방을 위해 하는 것이 아닙니다. 나를 위해 용서하는 것입니다. 상대가 미워 가둬둔다고 해서 그 사람이 갇히지는 않습니다. 오히려 그 사람을 감옥에 가두고 그 앞을 지키는 내가 더 자유롭지 못한 상태예요. 누군가를 용서하면 다른 사람을 원망하고 미워하느라 자라지 못한 자신에 관한 수치심과 미숙함도 함께 용서받게 됩니다. 물론 용서하기란 쉽지 않지만 이 과정을 넘게 되면 여러 방면에서 '성숙'이라는 선물을 받을 수 있습니다.

이렇게 건강한 자기표현을 할 수 있게 되면 건강한 대화를 통해 상대방과 연결될 수 있습니다. 상대의 생각과 세계관에 관심을 두고 대화할 수 있습니다. 상대방이 말할 때 이미 반박할 말이 떠올라 "그게 아니라~" 하는 자동시스템 장치를 꺼두고 그 사람은 어떤 언어를 사용하는지 관심을 가지고 귀를 기울여보세요. 그리고 끝까지 잘 들어보세요. 중간에 반박하고 싶기도 하고, 비난하고 싶기도 하고, 때로는 어떻게 그런 생각을 할 수 있는지 한심하기도 할 거예요. 하지만 상대의 말과 감정을 그대로 수용하는 과정이 꼭 필요합니다. 상대방이 내가 무슨 말을 할 때마다 "그게 아니라" 하며 말을 끊는다면 역시 기분이 나쁠 테니까요.

상대와 연결되기 위한 대화에서 중요한 점은 그 사람과 눈높이를 맞추어 대화하는 것입니다. 상대방과 대화하려면 그 사람의 시선으로 세상을 바라보는 과정이 필요합니다. 우리가 지금까지 배운 대로 그 사람이 타고난 기질과 욕구, 결핍과 상처를 있는 그대로 느끼며 관심을 기울이고 끝까지 경청하고 공감하다 보면 우리는 어느새 단단하게 연결되어 갑니다.

아이와도 같은 방법으로 대화한다면 서로 잘 연결되어 우리의 생각과 느낌과 감정을 건강하게 전달할 수 있는 튼튼한 혈관을 만들 수 있습니다. 그렇게 되면 감정 표현도 더 잘할 수 있게 되어 원활하게 호흡할 수 있습니다. 산소와 혈액이 잘 공급되는 건강한 몸이 되는 것이지요. 가족이 건강하게 잘 연결되어 있다면 나는 물론 우리 가족, 특히 아이의 자존감이 탄탄해질 거예요. 그러니 부모가 있는 그대로 아이의 눈높이에 맞추어 대화하고 소통한다면 아이는 자기를 귀하게 여기는 건강한 자존감을 가지고 있는 아이로 자랄 것입니다.

우리 가정의 목적지는 우리 가족의 교집합을 찾는 것

우리는 양육 로드맵 〈1코스, 현재 양육 상태 점검하기〉에서 열심히 아이를 키우는데도 내 아이에게 맞지 않는 잘못된 사랑을 준다면 제대로 된 열매가 맺히지 않는 것을 발견했습니다.

우리는 이제 그동안의 양육으로는 이루어내지 못한 영역의 교집합을 만들어낼 것입니다. 내 아이가 부모에게 받고 싶은 사랑을 정확하게 주면서(3코스, 내 아이 제대로 알기 참조) 내가 받고 싶은 사랑은 나 스스로 채우거나 배우자와의 재부모화 경험을 통해(5코스, 우리는 어떤 부부인지 제대로 알기 참조) 채울 수 있습니다. 혹은 상담이나 여러 가지 프로그램을 통해서도 도움받을 수 있어요.

이렇게 나의 양육 태도를 점검하여 내 아이에게 맞는 양육 태도를 갖추게 되면 우리 가족의 교집합이 생기는 것입니다. 내가 아이에게 주는 사랑과 아이가

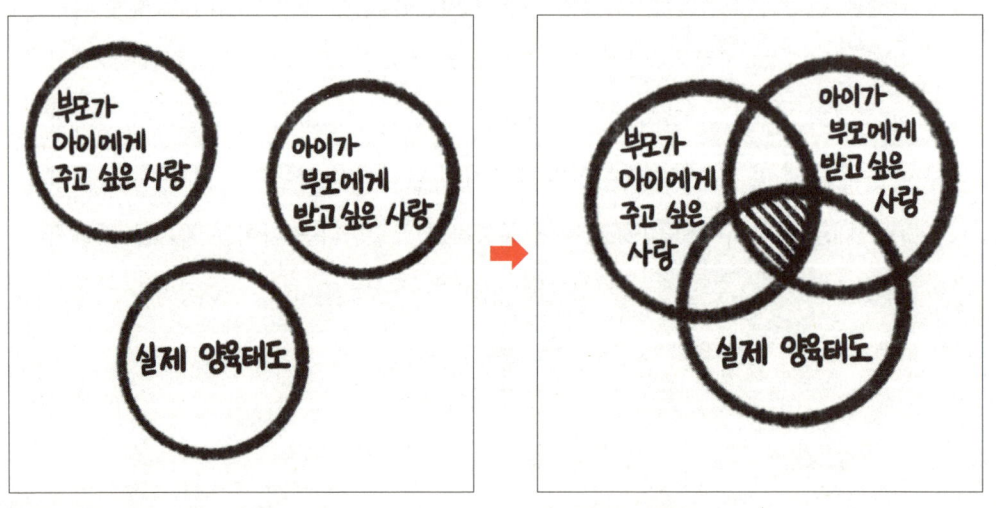

교집합이 없는 양육 → 교집합이 있는 양육

부모에게 받고 싶은 사랑, 실제 양육 태도가 일치할수록 양육은 효율적으로 이루어져 아이가 결핍과 상처없이 잘 자라게 됩니다.

그렇게 되면 우리는 결국 우리가 원하는 목적지에 도착하게 됩니다. 우리 가족이 가야 할 양육의 최종 목적지는 가족 개개인이 성숙한 내가 되어 자신만의 풍성하고 아름다운 열매를 맺어내는 곳입니다. 누군가가 희생해 모든 동그라미를 덮어버리는 것도 아니고 서로 멀찍이 떨어져 있는 것도 아닌, 서로를 존중하며 연결된 건강한 상태 말입니다. 그렇게 우리 가족만의 교집합으로 건강하게 묶여 있다 아이가 어른이 되면 건강하게 부모로부터 분리되어 자기만의 교집합을 만들 수 있게 떠나보내는 것이 가장 좋은 양육의 목표입니다.

우리 가족은 최고의 드림팀

배 속에 있는 아이가 세상 밖으로 나와 부모인 나와 처음 만났던 그 경이로운 순간을 기억하시나요? 나의 뱃속에서 열 달을 머물렀고 내 배 아파 낳았지만 세상에서 처음 마주한 순간 아이와 나는 초면입니다. 제가 첫째 아이를 만난 지 이제 14년이 되었습니다. 둘째 아이는 11년 되었고, 셋째 아이는 8년이 되었습니다. 처음 만난 사람과는 무엇을 해야 할까요? 서로 인사한 다음 서로에 관해 알아가는 수고를 해야 합니다.

저는 첫째 아이를 만난 지 10년이 훌쩍 넘었지만 여전히 이 아이가 자라는 모습을 보면 날마다 새롭습니다. 자기 기질을 한껏 발산하던 3살 아이와 사춘기에 접어들었고 저보다 키가 훌쩍 커버린 지금의 아이는 전혀 다른 존재 같습니다. 매 순간 아이가 느끼는 감정을 알아보려고 아이의 마음에 노크하며 이 아이는

어떤 아이인지 알아보는 수고 또한 여전히 하고 있고요. 나와 전혀 다른 이 아이의 기분을 내가 짐작해서는 알 수 없습니다. 감정은 아이의 것이니까요.

사람들이 흔히 하는 착각이 있습니다. 다른 사람은 아무리 나를 오래 만났어도 나에 관해 전부 알지 못한다고 생각하면서 나는 상대방을 잠깐 보고 그 사람에 관해 잘 안다고 생각하지요. 아이와의 관계에서도 마찬가지입니다. 나는 내 아이를 잘 안다고 생각하며 아이의 생각과 마음, 행동까지 내 멋대로 판단한 후 내가 옳다고 생각하는 대로 아이를 끌고 가고 있지는 않은지 꼭 체크해보셔야 합니다.

우리는 모두 존귀한 인격체이기에 사랑이라는 이름으로 상대방이 내게 맞추라고 강요할 수 없습니다. 우리는 서로를 이해하고 맞추어야 합니다. 가족과의 관계는 마치 왈츠를 추는 한 팀과 같다고 할 수 있습니다. 처음에는 서로 스텝이 맞지 않지만 서로 어느 발을 먼저 뻗을지 의견을 주고받으며 호흡을 맞추어 갑니다. 이 사람은 어떤 동작을 좋아하는지 혹은 내가 손을 많이 뻗으면 불편해하는지 등 서로를 알아가는 시간을 가지며 동작을 맞추어봅니다. 조금 더 익숙해지면 음악에 맞추어 서로가 맞춘 동작에 따라 움직여 봅니다. 이런 과정이 익숙해지면 음악에 따라 서로의 눈을 바라보며 움직여봅니다. 이제는 동작에 신경 쓰지 않아도 음악에 맞추어, 서로의 호흡에 맞추어 움직일 수 있습니다. 춤을 추는 두 사람도 즐겁습니다. 보기에도 아주 좋습니다. 가족이란 바로 이렇게 한 팀이 되는 것입니다.

우리 다섯 식구에게는 늘 외치는 구호가 있습니다. 다섯 명이 서로 마주 보고 한 명씩 오른손을 힘껏 내밀면서 외칩니다.

"우리가 힘을 합치면 뭐든지 할 수 있어! 아자!"

서로 기분이 좋을 때도 외치지만 누군가 기운이 빠져 있거나 기분이 좋지 않을 때도 자주 외칩니다. 일종의 눈치 게임 같기도 하지요. 한 명이 먼저 "우리가!"라고 외치면 눈치를 보다가 두 번째 사람이 "힘을!"이라고 외칩니다. 세 번째 사람이 "합치면"을 외치고 네 번째 사람이 "뭐든지"라고 외칩니다. 마지막 다섯 번째 사람이 "할 수 있어!"라고 외쳐야 모두 같이 "아자!"를 외칩니다.

그런데 한 명이 기분이 좋지 않거나 하고 싶지 않아 마지막까지 구호를 외치지 않으면 그 사람에게 힘내라고 응원한 후 누군가가 또 "우리가!" 하고 외칩니다. 마지막 사람까지 힘을 내서 구호를 외치고 함께 "아자!" 하면서 모인 손을 하늘 위로 뻗으면 정말 하나가 된 듯합니다.

그러면 또 하는 의식이 있습니다. 힘들어하는 그 사람을 가운데에다 두고 나머지 사람이 모두 껴안고 돌면서 "코알라 코알라 우리는 코알라 가족" 하며 그 사람을 격려하고 응원합니다. 우리는 팀이니까요. 한 명의 슬픔은 우리 모두의 슬픔입니다.

저희 다섯 가족은 공동의 취미가 있습니다. 각자 좋아하는 악기를 배우고 익혀 시간이 날 때마다 함께 연주하며 호흡을 맞추어 봅니다. 아직은 쿵작쿵작 수준이지만 함께 곡을 완성해가는 과정에서 우리 가족만의 성취감과 즐거움이 있습니다.

물론 거창하게 무언가를 함께 해야 팀이 되는 것은 아닙니다. 하지만 우리가 의무와 책임감뿐만 아니라 함께하는 시간과 공간을 공유하며 마음을 나누고 서로 호흡을 맞추어간다면 이 세상에 이기지 못할 일은 없습니다. 가족이 함께 있어도 힘든 일은 일어납니다. 슬프고 아픈 일도 생겨납니다. 하지만 서로 대화하며 내 마음이 지금 어떤지 이야기하고 공감받을 수 있다면 우리는 함께 어떠한 파도라도 헤쳐 가며 목적지를 향해 나아갈 수 있습니다.

저희 첫째 아이의 태명은 '드림Dream'입니다. '우리의 꿈'이라는 뜻이기도 했지만 첫 아이가 생겼을 때 우리 부부는 서로 "우리는 이제 팀이 되었어. 우리는 드림팀이야!"라고 해서 드림이라고 태명을 지었습니다. 아무리 어려운 경기라도 내가 속한 팀이 드림팀이라면 겁이 나도 해볼 만하지 않을까요? 우리 가족은 최고의 드림 팀입니다. 사랑하니까요. 우리 가족이 하나가 되는 소망을 담아 함께 외쳐볼까요?

"우리가 힘을 합치면 뭐든지 할 수 있다. 아자!"

양육의 새로운 로드맵

저희 상담센터에는 기차가 다닙니다. 대기실부터 시작된 기찻길이 복도를 가로질러 끝까지 갔다가 제 방까지 이어지지요. 그렇게 완공된 기찻길에는 3가지 종류의 기차가 줄줄이 이어져 끝도 없이 제 방으로 들어옵니다. 삼 남매가 하교하면 저의 퇴근 시간까지 센터에서 기다리며 노는데 어느 날은 셋이 기찻길을 만들어 제 방으로 이어지게 해 놓고 기차에 사탕을 싣고 노래를 부르며 제 방으로 간식을 배달해 주었습니다.

그 모습을 보니 감동스럽기도 하고 재미있기도 했습니다. 그런데 문득 맨 앞에 있는 기차를 잡아당기면 그 많은 기차가 줄줄이 끌려 한 길로 쪼르륵 따라붙는 것이 참 신기하고 대단하다는 생각이 들었습니다. 그저 자석으로 이어진 작은 기차 하나가 어떻게 저 많은 기차를 끌고 올 수 있을까요.

삼 남매에게 물어보니 테마가 있습니다. 각자 자기만의 기차에 스토리가 있었어요. 첫째 아이는 기차의 첫 번째 칸으로 힘이 센 기차를 선택했답니다. 가다가 목이 마를 것 같아 두 번째 칸에는 물탱크를 붙였고 사탕을 담기 위해 세 번째 칸에는 화물칸을 붙였대요. 제일 먼저 엄마에게 사탕을 배달하고 싶어 기차를 많이 붙이지 않았기에 첫 번째로 도착할 수 있었대요. 둘째 아이는 엄마에게 사탕을 많이 주고 싶어 화물칸을 길게 이어 붙여 가장 긴 기차를 만들었답니다. 막내 아이는 엄마의 취향을 고려해 핑크색(실제로 저는 핑크색을 좋아하지 않지만)에 모양이 예쁜 기차를 이어 붙여 만든 기차로 간식을 배달해주었습니다.

기찻길을 따라 밖으로 나가보니 삼 남매가 만든 다채롭고 멋진 풍경이 펼쳐집니다. 저희 상담센터 복도는 꽤 긴데, 그 길고 하얀 바닥 위에 기찻길이 꼬불꼬불 구부러졌다가 언덕을 타고 올라갔다가 굴도 통과했다가 합니다. 장애물이 있는 곳은 공사 중 표시도 해 놓고 돌아가게 만들어 놓았습니다. 갈림길도 있어 어느 길로 가야 할지 선택도 해야 하는 모양입니다. 삼 남매가 기찻길도 만들고 자신이 원하는 기차를 만들어 목적지인 제 방까지 오는 동안 참 재미있었을 것 같습니다.

부모의 역할도 이와 같지 않을까 싶은 생각이 듭니다. 우리 부부는 아이들이 가야 할 기찻길을 만들어주지 않습니다. 목적지까지 아이들이 싣고 갈 기차도 결정해주지 않습니다. 그저 목적지를 향해 어떤 길로 갈 수 있는지 알려주고 어떤 길로 갈 건지에 관한 선택은 아이가 하도록 해 자신의 힘으로 길을 만들어가는 과정을 지켜봅니다.

너무 엇나가지만 않으면 아이들이 언덕길을 지나가는 것도 응원하며 지켜봅니다. 어두운 터널을 지나야 한다면 그 길을 잘 통과할 수 있도록 격려합니다. 장애물을 만났을 때 새로운 길을 개척할지 잠시 쉬어갈지 아이들의 결정을 존중합니다. 설사 돌아갈지라도 돌아가는 과정에서 아이가 배운 점이 있다면 이를 인정합니다. 이런 과정을 겪는 게 다음 장애물을 만났을 때 도움이 될 테니까요.

기차의 맨 앞에 어떤 칸을 놓을지 선택하는 것도 아이가 결정합니다. 많은 기차 칸을 줄줄이 달고 갈 수도 있고, 단출하게 갈 수도 있습니다. 설사 부모의 눈으로는 그다지 좋은 선택이 아님을 알면서도 아주 위험하거나 다른 사람에게 피해를 주는 것이 아니라면 아이의 선택을 존중하고 왜 그렇게 했는지 물어봅니다. 만약 잘못된 선택이라면 아이가 자기 의견을 이야기하는 동안 오류를 깨달을 수 있게요. 다음에 더 좋은 것을 선택할 기준이 될 수 있기에 아이들의 실수와 실패를 지켜보는 것이지요.

우리는 지금까지 양육이 왜 어렵게 느껴졌는지 살펴보고 현재 나의 양육 태도를 점검하며 우리 가족에게 딱 맞는 전략을 짜보았습니다. 내 아이는 어떤 아이인지 알아보고 또 나는 어떤 부모인지도 살펴보았습니다. 나는 어떤 사랑을 받았어야 하는 씨앗인지도 생각해보았습니다. 부부가 서로의 결핍과 상처를 치유해 줄 수 있는 가장 좋은 파트너라는 것도 알게 되었습니다. 이제 우리 가정의 새로운 길을 만들어 볼 시간입니다.

아이들이 자기만의 기찻길을 만들고 기차를 선택할 동안 저 역시 저만의 기찻길을 만들어볼 것입니다. 부모인 저의 기찻길을 보며 우리 아이들은 살아가며 필요한 삶의 지혜를 배울 것입니다. 기찻길을 여러 모양으로 만들어보고 기차도 선택해보다가 어느 날 떠날 준비가 되었다고 생각할 때 아이는 제힘으로 나만의 인생 로드맵을 그려보러 떠날 것입니다.

그리고 어느 날 자기가 만든 기찻길을 따라 자신이 선택한 기차를 타고 우리에게 오는 날이 올 것입니다. 어떻게 험난한 길을 지나왔는지, 무엇을 싣고 왔는지 함께 궁금해하고 기뻐하며 뿌듯한 마음으로 내 아이의 인생을 축복해주고 싶지 않으신가요? 1단계부터 6단계까지 차근차근 코스를 밟으며 우리 가정에 관해 진지하게 생각하신 부모님이라면 분명 그렇게 하실 수 있으리라고 믿습니다.

에필로그

세상 모든 부모님의 평안을 빌며

'저 여자는 누군데 우리 집에 와 있는 거지?'

서른다섯 살, 둘째 아이를 낳은 지 한두 달쯤 되었을 때였습니다. 늦가을 캄캄한 밤이었는데 둘째가 칭얼거렸습니다. 배가 고팠나 봐요. 당시 동생이 젖 먹는 모습만 봐도 울고 매달리는 첫째 아이가 깰까 봐 아기를 얼른 안고 거실로 나왔습니다.

아기에게 젖을 물리고 너무 피곤해서 잠이 들었던 것 같습니다. 추워서 잠이 깼는데 웬 낯선 여자가 우리 집에 앉아 있었습니다. 둘째 아이가 태어난 후로 잠을 거의 못 잤기 때문에 비몽사몽 한 상태였는데 새벽 동이 터오면서 그 낯선 여자의 모습이 어스름하게 보이기 시작했습니다. 잠도 서서히 깨면서 베란다 유리창에 비친 내 모습이라는 것을 알게 되었는데 왜 이렇게 낯설게 보이는지요. 머리카락은 헝클어져 있고 살이 쪄서 통통한 몸매에 수유 티를 입고 있었는데 지퍼는 반쯤 열려 있고 얼굴은 푸석푸석하는 등 전체적으로 지저분하고 보기만 해도 우울한 모습이었습니다. 그동안 매일 거울을 보기는 했지만 정신없이 아이들을 돌보느라 내 모습이 어떤지 생각할 겨를도 없다가 문득 '지금 내 모습이 이렇구나' 하고 인식되는 순간 가슴이 철렁하면서 머리가 차갑게 식는 느낌이었습니다. 지금 나의 현실이 이성적으로 자각되었다고나 할까요? 그때 저의 감정은 바다 한가운데서 허우적거리다가 힘이 빠져 물에 쭉 가라앉는 느낌이었습니다. 이렇게 애를 써봤자 무얼 하나 하는 마음이 들었어요.

20대에는 그렇게 열심히 앞만 보고 달렸던 내가 지금은 아무것도 아닌 것 같고, 세상에 잊혀 그대로 사라져도 아무도 모를 것 같이 갇혀 있는 내 모습이 초라하게 느껴졌던 것 같습니다. 그 순간 우울한 감정이 저를 덮었습니다. 산후 우울증이 왔던 것이죠. 자고 싶을 때 잘 수 없고 먹고 싶을 때 먹을 수 없는 게 이렇게 힘든 줄 몰랐어요. 밥을 먹다가 아기가 울면 달려가고, 첫째에게까지 끌려서 갔다 오면 밥은 딱딱하게 굳어 있었습니다. 입맛도 없는데 아기 젖을 먹여야 하니까 딱딱하게 굳은 밥을 국에다 말아 억지로 후루룩 마셔버리는 내가 너무 불쌍해서 엉엉 울어버렸습니다.

그래도 직업이 상담사다 보니 이럴 때 내가 무엇을 해야 하는지 알고 있었습니다. 주변에 도움을 요청하기 시작했어요. 친정 부모님에게 아기를 맡기고 잠도 자고 잠깐 바람도 쐬러 나갔습니다. 먹고 싶은 게 생기면 배우자에게 퇴근길에 사다 달라고 부탁했어요. 그리고 내가 듣고 싶은 격려의 말들을 메시지로 보낸 후 퇴근하면 무한 반복적으로 말해달라고 했습니다. 밖에 나갈 수 없는 저를 위해 친구들을 집으로 초대해 함께 있어달라고 했습니다. 친구들이 맛있는 음식도 해다 주고 청소도 해주고 아기도 돌봐주는 등 그 겨울을 그렇게 보냈습니다.

하지만 끝이 아니었습니다. 아이를 하나만 키울 때는 몰랐던 제 안의 상처들이 드러나기 시작했어요. 심리를 전공하며 충분히 다루었다고 생각했는데 막상 내 아이들과 정서적으로 부딪히니 감정이 무너져 내리기 시작했습니다.

장녀인데다 정서적 연료통이 커서 누가 시키지 않았지만 사랑받고 싶어 참고 양보했던 것들, 거절하지 못했던 것들, 인정받고 싶어 솔선수범했던 모습들이 첫째 아이를 통해 보였습니다. 저와 기질이 비슷한 첫째 아이가 저의 관심을 받으려고 애쓰는 모습을 보면 눈물이 나면서도 짜증이 나고, 첫째와 둘째가 서로 싸우기 시작하면 양보하지 않는 첫째 아이에게도, 기어이 뺏으려고 하는 둘째 아이에게도 분노가 터져 나왔습니다.

그래서 저는 아이들의 행동에 비이성적으로 튀어 오르는 활어 같은 감정들을 잡아 어루만지기 시작했습니다. "가은아, 지금 왜 이렇게까지 화가 나니?" "왜 이렇게 슬프게 느껴졌어?" "어떤 것이 못마땅하니?" 하고 계속 나에게 질문했고, 그 덕에 그동안 깊이 숨겨놓아 몰랐던 저 자신의 진짜 감정들을 만나기 시작했습니다.

자기 스스로가 안다고 생각하는 감정은 가짜 감정인 경우가 많습니다. 다른 사람들이 용인해줄 수 있는 감정을 앞에 두고 진짜 감정은 안전하게 숨겨놓는 것이지요. '내가 이렇게 유치한 감정을 느끼는 걸 사람들이 알면 뭐라고 할까?' '내가 이렇게 분노가 많은 걸 다른 사람들이 눈치채면 어쩌지?' 하면서 진짜 감정은 숨겨놓고, 보여줄 수 있는 모습만 포장하여 드러내는 것입니다.

하지만 아이들 앞에서는 그런 세련된 감정이 나오지 않습니다. 상담하면서 아이를 낳고 자신이 헐크처럼 변했다고 말씀하시는 부모님을 많이 만났습니다. 이는 아이 때문에 변한 것이 아니에요. 숨겨져 있었던 솔직하고 원초적인 진짜 내 감정이 아이를 통해 터져 나온 것입니다. 그래서 아이가 건드리는 감정은 감사하게 생각해야 합니다. "너 때문에 내가 이렇게 화가 났잖아!"라고 하시면 안 됩니다. 아이를 통해 나의 진짜 감정이 발견된 것이니까요.

'아~ 나는 이럴 때 이런 감정을 느끼는구나.' '나에게도 이렇게 분노가 많구나'

하는 것을 저는 삼 남매를 통해 정말 많이 배웠습니다. 괜찮다고 말하느라 나조차도 속고 살았던 정체 모를 가짜 감정은 다루기 어려웠지만 솔직한 내 감정은 다루기 쉬웠습니다. 내 마음대로 하고 싶은데 안 되니까 화가 나는 것입니다. 단순하고 명료하지요.

40대가 넘어가니 저는 이제 거울 속의 제 모습이 오히려 참 좋습니다. 안정적이고 나 자신의 진짜 감정을 마주 볼 수 있는 내 모습이 있는 그대로 괜찮습니다. 다른 누군가에 의한 감정이 아닌 나 자신의 감정에 솔직해지니까 나를 점점 더 잘 다룰 수 있습니다. 이제 아이들에게 그렇게 화가 나지 않습니다. 물론 감정이 상할 때도 있지만 이를 잘 다룰 수 있습니다. 아이들은 그저 아이다운 행동을 하는 것이고, 저는 어른이니까요.

혹시 아이를 잘 키우고 싶었는데 어디서부터 잘못되었는지 모른 채 양육의 바다에서 표류하고 계신 부모님이 있으신가요? '결혼부터 잘못되었던 걸까' '부모를 잘못 만난 걸까' '이혼하면 괜찮아질까' '부모와 인연을 끊으면 좀 더 나아지지 않을까' 등의 말들을 끊임없이 되뇌면서 말입니다.

그러지 말아 주세요. 지금부터라도 자신의 인생을 자기 스스로 새로 만들 수 있습니다. 내 안에는 여전히 고귀한 씨앗이 있습니다. 좋은 땅에 뿌려지면 쑥쑥 자라 언제든지 아름다운 열매를 맺을 수 있는 나만의 독특하고 특별한 씨앗입니다. 이제 더는 부모님의 도움이 필요하지 않습니다. 성인이 된 내가 그 씨앗을 직접 뿌리고 키워 좋은 열매를 맺을 수 있습니다. 내가 받고 싶었던 사랑을 자신에게 주면서 나의 기질을 다루고, 부모님에게 받았어야 하는 양육의 2가지 전략을 나 자신에게 하면 됩니다. 그럼 내가 열매를 맺는 모습을 보고 내 아이도 좋은 열매를 맺는 방법을 배울 것입니다.

지금까지 우리 가족에게 딱 맞는 양육의 목적지를 향해 양육 로드맵을 그리며

긴 여정을 걸어왔습니다. 이는 나의 전 생애를 다루는 긴 여행이기도 했습니다. 아이를 키우는 일은 단순히 양육 방법을 배워서 할 수 있는 게 아닙니다. 양육은 나와 내 아이의 관계뿐만 아니라 나와 내 부모님과의 관계, 나와 배우자와의 관계 등 모두가 얽혀 있는 아주 거대한 규모의 대서사이기 때문입니다.

우리는 이 과정 동안 나와 내 부모님과 얽힌 문제도 풀고 개인의 문제와 배우자와의 문제, 아이와의 문제 등을 풀면서 자신의 성장을 볼 수 있습니다. 그렇다면 해볼 만하지 않을까요? 너무나 복잡해서 절대 풀리지 않을 것 같은 양육의 문제를 찬찬히 풀다 보면 결국 그 끝에서 찾을 수 있는 답은 "나는 누구인가" 하는 것입니다. 결국 나는 누구였는지, 어떤 사랑을 받고 싶었는지, 어떤 씨앗을 품고 있는지에 관한 답을 찾으면 모든 문제는 눈 녹듯 풀립니다.

이 땅의 모든 부모님이 자신만의 양육 로드맵을 그리며 가족이 드림팀이 되기를 소망합니다. 그리고 행복한 가정이 되시길 응원하고 축복합니다.

"우리가 힘을 합치면 무엇이든지 할 수 있습니다!"

Thanks to.

나의 가장 좋은 친구이자 동역자인 사랑하는 나의 반려 신윤혁.
나에게도 이런 끝도 없는 사랑이 있음을 알려준 소중한 삼 남매 영운이, 성운이, 정운이. 부족한 저를 한없이 품어주고 사랑해주시는 양가의 부모님.
늘 정서적인 버팀목이 되어주는 내 동생 다운이와 제부, 시누이에게 고마운 마음을 전합니다. 그리고 〈맘앤맘코칭센터〉의 모든 것을 함께 해주는 김소선 선생님에게 특별한 감사를 전합니다.

"공부에는 때가 없다. 하지만 어미 노릇에는 때가 있다"라며 아이를 잘 양육하는 것이 상담사로서 최고 가치라고 말씀해주신 한양대학교 아동심리치료학과 이정숙 지도 교수님의 가르침에 고개 숙여 감사드립니다.

마지막으로 로드맵을 따라 걷는 나의 인생 속 모든 여정을 함께 하시는 하나님께 감사드립니다. 무너진 가정과 상처받은 아이들에 대한 아픈 마음을 주시고, 그 가정들을 회복하고자 돕는 소망을 주셔서 제가 먼저 이 길을 걷게 하시고, 그 지혜로 이 책을 쓰게 하셨습니다. 이제는 그들과 동행 하며 존재 자체로 소중한 부모와 아이들이 행복한 가정을 이루도록 돕겠습니다.

양육이라는 망망대해에서 누군가의 손을 잡고 싶어 이 책을 펼친 당신에게도 감사의 마음을 전합니다. 양육의 바다에서 표류하다가 가족이 최고의 드림팀이 되는 길을 발견한 선배로서 여러분들의 손을 잡고 이 길을 걸어드리겠습니다. 저를 사랑해주시고 도움 주신 주변의 모든 가족과 지인들, 그리고 이 책을 기대해주신 많은 분에게 감사의 마음을 전합니다.

부모와 아이의 자존감이 함께 올라가는
우리 아이 기질 맞춤 양육 매뉴얼

초판 1쇄 발행 2023년 1월 5일
초판 7쇄 발행 2024년 5월 10일

지은이 정가은

대표 장선희　**총괄** 이영철
기획편집 현미나, 한이슬, 정시아, 오향림
디자인 양혜민, 최아영　**외주디자인** 이창욱
마케팅 최의범, 김현진, 김경률
경영관리 전선애

펴낸곳 서사원　**출판등록** 제2023-000199호
주소 서울시 마포구 성암로 330 DMC첨단산업센터 713호
전화 02-898-8778　**팩스** 02-6008-1673
이메일 cr@seosawon.com
네이버 포스트 post.naver.com/seosawon
페이스북 www.facebook.com/seosawon
인스타그램 www.instagram.com/seosawon

ⓒ 정가은, 2023

ISBN 979-11-6822-127-7　13590

- 이 책은 저작권법에 따라 보호를 받는 저작물이므로 무단 전재와 무단 복제를 금지합니다.
- 이 책 내용의 전부 또는 일부를 이용하려면 반드시 저작권자와 서사원 주식회사의 서면 동의를 받아야 합니다.
- 잘못된 책은 구입하신 서점에서 바꿔드립니다.
- 책값은 뒤표지에 있습니다.

서사원은 독자 여러분의 책에 관한 아이디어와 원고 투고를 설레는 마음으로 기다리고 있습니다.
책으로 엮기를 원하는 아이디어가 있는 분은 이메일 cr@seosawon.com으로 간단한 개요와 취지, 연락처 등을 보내주세요. 고민을 멈추고 실행해 보세요. 꿈이 이루어집니다.